Verschwistert mit Leib und Seele

Verschwistert mit Leib und Seele

Geschwisterbeziehungen
gestern – heute – morgen

Herausgegeben von
Gunther Klosinski

ATTEMPTO

Die Deutsche Bibliothek – CIP-Einheitsaufnahme

Verschwistert mit Leib und Seele : Geschwisterbeziehungen gestern – heute – morgen / hrsg. von Gunther Klosinski. – Tübingen : Attempto-Verl., 2000
ISBN 3-89308-310-3

Herausgeber und Verlag bedanken sich bei der Vereinigung der Freunde und Förderer der Universität Tübingen (Universitätsbund) e.V. für die finanzielle Unterstützung der Drucklegung dieses Bandes.

© 2000 · Attempto Verlag
Dischingerweg 5 · D-72070 Tübingen

Satz: Martin Fischer, Reutlingen
Druck: Gulde-Druck, Tübingen
Einband: Nädele, Nehren
Printed in Germany

ISBN 3-89308-310-3

Inhalt

Einführung ins Thema

Verschwistert mit Leib und Seele
– beglückt oder bestraft –

von Gunther Klosinski

Für uns alle, die wir keine Einzelkinder sind, stellen Geschwisterbeziehungen die längsten Beziehungen unseres Lebens dar. Von der frühesten Kindheit bis zum Tode eines Geschwisters sind wir diesen Beziehungen ausgesetzt, sie prägen uns, wir gestalten sie und sie wirken auf uns zurück: positive und negative Anteile jeder Geschwisterbeziehung durchziehen den gesamten Lebensentwurf und Lebenslauf und dies sowohl ganz real, als auch durch die Kraft verinnerlichter Geschwisterbilder. Geschwisterbeziehungen sind damit gleichsam unendliche Geschichten. Unendlich vielfältig und eindrücklich wurden zu allen Zeiten und in allen Kulturen in Form von Mythen, Sagen und Märchen die besonderen, oft schicksalhaften Beziehungen zwischen Brüdern, Schwestern und zwischen Bruder und Schwester beschrieben und bearbeitet. Auch in unserer Zeit des Umbruchs, in der wir uns in der BRD der 1,4-Kind-Familie nähern, in einer Zeit, in der Kleinst- und Nachscheidungsfamilien neue Konstellationen eingehen und Halb-, Stief- und Adoptivgeschwister entstehen, gewinnen solche besonderen Geschwisterbeziehungen mehr und mehr an Aktualität.

Der pädagogische und besonders der kinder- und jugendpsychiatrische Alltag lehrt, daß phantasierte, getrennte, verstorbene und nie gekannte Geschwister insbesondere in der Pubertät und Adoleszenz die Phantasien der Betroffenen positiv oder negativ besetzen und die augenblickliche Krise mitbedingen oder mitgestalten können.

Die gelebte und erlebte Geschwisterbeziehung ist stets janus-köpfig: Geschwisterrivalität, Geschwisterkampf und -mord, sowie Geschwisterinzest einerseits, als auch Geschwister-Liebe, -Unterstützung, Geschwisterhilfe und -rat andererseits sind jene Pole, zwischen denen Geschwisterlichkeit ausgespannt und eingebunden ist und sich entwickelt.

Sollte stimmen, was der Wissenschaftshistoriker *Frank Sulloway* in seinem Buch „Born to Rebel" (1997) postuliert, nämlich, daß die Geschwisterposition unser Verhalten mehr bestimme als unsere Gene, unser Geschlecht, unser Temperament und unsere soziale Schicht, dann wird es vielleicht in Zukunft bei jeder Bewerbung neben dem genetischen Fingerabdruck auch von größter Relevanz sein, ob wir Einzelkind, Erstgeborener, Zweit- oder Drittgeborener bzw. Jüngster in der Geschwisterreihe sind.

Bevor Auswahl und Gruppierung der Beiträge zu den einzelnen Kapiteln erläutert werden, soll auf zwei wichtige Aspekte in der Diskussion um die Bedeutung der Geschwisterbeziehung eingegangen werden:

1. auf die Thesen *Frank Sulloway's* und die von *Alfred Adler*,
2. auf den Aspekt des „inneren Bruders und der inneren Schwester" am Beispiel des Märchens „Die zwei Brüder" der Gebrüder Grimm.

Die Bedeutung der Geschwisterposition für den weiteren Lebensentwurf und -verlauf

Sulloway vertritt anhand tausender ausgewerteter Geschwisterkonstellationen die gegenwärtig heftig umstrittene darwinistische These, daß Geschwister nach den Gesetzen der Evolution bereits als Rivalen im Überlebenskampf geboren werden: die Rangfolge in der Geschwisterreihe entscheide über die Dominanz der Älteren über die Jüngeren und deren revolutionäre Gesinnung im Aufstand gegen die geschwisterliche Unterdrückung. Ihm ist es ein Anliegen, daß der Kampf zwischen den Geschwistern distanzierter wahrgenommen wird, daß er nicht als persönliches Problem, sondern als allgemeines Muster verstanden wird.

Alfred Adler und seine Schüler gingen schon Anfang dieses Jahrhunderts von der Annahme aus, daß die Stellung des einzelnen Kindes innerhalb der Geschwisterreihe mit dazu beiträgt, bestimmte Charakterzüge oder Lebensstile zu entwickeln. Sie unterschieden 5 „Geschwistertypen": den Einzigen, den Ältesten, den Zweiten, den Jüngsten und den Mittleren. Diese Geschwisterpositionen können kombiniert oder abgewandelt werden: so kann ein Kind sowohl Jüngstes als auch Zweites sein oder Mittleres *und* Zweites gleichzeitig. Auch aus individualpsychologischer Sicht wird heute diese Typologie in ihrer Bedeutung hinsichtlich weiterer Entwicklung relativiert (Hoanzl, 1997): allein der Altersabstand und weitere Mitglieder in der Familie (z.B. Großfamilie) können das Typische der Geschwisterposition aufheben. Was ist nun das Typische der jeweiligen Geschwisterposition, das *Adler* herausfand (siehe auch bei Hoanzl, 1997):

Das einzige Kind erfährt die ungeteilte Anerkennung und Zuwendung, es ist einmalig, etwas Besonderes. Dies ändert sich schlagartig mit der Geburt eines weiteren Kindes, d.h., in diesem Falle wird das erste Kind gleichsam „entthront".

Das zweite Kind ist bereits ein „Routinefall", nicht mehr so einmalig und besonders, es sei denn, es wartet mit einem anderen Geschlecht auf. Das Zweite ist immer mit dem Ersten, dem Größeren, konfrontiert und sucht deshalb seinen Vorteil durch Ausfüllung von Nischen.

Das Jüngste findet hohe Vorgaben durch die Älteren vor, entwickelt Ehrgeiz, möchte die anderen überbieten und läuft auch Gefahr, sich zu übernehmen und dann zu resignieren. Das Jüngste ist jedoch immer noch etwas Besonderes, das Nesthäkchen, mit dem man besonders rücksichtsvoll und vorsichtig umgehen muß, dem im Vergleich zu den Älteren vieles nachgesehen wird.

Das Mittlere läuft Gefahr, eben nichts Besonderes zu sein, es sei denn, es ist dies von seinem Geschlecht her. *Hoanzl* charakterisiert die Position des Mittleren wie folgt: „Es muß bereits seit seiner Geburt die Beachtung mit dem älteren Geschwister teilen, ist als kleines Geschwisterchen wohl mit den Leistungen der großen Schrittmacher konfrontiert, hat jedoch keinen entlastenden bzw. kompensatorischen Status als „Kleinstes" zugedacht bekommen."

Sulloway glaubt nun, anhand einer überwältigenden Fülle von Daten die *Adler*schen Thesen erstmals auch wissenschaftlich beweisen zu können. Seinen jahrzehntelangen Untersuchungen zufolge sei für Älteste typisch, daß sie in ihrem sozialen Verhalten dominanter sind. Wenn sie nicht gerade schüchtern sind, setzen sich Erstgeborene gut durch: sie seien besonders empfänglich für die Werte und Standards der Eltern, würden sich den Autoritäten anpassen und dazu neigen, konservativ zu sein und den Status quo zu bewahren. Ihre besondere Strategie sei es, die Eltern zu unterstützen und die Geschwister zu beherrschen. Erstgeborene Frauen seien aufgrund ihres Geschlechtes mitfühlender, altruistischer und weniger dominant als ihr männliches Pendant. Während Erstgeborene im Strom des Konsenses mitschwimmen, würden Zweit-, Nach- oder Spätgeborene gegen den vorherrschenden Trend ansteuern, seien die geborenen Rebellen, die Veränderer. Das Dominanzstreben der Erstgeborenen lasse sich z.B. in „who is who" „beweisen", da sich dort überdurchschnittlich viele Erstgeborene finden. Politische Führer wie Clinton, Churchill, Sadam Hussein, Boris Jelzin seien sämtlich Erstgeborene, wo hingegen große Entdecker und radikale Neuerer (Kopernikus, Martin Luther King, Castro, Arafat, Trotzki und Ho Chi Minh) Jüngste in der Geschwisterreihe seien. Einzelkinder würden zwischen diesen beiden Extremen des Erst- und Spätgeborenen pendeln: einerseits hätten sie genauso wenig übrig für Experimente wie die Erstgeborenen, andererseits würden sie sich aber ähnlich wie Spätgeborene gesellschaftlich orientieren mit einem Hang zu radikalen politischen Ansichten.

Der zweite von drei Geschwistern, wenn es sich um drei gleichgeschlechtliche Geschwister handelt, ist gleichsam „eingeklemmt", d.h., in der „Sandwich-Position". Dies besonders dann, wenn der zeitliche Unterschied gering ist. Der Erstgeborene ist dem Zweitgeborenen vor die Nase gesetzt, kann alles, darf alles, während das unter ihm befindliche Nesthäkchen, jüngstes, drittes Geschwisterkind, besondere Zuwendung und besonderen Schutz erfährt. Zweite von drei Kindern fühlen sich benachteiligt, legen sich deshalb häufig „quer", werden häufiger zu Problemkindern und kämpfen um die Zuwendung, auch wenn es negative Zuwendung ist. Diese Sichtweise von *Alfred Adler* kann heute immer weniger überprüft werden, da Drei-Kind-Familien nur noch selten vorkommen.

Die deutlich biologistische These *Sulloways* fokussiert ganz die Geschwisterposition und erfaßt damit *nur zum Teil* das komplexe Beziehungsmuster zwischen Geschwistern, klammert auch eine Vielzahl psychologischer Einflußmöglichkeiten aus. *Horst Petri* (1996) ist beizustimmen, wenn er zusätzlich zur Geschwisterposition drei schicksalhafte Aspekte ergänzt: die Beziehung zu den Eltern, die unterschiedlichen konstitutionellen Anlagen sowie abweichende biographische Lebensverläufe zwischen den Geschwistern und einschneidende Lebensereignisse. Auch wenn Eltern, die gute Eltern sein wollen, häufig ihre Kinder „gleich behandeln wollen" und damit ihnen nicht gerecht werden, sind es häufig unbewußte Wünsche, Phantasien, Erwartungen, die in den Beziehungen zu ihren unterschiedlichen Kindern wirksam werden, die sich für jedes Kind, und dies unabhängig von seiner Position in der Geschwisterreihe, unterschiedlich auswirken kann. *Petri* (1996) hebt hervor, daß z.B. eine enge emotionale Bindung zwischen Mutter und Sohn immer Anlaß für Eifersuchtsgefühle der Tochter ist, wie umgekehrt eine betont liebevolle Beziehung zwischen Vater und Tochter die Söhne nicht gleichgültig läßt. Damit spricht er die ödipalen Konflikte im Mutter-Sohn- und Vater-Tochter-Verhältnis an, die regelhaft mit mehr oder weniger ausgeprägten Zwistigkeiten zwischen den Geschwistern verbunden sind.

Geschwister bringen unterschiedliches Temperament, Sensibilität, Begabung, Charakter, unterschiedliches Aussehen, soziale Anpassungsfähigkeit, Alter und Geschlecht mit. Häufig haben Geschwister diesbezüglich eine „ungerechte Verteilung positiver und negativer Eigenschaften" mitbekommen. Dies wirkt sich besonders konflikthaft für Geschwisterbeziehungen aus. Diese positiven oder negativen Eigenschaften in der Geschwisterschar bedingen eine unterschiedliche gefühlsmäßige Resonanz im Sinne einer sozialen Beliebtheit oder Unbeliebtheit im familiären oder extrafamilialen Raum, woraus sich traumatische Zirkel aus Bevorzugung und Benachteiligung bilden können, die die Konflikte zwischen den Geschwistern hochschaukeln.

Petri (1996) weist mit Recht auf eine dritte Ursache für Zerwürfnisse zwischen Geschwistern hin, die zu einem getrübten Verhältnis oder zu dauerhafter Entfremdung führen können: es sind dies die stark abweichenden biographischen Lebensverläufe und einschneidenden Lebensereignisse: hingewiesen sei auf Freunde, Ehepartner, berufliche und politische Erfahrungen oder Wohnortwechsel, die die Geschwister unterschiedlich treffen. Die Gunst oder Ungunst der Lebensumstände spielen dabei für Fragen von Erfolg oder Mißerfolg, Reichtum oder Armut, Ansehen oder Nichtbeachtung eine große Rolle. Gefühle des Neides belasten größere Unterschiede in solchen biographischen Entwürfen schwer und können zur Entzweiung und gegenseitigen Isolierung führen.

1981 habe ich 309 Kinder und Jugendliche im Alter zwischen 10 und 20 Jahren hinsichtlich ihrer Pubertäts- und Adoleszentenkrise in Abhängigkeit von Altersstufe, Geschlecht und Geschwisterkonstellation untersucht und sie mit 2.721 Jungen und Mädchen der gleichen Altersstufe verglichen, bei denen keine Pubertätskrise vorlag (Klosinski, 1981). Hinsichtlich der Stellung in der Geschwisterreihe ließ sich zeigen, daß 16- bis 20jährige männliche Jugendliche und 13- bis 15jährige Mädchen, die in eine Adoleszenten- oder Pubertätskrise hineingeraten waren, im Vergleich zu einer Kontrollgruppe statistisch signifikant häufiger Erstgeborene und / oder Einzelkinder waren. Diese Ergebnisse interpretierten wir folgendermaßen: Älteste und / oder Einzelkinder sind deswegen häufiger betroffen, weil die Eltern noch jung sind und gewissermaßen als Eltern die Bewältigung der Pubertät mit ihren Kindern „noch nicht können". Bei den nachfolgenden Kindern geht es dann in der Regel besser. Hinzu kommt, daß älteste Kinder mit nachfolgenden Geschwistern meist langfristig frustriert sind, da sie immer Vorbild gegenüber den jüngeren Geschwistern sein müssen und oft einer gewissen Überforderungssituation ausgesetzt sind. Kritisch ist anzumerken, daß ein kinder- und jugendpsychiatrisches Klientel sich als „Negativauslese" auszeichnet und damit nicht verallgemeinert werden darf. Gleichwohl steht dieses Ergebnis in einem Widerspruch zu *Sulloways* These, daß Erstgeborene sich mehr den Eltern anpassen, weniger rebellieren.

Der innere Bruder und die innere Schwester

Phantasierte Brüder und Schwestern oder Geschwister in Träumen und in Märchen können auch als Projektionen des Phantasierers, des Träumers, aufgefaßt werden. So ist die Vorstellung von zwei Brüdern, die einander zur Ganzheit ergänzen, ein uraltes, universales Menschheitsmotiv. *Uwe Steffen* (1986) hat das längste Märchen der Sammlung der Gebrüder Grimm in diesem ganzheitlichen Sinne zu deuten versucht. Das Motiv von den zwei Brüdern findet sich aber nicht nur in Märchen, sondern ebenso in den Mythen von den göttlichen Zwillingen (z.B. den Dioskuren), in den mittelalterlichen Ritterepen (z.B. in „Amis und Amiles") und in den Romanen der Neuzeit (z.B. Dostojewskis Brüder Karamasov). Oft orientiert sich in diesen Märchen der eine Zwillingsbruder am Vater, der andere an der Mutter, d.h., im Sinne der Tiefen-Psychologie, daß eine Seite in uns mehr nach rationaler Bewußtheit strebt im progressiven Sinne, die andere Seite in ursprünglicher Unbewußtheit verhaftet ist, regressive Tendenzen aufweist. Der Bruder oder die Schwester in uns, der geträumte Bruder oder die geträumte Schwester, sind, wenn wir es im Sinne der Traumdeutung auf der Subjektstufe erfassen, Anteile von uns, unsere unbewußten, anderen Seiten, der „Schatten" im Sinne *C. G. Jungs.* Die Geschichte der zwei Brüder im Grimmschen Märchen ist damit eine Individuationsgeschichte, das Erkennen des eigenen Schattens und die Integration der verdrängten, ungelebten Anteile in die Persönlichkeit des reifen Menschen. Wichtig für das Verständnis der Trennung der zwei Brüder erscheint folgendes: nach der Auffassung mancher Naturvölker hat jeder Mensch einen älteren Bruder, der im Jenseits, im Urbildlichen, verbleibt, so wie jede irdische Erscheinung ihr Urbild in der jenseitigen Welt hat. Der Zusammenhang mit ihm muß unter allen Umständen gewahrt bleiben, denn beide zusammen bilden die Ureinheit und Urganzheit. Der eine bedarf des anderen zum wahren Leben (siehe auch bei Steffen, 1986).

Werden Projektionen von abgewerteten, verdrängten Anteilen in Großgruppen kollektiv vorgenommen und nicht als solche erkannt und zurückgenommen, dann können „Bruderkriege" u.a. die Folge sein, wie dies in Nordirland oder auf dem Balkan der Fall ist: es werden die Unterschiedlichkeiten betont und die Ähnlichkeit verleugnet, bekämpft und vernichtet.

Gelebte Geschwisterbeziehungen könnten, wenn sie letztendlich positiv verlaufen, mithelfen, im realen Bezugsfeld der Familie immer wieder das Andersartige, Ähnliche, Geschwisterliche wahrzunehmen, um in der eigenen Entwicklung diese Auseinandersetzung mit den äußeren Geschwistern für die eigene Individuation, d.h., für den inneren Bruder oder die innere Schwester, fruchtbar zu machen.

In diesem Buch sind die Beiträge eines interdisziplinären Gesprächs (8. Tübinger Kinder- und Jugendpsychiatrisches Symposion mit internationalen und interdisziplinären Referaten vom Oktober 1998) zwischen Ethnologen, Pädagogen, Psychologen, Soziologen, Sprach- und Altertumswissenschaftlern sowie Kinder- und Jugendpsychiatern enthalten. Geschwisterbeziehungen werden entlang der Zeitachse „gestern – heute – morgen" untersucht, sowie auf der Ebene der realen intrafamilialen Beziehungen, als auch auf der verinnerlichten, phantasierten gleichsam virtuellen Ebene des Individuums.

Das Buch ist in 4 Kapitel gegliedert:

In einem 1. Kapitel werden Geschwisterbeziehungen unter volkskundlichen, ethnologischen und gesellschaftspolitischen Aspekten beleuchtet. In Volksüberlieferungen wird die Ambivalenz in den Geschwisterbeziehungen häufig extrem, mit wenig Schattierungen, d.h., holzschnittartig dargestellt, wie *Bausinger* in seinem Beitrag ausführt. Dabei geht es um Neid, Mißgunst, Konkurrenz und Feindschaft, aber auch um Zusammenhalt, Blutsbrüderschaft und Treue.

Daß keineswegs ubiquitär die emotionale Nähe oder die Position in der Geschwisterreihe das geschwisterliche Organisationsprinzip darstellen, sondern ganz andere Aspekte entscheidend sein können, wie z.B. Präzedenz oder Seniorität bzw. Anteriorität, zeigt der Beitrag von *Marschall*, der die überaus komplizierten Geschwisterbeziehungen auf einer indonesischen Insel (Nias) untersucht und dargestellt hat. Er kommt zum Schluß, daß es keine „natürlichen" Beziehungen zwischen Geschwistern gibt, sondern daß diese durch Muster der gesellschaftlichen Organisation vorgegeben und durch Rechtsprechung, Sanktionen, Mythen und Traditionalismen als natürlich dargestellt und aufrechterhalten werden.

Die kritische und bedrückende soziale Situation aufwachsender Geschwister in Argentinien skizziert *Wernicke*: mehr als 50 % der Kinder Argentiniens kommen aus getrennten Familien, sind tagsüber ohne Eltern. Das Alleinesein und die große Zahl der Geschwister führt nicht zu einer Verbesserung der Geschwisterbeziehung, sondern zu einem vermehrten Kampf der Geschwister untereinander, fördert Gewaltbereitschaft und Kriminalität.

In einem 2. Kapitel werden kulturhistorische, literarische und pädagogische Besonderheiten in Geschwisterbeziehungen aufgegriffen: Geschwisterbeziehungen in der griechischen Dichtung analysiert der Graezist *Kannicht*: Motive der ungleichen oder der feindlichen Brüder sowie der ungleichen Schwestern werden von ihm plastisch herausgearbeitet, wobei er auf die entsprechenden griechischen Epen und Mythen zurückgreift.

Der Germanist *Baßler* geht auf die Inzestdramen der Goethezeit in der Literatur ein, arbeitet heraus, daß das Inzestmotiv in der innerliterarischen Diskussion stellvertretend für ganz verschiedene Formen individualisierter Personenbeziehungen verwendet wird, deren kulturelle und soziale Neubestimmung damals gleichsam „auf dem Programm" der Gesellschaft stand.

Der Pädagoge *Liegle* geht der Frage nach, ob und wie Geschwister von Geschwistern erzogen werden, was Geschwister von Geschwistern lernen. Geschwistererziehung birgt seiner Ansicht nach eine besondere Chance im Sinne einer Moral der Gegenseitigkeit, die eine mehr einseitige Abhängigkeit, die im Eltern-Kind-Verhältnis gegeben ist, relativiert bzw. aufhebt.

Im 3. Kapitel werden Referate zusammengefaßt, in denen es um reale versus phantasierte Geschwister und um „Geschwister im Geiste" geht, denn Geschwister, die man hat, sind nicht nur real, sondern auch Phantasie oder Metapher, die uns bestimmen. Der analytisch orientierte Sozialpädagoge *Fatke* führt u.a. aus, daß „Geschwisterphantasien, trotz aller Irrealität für Kinder ein reales Potential sind, das sie eigenaktiv erschaffen und nutzen, um die Lebensthemen zu bearbeiten und so ihre Selbstwerdung zu befördern".

Von biblischen Szenarien, theologischen Rätseln und praktischen Konsequenzen der Geschwisterlichkeit ist im Beitrag des katholischen Theologen *Kuschel* die Rede. Hier geht es um den Gedanken, daß Juden, Christen und Muslime die Tradition der Geschwisterversöhnung wahr machen sollten, im Interesse einer Dialektik von Weltfrieden und Religionsfrieden.

Das aktuelle, hoch brisante Thema selektiver genetischer Diagnostik und des Klonens greift der evangelische Theologe und Ethiker *Mieth* auf, sowie das durch die „Reproduktionsmedizin" möglich gewordene Phänomen artifizieller Ver- und Entschwisterung. Er gibt einen umfassenden Überblick über den Stand der heutigen, bioethischen internationalen Diskussion, die die Zukunft der Geschwisterbeziehung verändern wird.

Das 4. Kapitel fokussiert entwicklungspsychologische und kinder- und jugendpsychiatrische Aspekte, geht auf epidemiologische, allgemeine und auf besondere Aspekte der Geschwisterbeziehung ein.

Karle et al. weisen auf aktuelle epidemiologische Daten von Geschwistern in der BRD hin, geben einen Überblick über die Forschungslage von Geschwisterbeziehungen, analysieren publizierte Studien bezüglich Besonderheiten von Geschwisterbeziehungen in Trennungs- und Scheidungssituationen. Ihr Fazit: Die empirische Erforschung der Geschwisterbeziehung steckt noch in den Kinderschuhen und es mangelt an geeigneten standardisierten Verfahren bzw. Meßinstrumenten, um die Geschwisterbeziehung adäquat erfassen zu können.

Auch die Entwicklungspsychologin *Seiffge-Krenke* weist in ihrem Beitrag auf ein Defizit psychologischer Forschung hinsichtlich der Geschwisterbeziehungen hin. Sie führt anhand von Fallbeispielen aus, daß sich Geschwister chronisch kranker Jugendlicher zwischen der Gefahr einer Parentifizierung und / oder Vernachlässigung befinden.

Ein gesonderter Beitrag ist dem Problem von Adoptivgeschwistern gewidmet: *Jungmann* unterstreicht, daß die hauptsächliche Einflußgröße für die Entwicklung eines Adoptivkindes in der Beziehung zu seiner Familie bzw. zu seinen Geschwistern liegt, d.h., in den Einstellungen und Haltungen der Adoptiveltern gegenüber ihren speziellen Rollenproblemen und ihrer Definition der Adoptivelternschaft. Die Qualität des geschwisterlichen Beziehungsverhältnisses sieht er in Abhängigkeit von der Achtung, die die Familie der Besonderheit der Herkunftsfamilie des Adoptivkindes entgegenbringt.

Auf die sich gegenseitig unterstützenden oder bekämpfenden Geschwisterbeziehungen in ihrer Wechselwirkung zu den Eltern-Kind-Beziehungen gehen *Karle* et al. bei Sorgerechtsverfahren ein. Sie beleuchten bisherige Veröffentlichungen und legen eigene Untersuchungsergebnisse aus Gutachtenanalysen vor.

Reinhart Lempp, dem das Symposion zu seinem 75. Geburtstag gewidmet war, weist in einem abschließenden Beitrag auf folgendes Kuriosum hin: die fachlich fundierten und überaus gründlichen Untersuchungen der Psychiater *Ernst* und *Angst* konnten zeigen, daß es praktisch nicht möglich ist, mit Hilfe exakter statistischer Methode nachzuweisen, was eigentlich jedermann aus seiner Lebenserfahrung heraus erwarten würde: daß die Stellung in der Geschwisterreihe für den weiteren Lebensweg bedeutsam ist! Er sieht hierin einen bis heute bestehenden Bias der Erwachsenenpsychiatrieforschung. *Lempp* ist davon überzeugt, daß sich Empathie nirgends früher und damit leichter erwerben läßt, als unter Geschwistern.

Zum Schluß sei die Frage erlaubt, wohin die Gesellschaft in Zukunft mit einer „Ein-Kind-Familie" steuert? In den hoch entwickelten Industrieländern – und die Chinesen versuchen dies seit Jahren – werden Geschwister langsam aussterben. Es besteht ein wachsender Trend zu mehr gewollt und ungewollt kinderlosen Paaren. Auch nimmt die Zahl alleinerziehender Mütter mit nur einem Kind zu. Mit *Petri* (1996) läßt sich fragen: Ist die Vermutung abwegig, daß dieser Verlust an geschwisterlicher Kohärenz sowohl Folge wachsender gesellschaftlicher Entfremdungsprozesse ist, als auch zur Ursache einer sich fortschreitenden individuellen wie kollektiven Fremdheit wird?

Sulloway sieht die weitere Entwicklung durch eine Gesellschaft, die demnächst fast nur noch aus Einzelkindern besteht, nicht so kritisch: er geht davon aus, daß Einzelkinder in der Entfaltung ihrer Persönlichkeitsmerkmale freier seien. Deshalb sei anzunehmen, daß Kreativität, Liberalität und Flexibilität in der Gesellschaft erhalten bleiben. Was seiner Meinung nach abnehmen könnte, sei der Einsatz für radikale Erneuerungen, die ein Persönlichkeitszug der Spätgeborenen ist.

Möge aus dem hier wiedergegebenen interdisziplinären Diskurs über Geschwisterbeziehungen auch eine vermehrte „Neue Geschwisterlichkeit" im Geiste einer Humanitas entstehen, die in unserer heutigen Zeit wieder aufkeimender Fremdenfeindlichkeit Not tut!

Literatur

Hoanzl, M.: Über die Bedeutung der Geschwisterkonstellation. Vom Aschenbrödelkind – oder – „Alle sind etwas Besonderes, nur ich nicht." Z. f. Individualpsychologie. 22. Jg. S. 220–231 (1997).

Klosinski, G.: Die Adoleszentenkrise in Abhängigkeit von Altersstufe, Geschlecht und Geschwisterkonstellation. In: Lempp, R. (Hg.): Adoleszenz – biologische, sozialpädagogische und jugendpsychiatrische Aspekte. Huber, Bern. S. 150–165 (1981).

Petri, H.: Geschwisterbeziehungen. Sendung im SDR vom 30.11.1997 (8.30–9.00 Uhr) S 2-Kultur.

Steffen, U.: „Die zwei Brüder – jeder hat noch ein anderes Ich." Kreuz-Verlag, Zürich, 1986.

Sulloway, F.: Der Rebell der Familie. Siedeler-Verlag, Berlin 1997.

I. Volkskundliche, ethnologische und gesellschaftspolitische Aspekte

Geschwister gehen bis zum Rhein ...
Perspektiven der Volkstradition

von Hermann Bausinger

Geschwister gehen bis zum Rhein ... – die Redensart ist nicht oder nicht mehr allgemein bekannt. Trotzdem mag es erlaubt sein, die Fortsetzung mehr ans Ende zu verschieben, weil sie in gedrängter Form resümiert, was über die *Perspektiven der Volkstradition* zu sagen ist.

Dieser Untertitel verlangt eine kurze Erläuterung. Das Geschwister-Thema wird in diesem Symposion ganz überwiegend mit dem Blick auf Kinder und Jugendliche behandelt. Über sie schweigt sich die Volks-tradition weitgehend aus. Wenn sie das Thema Geschwister in den Mittel-punkt rückt, ist sehr viel häufiger von Erwachsenen als von Kindern die Rede. Das mag seltsam klingen, denn sofort fallen einem Geschichten ein wie die von *Brüderchen und Schwesterchen* oder von *Hänsel und Gretel*, Geschichten, die in eindringlicher Weise die Unzertrennlichkeit und ge-genseitige Liebe von kleinen Geschwistern vor Augen stellen. Aber hier ist an die Tücken des Begriffs *Volkstradition* zu erinnern. Abgesehen da-von, daß *Volk* als nationale und soziale Legierung ein weites Bedeutungs-differential umfaßt – Volkstraditionen sind fast nur verfügbar in Brechun-gen, in den Aufzeichnungen von Gelehrten und Sammlern; die Lieder, Geschichten, Redensarten usw., die der Volkstradition zugerechnet wer-den, wurden nicht nur *ge*funden, sondern teilweise auch *er*funden.

Das Märchen *Brüderchen und Schwesterchen* gehört zu den rührseligsten der Grimmschen Sammlung. Als es regnet, sagt das Schwesterchen: „Gott und unsere Herzen, die weinen zusammen", und auch im weiteren Verlauf bleibt es tränenselig und sentimental. Das ‚Volk' war in diesem Fall eine vornehme hugenottische Familie, bei denen die Grimms das Märchen hör-ten. Sie haben es ihrerseits stilisiert im Sinne unschuldiger, ungetrübter Geschwisterliebe. Die Volkstraditionen reichen aber weit über diese späte Glasur von Empfindsamkeit zurück, und sie bestehen keineswegs nur aus Wunschgeschichten. Untersuchungen im dörflichen Milieu der Vor-moderne haben gezeigt, daß das Verhältnis der Geschwister sehr viel kom-plizierter war. Die Wertschätzung der Geschwister – sowohl der Erwach-senen wie der Kinder – hing von ihrer Leistung für Haus und Hof ab, und es gab ein ständiges Ineinander von Kooperation und Konkurrenz. Utz Jeggle hat vor zwei Jahrzehnten die Geschichte von Kiebingen, einem im Neckartal gelegenen Dorf, untersucht; er arbeitet diese „oppositionellen Anforderungen" heraus und kommentiert:

> Worauf es ankam, war die situative Abrufbereitschaft einmal der einen und dann der anderen Fähigkeit. Man mußte mit dem Bruder zusammen pflügen können, gleichzeitig aber aufpassen, daß derselbe Bruder sich nicht durch irgendwelche Tricks bei den Eltern lieb Kind machte, um sich so eine künftige Bevorzugung zu erschleichen. Freilich war es schwer, sich direkte Vorteile zu verschaffen, die Kunst des Erbens war in Kiebingen hoch entwickelt; gerade weil Gerechtigkeit so schwer fiel, waren Netze und Sicherheitssysteme en masse eingebaut. Die Äcker, um die es ja in erster Linie ging, wurden so lange zerstückelt, bis sich ausgeglichene Pakete ergaben, die dann von jedem Beteiligten als gleichgroß akzeptiert wurden, erst dann wurden sie verlost. Trotz dieser Vorsichtsmaßnahmen waren Streitfälle häufig. Wenn man in Kiebingen erzählt, daß sich eine bestimmte Familie untereinander gut versteht, dann wird zurückgefragt, „haben die schon geteilt?"

Jeggle urteilt – sicher auch provoziert durch die romantisierten Vorstellungen vom harmonischen Landleben – streng: Die agrarische Produktion habe nicht einmal im Kernbereich der Familie die Möglichkeit offengelassen, „zu den Menschen eine andere Beziehung zu finden als zum Tisch oder zu den Kühen im Stall". Pointierend spricht Jeggle von einem „Not- und Terrorzusammenhang" im Dorf, aber auch in den einzelnen Familien. Diese Formulierung ist angegriffen worden, und vermutlich ging Jeggle, indem er den Dorfbewohnern jegliche emotionale Zuwendung absprach, zu weit. Aber es ist doch auffallend, daß sich auch aus anderen Quellen – und keineswegs nur aus solchen der agrarischen Welt – eine sehr nüchterne und ernüchternde Bilanz für die Vergangenheit ergibt. Eine ganze Reihe von Redensarten, die üblich und verbreitet waren, bestätigen diese Perspektive:

– Brüder lieben einander wie Messerspitzen.
– Ohne Bruder kann man leben, nicht ohne Freund.

Die Beziehung zu Geschwistern scheint nur durch die Stellung, die Funktion in Haus und Familie definiert, nicht durch emotional aufgeladene Blutsbande:

– Wenn die Schwester ist vermählt, sie nur für eine Nachbarin zählt.

Noch deutlicher:

– Wenn die Schwester aus dem Haus, ist die Schwesterschaft aus.

Ganz deutlich wird die Chancenminderung durch Geschwister, wenn der materielle Aspekt ins Auge gefaßt wird:

- Viele Brüder, schmale Güter.
- Wir sind zwar Brüder, aber unsere Taschen sind keine Schwestern.

Daß sich die Redensarten vorwiegend auf Brüder beziehen (auch die zuletzt zitierte, in der die Schwestern ja nur metaphorisch auftauchen), darf nicht zu dem Fehlschluß führen, daß jene versachlichte, Aggressionen nur hinter einer dünnen Schutzschicht verbergende Beziehung lediglich unter männlichen Familienmitgliedern gegolten hätte. Daß über die Brüder mehr gesprochen wurde, dürfte damit zusammenhängen, daß es weniger nötig schien, sich gegen Schwestern abzugrenzen, weil diese ohnehin weniger Rechte und weniger Einfluß hatten.

Bezeichnenderweise setzt die Herauslösung aus diesem Zwang materiellen Denkens, die Emotionalisierung und Aufwertung von Geschwisterbeziehungen vor allem bei Frauen und Mädchen an. Sie werden zum Sinnbild einer anderen, in Gefühlen der Zuneigung begründeten Geschwister- und Familienbeziehung. Die Brüder Grimm haben in ihre Sammlung der Kinder- und Hausmärchen auch die Geschichte von *Schneeweißchen und Rosenrot* aufgenommen. Sie gilt als Volksmärchen; aber Wilhelm Grimm hat sie einer gedruckten pädagogischen Kurzgeschichte nacherzählt. Was er entwirft, ist ein von keinerlei Eigeninteressen und Boshaftigkeiten getrübtes Familienidyll:

Eine arme Witwe, die lebte einsam in einem Hüttchen, und vor dem Hüttchen war ein Garten, darin standen zwei Rosenbäumchen, davon trug das eine weiße, das andere rote Rosen: und sie hatte zwei Kinder, die glichen den beiden Rosenbäumchen, und das eine hieß Schneeweißchen, das andere Rosenrot. Sie waren aber so fromm und gut, so arbeitsam und unverdrossen, als je zwei Kinder auf der Welt gewesen sind: Schneeweißchen war nur stiller und sanfter als Rosenrot. Rosenrot sprang lieber in den Wiesen und Feldern umher, suchte Blumen und fing Sommervögel: Schneeweißchen aber saß daheim bei der Mutter, half ihr im Hauswesen oder las ihr vor, wenn nichts zu tun war. Die beiden Kinder hatten einander so lieb, daß sie sich immer an den Händen faßten, so oft sie zusammen ausgingen: und wenn Schneeweißchen sagte „wir wollen uns nicht verlassen", so antwortete Rosenrot „so lange wir leben nicht", und die Mutter setzte hinzu, „was das eine hat, soll's mit dem andern teilen."

Die beiden Schwestern sind fromm, brav, von einem Schutzengel bewacht. In ihre pathologisch gesittete Welt bricht dann ein Stück Wildheit ein, der Bär, und die Kinder erleben auch Abenteuer mit dem bösen Zwerg – aber am Ende sind beide wieder in ungefährdetem Glück; zu dem Prinzen, der bis zu seiner Erlösung im Bärenfell leben mußte, gesellt sich schnell ein Bruder, so daß eine Doppelhochzeit möglich wird. Es gibt keinerlei Anlaß zu Eifersucht, Neid, Boshaftigkeit.

Es ist nicht besonders verwunderlich, daß vor allem Märchen dieser Art in den 70er Jahren attackiert wurden. „Böses kommt aus Kinderbüchern" hieß eine Streitschrift von Otto F. Gmelin. Er meinte damit nicht das Böse der in den Märchen offenkundigen Grausamkeiten, sondern im Gegenteil die Verniedlichung, die Einübung in eine verlogene Welt. Die Kritik war weithin berechtigt; aber es wäre eine Verkürzung, wenn man es beim pauschalen Vorwurf der Verlogenheit beließe. Tatsächlich entwickelte sich im Bürgertum ein neues Familienbild, das zwar in Teilen der Literatur überhöht dargestellt wurde, das aber auch die Realität veränderte.

Die Brüder Grimm selbst demonstrierten dieses neue Bild, die herzliche Brüderschaft. Jacob Grimms Nachruf auf den jüngeren Bruder gehört zu den schönsten Zeugnissen freundlichen Geschwisterdaseins. Jacob Grimm spricht darin von Familienähnlichkeiten, und er vertritt die Auffassung, daß dieses Band, „daß dieser edle, die Menschheit festigende und bestätigende Hintergrund seine größte Kraft hat zwischen Geschwistern, stärker sogar als zwischen Eltern und Kindern." Er nennt einen einfachen Grund dafür, „warum Brüder sich besser verstehen und erkennen als Vater und Sohn. Eltern und Kinder leben nur ein halbes Leben miteinander, Geschwister ein ganzes." Dies ist eine Äußerung, die ganz stark geprägt war von eigenem Erleben. Die Brüder wohnten zusammen und hatten ihre beiden Arbeitstische zuerst in einem, dann in zwei nebeneinander liegenden Zimmern. Sie waren in ihrer Lebensweise Repräsentanten des neuen bürgerlichen Familienideals, für das der Zusammenhalt zwischen Geschwistern ein wichtiger Bestandteil war.

Das war nicht nur eine Ideologie im Sinne einer manipulativen Überformung der unter ganz anderen Gesetzen stehenden Realität, sondern eine Wertsetzung, die sich auf die Modellierung des Lebensstils und des Lebens auswirkte. Das bedeutet freilich nicht, daß nun schlechthin unangreifbare Friedfertigkeit in die Familien hineingetragen wurde. Auch in den bürgerlichen Familien gab es ja individuelle Interessen und Konkurrenzverhältnisse; vererbt und geerbt wurde auch hier, und in der (im Vergleich mit der bäuerlichen Welt) weniger eng definierten Berufssphäre kam es darauf an, wieviel die Eltern in ihre Kinder, in deren Ausbildung zumal, investierten, und da die Mittel begrenzt waren, war eine Ungleichbehandlung der verschiedenen Kinder fast unvermeidlich. Und natürlich wurden auch die tieferliegenden Diskrepanzen, die Differenzen nach der Position im Familienverband, die Unterschiede zwischen Erst- und Nachgeborenen, aber auch zwischen Jungen und Mädchen nur überdeckt und nicht beseitigt.

Die bürgerliche Familie hatte deutlicher als die vorbürgerliche ihr abgeschlossenes Reich, ihre Privatsphäre. Die Loyalität der Geschwister untereinander akzentuierte die Abgrenzung nach außen. „Das Wort *Familienbande* hat einen Beigeschmack von Wahrheit", schrieb Karl Kraus und gab damit einen Hinweis auf die ethisch fragwürdige Seite von Familiensolidarität, wie sie alltäglich gelebt, aber auch in allen Familienfesten (mit Weihnachten als Höhepunkt) gefeiert wurde und wird. Karl Kraus schrieb aber auch: „Das Familienleben ist ein Eingriff ins Privatleben" – es war (und ist) nicht nur Entlastung, sondern auch Hypothek. Die Erwartung solidarischen Verhaltens übt einen Druck auf die einzelnen Familienmitglieder aus; Konfrontationen führten gerade dadurch, daß sie nicht ausgetragen und ausgelebt wurden, zum stillen Haß, zu latenten Spannungen, die immer wieder einmal zum Ausbruch kommen konnten.

Dieses ambivalente Verhältnis spiegelt sich auch in den Volksüberlieferungen, zum Beispiel in Märchen, die ja nicht als einzelne ihren Einfluß ausüben, sondern zusammen mit anderen Erzählungen, als Ensemble, erzieherisch, wertbildend auf Kinder und Erwachsene einwirkten. Wie es in der Realität zwei Pole gab: Geschwister als gefühlsmäßige Einheit (in mythischen Tiefen verankert, aber auch zweckrational begründbar) und Geschwisterleben als Spannungsfeld divergierender Interessen, so kannten auch die Erzählungen zwei Pole – und gerade die Extrempositionen wurden ausgemalt.

Immer wieder geht es in den Geschichten um Konkurrenz, Neid, Mißgunst, Feindschaft zwischen Geschwistern. Burgruinen wurden öfter erklärt als Folge kriegerischer Handlungen zwischen Brüdern – eine Wandersage, in der das Unversöhnliche in der Geschwisterrivalität herausgestellt wird. Nicht weit von Tübingen, bei Oberlenningen, erhebt sich der Wielandstein, auf dem Reste von drei Burganlagen erhalten sind. Von diesen geht eine aitiologische Erzählung aus: Drei Brüder lebten zunächst gemeinsam in einer der Burgen, waren aber so verfeindet, daß sie sogar das Wasser aus drei verschiedenen Quellen holten (sie werden genau angegeben: Dobeltal, Rinnebuckel, Lauter) und daß sie schließlich getrennte Behausungen bauten und bezogen. Im Märchen entsteht häufig ein Konflikt aus der ungleichen Behandlung von Geschwistern: Aschenputtel, Die zwölf Brüder, Die sechs Schwäne, Die weiße und die schwarze Braut. Die Märchenbearbeiter, vor allem die im 19. Jahrhundert, haben solche Geschichten ein Stückweit dadurch rationalisiert, daß sie die Stiefmutter und damit auch Stiefgeschwister einführten. Aber auch ohne diese Vorgabe entstehen Konflikte, öfters an der Trennlinie zwischen männlichen und weiblichen Nachkommen wie in den Schwanenmärchen, in denen – seltsamerweise! – die männlichen Kinder verbannt werden zugunsten des einzigen weiblichen Königskinds. In diesem Fall erlöst das Mädchen in unsäglichen Prüfungen die Brüder: happy end für alle. In der Regel aber triumphiert das zuerst stigmatisierte Jüngste, während die anderen bestraft werden. Diese Märchen enden also keineswegs mit glücklicher Geschwisterharmonie, sondern befestigen im Grunde ein spannungsreiches Bild von der Familie – was Hörerinnen und Leser allerdings kaum registrieren, weil sie sich mit der zunächst benachteiligten Person unter den Geschwistern identifizieren und mit ihr das große Glück am Ende teilen. Dieses Glück kann also Geschwisterglück sein wie nach der Rückverwandlung der Raben oder Schwäne in Brüder; oft aber besteht es auch in der Ablösung von den Familienbanden, von der Familienbande (um noch einmal an Karl Kraus zu erinnern).

Die Ambivalenz in den Geschwisterbeziehungen läßt sich nicht auflösen in eine historische Abfolge. Es gibt epochale Akzentuierungen, und gegenüber der Neigung zu raschen tiefenpsychologischen Generalisierungen erscheint es angebracht, sie zu betonen. Ich habe vorher erwähnt, wie Forscher des 19. Jahrhunderts, wie insbesondere die Brüder Grimm versuchten, die Traditionen mit ihren harmonisierenden Gesellschafts- und auch Geschwistervorstellungen in Einklang zu bringen, und ich habe demgegenüber die Realbedingungen der bäuerlichen Welt herausgestellt, in denen Konkurrenz und Konflikt unter Geschwistern eine wichtige Rolle spielen. Aber das heißt nicht, daß sich mit der bürgerlichen Familienideologie alle Konflikte in wechselseitiger Sympathie auflösten, und es heißt auch nicht, daß es vorher keinerlei Vorstellungen von einem Familienzusammenhalt gegeben hätte. Es gab sie, allen inneren Spannungen zum Trotz, auch im agrarischen Bereich der Vormoderne, schon deshalb, weil die Minderung von Besitz und Ansehen der Familie, des Hauses, ja allen Geschwistern geschadet hätte.

Und wenn wir uns zurücktasten auf eine ältere Kulturstufe, dann stoßen wir etwa in der mittelalterlichen Volksballade immer wieder auf ausgeprägten Familiarismus. Die versehentliche, tiefen Schmerz auslösende Tötung von eigenen Familienangehörigen (Thema schon des althochdeutschen Hildebrandslieds) wird immer wieder besungen:

Den ersten Streich und den er tut,
den tut er in sein eignes Blut

heißt es in einer Ballade, die bei Ungarndeutschen noch vor wenigen Jahrzehnten lebendig war. Das Inzestmotiv (meist mit dem im letzten Moment verhinderten Inzest) spielt in der alten Ballade eine wichtige Rolle. In einzelnen Liedern wird der Bruder dem Geliebten vorgezogen – auch das ist ein altes, bereits in der „Antigone" variiertes Motiv: Schon bei Herodot und auch in frühen buddhistischen Lehren taucht die Geschichte von der Frau auf, deren Mann, Kinder und Bruder in Gefangenschaft geraten und die *eine* Person retten darf; sie wählt den Bruder, da nur er unersetzlich sei – einen Mann kann sie wieder finden und dann auch wieder Kinder gebären.

Für die Volksüberlieferung ist es charakteristisch, daß sie mit Extremen operiert, mit wenig Schattierungen: gut und böse, schwarz und weiß, Feindschaft oder Solidarität, Tod oder Glück. Auch der Aspekt der Geschwisterliebe, der wechselseitigen Hilfsbereitschaft und Hilfe wird extremisiert, manchmal mit einem bewußt angesteuerten komischen Effekt, der das Erzählte dann auch wieder relativiert. In einer märchenhaften Geschichte aus dem 19. Jahrhundert wird zum Beispiel dargestellt, wie vier Brüder, die mit unglaublichen Fähigkeiten ausgestattet sind, zusammenstehen und dadurch unbesiegbar werden. Ernst Meier, ein Tübinger Orientalist, hat sie vor ziemlich genau 150 Jahren aufgezeichnet in einem Tübinger Vorort:

> Es waren einmal vier Brüder, die hießen Hans, Jörg, Jockel und Michel, davon war der erste ein Scharfschütz, der zweite ein Windbläser, der dritte ein Läufer und der vierte, der Michel, der war so stark, daß er die dicksten Eichen nur so spielend wie Grashalme aus der Erde rupfen konnte. Alle vier Brüder aber waren miteinander in die Welt gegangen. Da traf einmal ein Forstmann den Hans, der eben sein Gewehr angelegt hatte, als wenn er in die Luft schießen wollte, weshalb ihn der Förster fragte, wornach er denn ziele? Sprach jener: „hundert Stund von hier, auf einer Kirchturmspitze in Berlin sitzt ein Spatz, und will ich schießen," und in demselben Augenblicke drückte er los und sprach nach einer kleinen Weile: „da liegt er!" Der Förster aber wollte nicht glauben, daß er etwas getroffen habe, worauf der Scharfschütz den Schnelläufer herbeirief und ihn nach Berlin schickte, um den geschossenen Spatz zu holen. Der lief auch sogleich hin und war nach zwei Stunden wieder da und brachte richtig den Spatz mit; der war aber so gut getroffen, daß der Kopf rechts, der Leib links von dem Kirchturm herabgefallen war."

Der Förster trifft auch noch den Jörg, der mit einem Blasrohr Windmühlen in Gang setzt, und den Michel, der einen ganzen Wald umreißt, um mit diesem „Büschele Holz" im kalten Winter „ein Feuerle" machen zu können. Dies ist die Exposition – die Bewährung der Geschwister folgt, als der König von Preußen, schwer erkrankt, nach dem „Kraut des Lebens" auf dem schweizer Sankt Gotthard verlangt. Der Schnellläufer holt es, muß allerdings unterwegs vom Scharfschützen mit einem gezielten Schuß auf den Rockzipfel aufgeweckt werden; der starke „Eichenumreißer" trägt so viel Gold davon, daß den König die versprochene Belohnung reut und daß er den Brüdern vier Regimenter nachjagt, die aber vom vierten der Söhne in einen See geblasen werden.

Dies ist, ironisch überzeichnet und gerade dadurch bekömmlich, ein Hohelied brüderlicher Kooperation. Auch dazu gibt es Redensarten:

– Brüder helfen sich wie Hand und Fuß.
– Ein Bruder ist wie ein Spieß hinter der Tür.

Wer kein Einzelkind war, kennt sicher auch die in Gefahrensituationen beliebte Wendung: „Ich sag's meinem großen Bruder".

Ich habe mich mit meinen Beispielen der gängigen Vorstellung von Volkstradition unterworfen, die diesen Begriff für Angegrautes (um nicht zu sagen Angestaubtes) reserviert. Ich will aber wenigstens kurz darauf hinweisen, daß sich in der populären Unterhaltungstradition neueren Datums die gleiche Zuspitzung findet, wenn von Geschwistern die Rede ist. Den TV-Thriller „Tödliche Schwesternliebe" kündigte eine Programmzeitschrift folgendermaßen an:

Eifersucht und Neid auf ihre Schwester Meike, das umhätschelte Nesthäkchen während der Kindheit, haben Lena geprägt: Erst Mitte dreißig, ist sie verbittert, frustriert, einsam. Ihr Glück mit Kai zerbrach, auf den Scherben baute Meike ein neues auf: Sie hat ihn geheiratet und den süßen Sohn Martin bekommen. Freundin Nadine ist auch nicht hilfreich für Lena. Sie stichelt nur und schürt den Schwesterzwist auch noch. Das Blatt wendet sich, als Meike an Leukämie erkrankt, ihre einzige Überlebenschance ist eine Knochenmarkspende von ihrer Schwester. Lena willigt zwar ein, stellt aber unglaubliche Forderungen an Meike.

Feindliche Schwestern, feindliche Geschwister, feindliche Brüder – das sorgt für Quoten, das schafft Aufmerksamkeit bis in die banalsten Pressemeldungen hinein. Selbst wenn im Wirtschaftsteil von der Konkurrenz zwischen *adidas* und *Puma* die Rede ist, vergessen Journalisten nur selten den Hinweis, daß es sich ursprünglich um eine Firma handelte und daß die Firmengründer zwei Brüder waren, die nach kurzer Zeit den Kampf gegeneinander aufnahmen.

Als Fernsehbeispiel für einen tödlichen Bruderzwist könnte auch die amerikanische Erfolgsserie „Dallas" genannt werden, in welcher der böse J. R. Ewing nichts unversucht läßt, um seine Brüder zu ruinieren. Und sofort bietet sich ein Gegenbeispiel an: „Bonanza", mit der Farm Ponderosa, die von allen Geschwistern leidenschaftlich verteidigt wird. Auch in der populären Literatur ist der Zusammenhalt von Brüdern ein beliebtes Motiv; man denke etwa an das grandiose Jugendbuch „Richard Löwenherz" von Astrid Lindgren oder auch an die Romane von Karl May.

In seinen Büchern kommt noch ein anderer Aspekt ins Spiel: Old Shatterhand und Winnetou sind Blutsbrüder – das sind Brüder, die gerade kein gemeinsames Blut, sondern die in einer gefühlvollen Vertragszeremonie Brüderschaft geschworen haben. Dies verweist auf den weiten Bereich der übertragenen Bruderschaft: zuerst im geistlichen Umkreis, etwa in den Klöstern, aber auch bei den „Brüdern und Schwestern vom Gesetz Christi", den Herrnhutern; dann, seit dem Ende des 18. Jahrhunderts in der bündischen, oft politisch konnotierten Verbrüderung unter Turnern, Sängern, auch in akademischen Verbindungen; schließlich im nationalen Maßstab (in feierlichen Momenten ist immer noch von Brüdern und Schwestern die Rede) und endlich universal: alle Menschen werden Brüder. Daß mehr von Brüdern als von Schwestern die Rede ist, dürfte einmal damit zusammenhängen, daß die Männer stärker in öffentliche Bezüge eingebunden waren, zum anderen aber wahrscheinlich auch mit der generellen Tendenz der Sprache, Allgemeines in männlicher Form auszudrücken. *Geschwister*, beiläufig gesagt, bilden hier eine interessante Ausnahme.

Noch einmal zurück zu den Beispielen aus der mündlichen Tradition und aus der Literatur: Erzählenswert, traditionstüchtig ist immer nur, was die banale Alltäglichkeit übersteigt. Deshalb kommen hier die extremen Formen der Kommunikation zwischen Geschwistern besonders zur Geltung: der Wettstreit, die Auseinandersetzung oft bis aufs Blut einerseits, und die durch nichts auf der Welt zu erschütternde Geschwistertreue andererseits. Das Übliche in der Realität sind dagegen Mischungsverhältnisse, wechselnde Stimmungen und Haltungen, die rasche Beendigung von Differenzen bis zur nächsten Irritation: „Geschwisterzank hält nicht lang" heißt es. Das Übliche sind vielfach ambivalente Einstellungen.

Vor ungefähr 20 Jahren trat eine Rockgruppe auf unter dem Namen „Dire Straits" – das heißt wörtlich: schreckliche Notfälle, steht also neben „Einstürzende Neubauten", „Erste Allgemeine Verunsicherung" und ähnlichen Katastrophennamen, die sich Bands zulegten. Die Gruppe war getragen von zwei Brüdern, David und Mark Knopfler, die sich nach einiger Zeit zur musikalischen Trennung entschlossen. Vorher gaben sie noch eine Platte heraus mit dem Titel „Brothers in arms", was beides heißen kann: Brüder, die sich in den Armen liegen, und: Brüder in Waffen. Das ist das Doppelgesicht von Brüderschaft und Geschwisterschaft.

So ähnlich drückt es auch der alte Spruch aus, dessen erste Hälfte ich in den Titel genommen habe:

Geschwister gehen bis zum Rhein, werfen einander aber nicht hinein.

Manchmal heißt es noch deutlicher:

Geschwister streiten bis zum Rhein,

manchesmal hydrologisch bescheidener:

Geschwister gehen an den Bach ...,

aber dann reimt es sich nicht. Ungereimt ist der Spruch trotzdem nicht: er bekennt sich zu den Differenzen, die sich bis zu Aggressionen steigern, und er zeigt, daß es eine Notbremse gibt, die nur selten ausfällt. Vermutlich deshalb, weil es sich nicht nur um eine technische Installation zum Katastrophenschutz und nicht nur um eine instinktive Beißhemmung handelt, sondern um gespeicherte gemeinsame Erfahrungen, aus denen das Bewußtsein von Gemeinsamkeit erwächst.

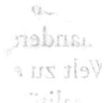

Brüder und Schwestern
Einige ethnologische Bemerkungen zu Geschwistern

von Wolfgang Marschall

Unter dem Datum des X. August dieses Jahres (1998) erhielt ich einen Brief von Herrn Ta'orani Dakhi aus Nias. Nias ist eine Insel westlich von Sumatra, auf der ich 1973 zum ersten Mal und seitdem immer wieder Feldforschungen durchgeführt habe oder einfach zu Besuch war. Ta'orani lebt mit seiner Frau und zwei Kindern, mit seinem Bruder, dessen Frau und deren einem Kind und mit seinem Vater in einem der genial entworfenen Häuser in einem Dorf im Süden der Insel. Im Dorf gibt es weder Strom noch fliessendes Wasser, und zu den Quellen ist es ein mühsamer Weg. Die meisten Menschen leben vom Anbau von Bergreis auf Brandrodungsfeldern.

In dem Brief – den er auf Indonesisch und nicht auf Nias geschrieben hat – standen unter anderem folgende zwei Sätze:

Cucu Bapak Veresia sudah di sekolah tengah di Medan.
Enkel (vom) Vater (nämlich) Veresia schon in Schule mittlere in Medan.
Cucu Bapak Dodi sudah di sekolah dasar.
Enkel (vom) Vater (nämlich) Dodi schon in Schule Grund.

Nun ist im Indonesischen *Bapak* ‚Vater' die übliche Anrede gegenüber einem erwachsenen Mann, aber hier war mehr gemeint und zwar die tatsächliche verwandtschaftliche Beziehung. Veresia und Dodi sind meine Enkel. Ich habe also Enkel auf Nias, und ich weiss nicht einmal, wieviele. Das kommt so:

Während meines ersten Aufenthalts lebte ich in eben diesem Haus, und der Herr des Hauses und damals auch Dorfherr war Ta'oranis Vater Falavu. Nach einigen Wochen sagte Falavu zu mir, dass ich jetzt zu seinem Klan gehöre und dass ich, da ich jünger sei als er, nun sein jüngerer Bruder (Nias *akhi*) sei.

Ethnologen und Ethnologinnen sind oft stolz, wenn sie von der gastgebenden Gesellschaft aufgenommen und sogar adoptiert werden. Dazu gibt es vielleicht auch Grund, entscheidend aber ist, dass ich mit dieser Adoption, mit dieser rituellen Bruderschaft aus dem Status des unberechenbaren Fremden in den des mit Rechten und Pflichten ausgestatteten

Verwandten versetzt wurde. Ich hatte plötzlich zwei ältere Brüder *ka'a* und mehrere jüngere *akhi*. Und damit hatte ich vor allem Pflichten gegenüber den älteren und Ansprüche den jüngeren gegenüber. Es war nun ungehörig, mit dem Essen zu beginnen, bevor mein *ka'a* begonnen hatte, oder bei einer Unterhaltung als erster das Wort zu ergreifen. Umgekehrt mussten nun meine *akhi* warten, bis ich mit dem essen begann oder etwas gesagt hatte, bevor sie essen oder reden durften. Meine älteren Brüder konnten erwarten, dass ich beim Roden oder beim Hausbau helfe, ich konnte dasselbe von meinen jüngeren Brüdern erwarten. Ich konnte jetzt in die Häuser der Brüder gehen und erwarten, dass ich selbstverständlich und freundlich aufgenommen würde. Ich kann jederzeit zu einem Bruder gehen und sagen, ich möchte bei ihm übernachten. Und ich habe viele Brüder. Denn in einer Gesellschaft, die in Patriklans gegliedert ist und so stark in den Generationen denkt wie die Gesellschaft von Süd-Nias, sind alle Enkelsöhne meines Grossvaters väterlicherseits und alle Urenkelsöhne meines Urgrossvaters väterlicherseits und so fort bis mindestens zum 5. Grad meine Brüder. Ich lebe in einer riesigen Bruderschaft. Wenn ich durch entfernt liegende Felder gehe und einen Mann treffe, so werden wir als erstes versuchen, unseren gegenseitigen Verwandtschaftsstatus herauszufinden. Oft wissen wir nach einiger Zeit, dass wir Brüder sind. Ich kann in mehrere andere Dörfer, die auch zu dem Klan gehören, gehen und erwarten, dort von meinen Brüdern wie ein Bruder, älterer oder jüngerer, behandelt zu werden.

Klanorganisation (Deszendenz), Generationenverbund und innerhalb der Generation das gewichtige Kriterium der Präzedenz (älter / jünger) bilden den Rahmen für meine Rolle, erst recht für die Rollenerwartung der männlichen Niha untereinander. Es kann ein junger Mann durch eine besondere Begabung, als Zimmermann etwa oder als Jäger, auffallen, doch nie würde dadurch die feste verwandtschaftliche Position verändert. Auch in Sonderfällen wie der Adoption oder einer rituellen Bruderschaft wird das Verwandtschaftsgerüst nicht ausser Kraft gesetzt.

Ich habe auch Schwestern, aber die kenne ich kaum. Auch meine direkten Brüder kennen ihre Schwestern kaum. Und das kommt so: Wie in allen Gesellschaften sind auch auf Nias Geschwister, wenn sie jung sind, oft beisammen. Sie reden zusammen und spielen zusammen, sie verrichten gleiche Aufgaben. So tragen Mädchen wie Jungen ihre jüngeren Geschwister in einem Tragetuch, wenn die Mutter andere Dinge zu tun hat. So gehen Mädchen und Jungen zu den Badeplätzen, um dort in langen Bambusköchern Wasser zu holen. Aber sie gehen zu verschiedenen Badeplätzen.

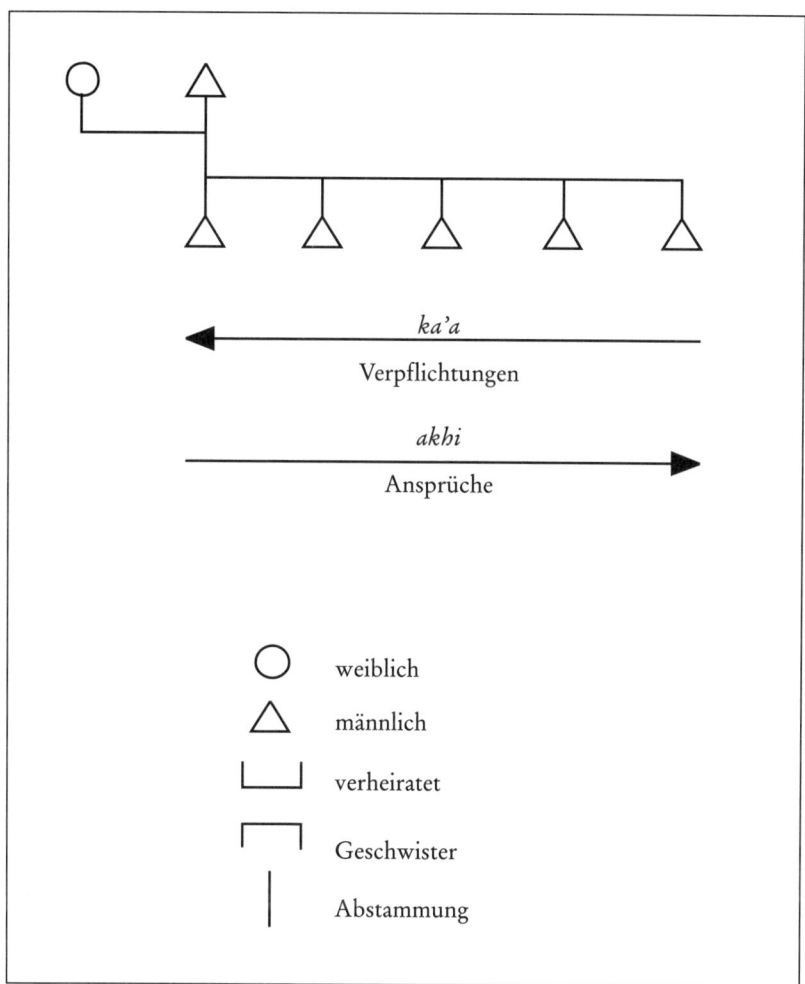

ka'a

Verpflichtungen

akhi

Ansprüche

○   weiblich

△   männlich

⊔   verheiratet

⊓   Geschwister

| Abstammung

Abb. 1: Ältere und jüngere Geschwister

Strikt getrennt, gibt es einen Badeplatz für die Frauen und einen für die Männer. Und strikt getrennt werden Mädchen und Jungen, wenn sie das Alter von 12 bis spätestens 15 Jahren erreicht haben. Sie spielen nicht mehr zusammen, sie reden weniger zusammen, sie essen nicht mehr miteinander, sie übernehmen spezifische Aufgaben. Die Jungen gehen nicht mehr zum Wasserholen, die Mädchen dürften nie erlernen, wie man Kokosnüsse erntet. Wenn gleichgeschlechtliche Geschwister sich auf dem Dorfweg begegnen, geht die jüngere Person zur Seite und lässt die ältere durchgehen, bei Geschwistern unterschiedlichen Geschlechts tritt der Bruder zur Seite, um die Schwester durchgehen zu lassen, genau so, wie dies die erwachsenen Männer gegenüber den erwachsenen Frauen tun.

Alle Menschen im Dorf wissen, dass die Töchter und Schwestern der mobile Teil der Gesellschaft sind. Sie werden in aller Regel das Dorf verlassen. So eng die Beziehung unter den Brüdern ist, so distanziert ist sie zwischen Brüdern und Schwestern. Die Schwestern nämlich werden die Ehefrauen von Männern eines anderen Klans. Die Männer eines Klans werden ihre Schwestern als Menschen allgemein, besonders als Arbeitskräfte und als sexuelle Partner und zukünftige Mütter verlieren. „Die Männer sind das Bleibende im Dorf, die Frauen sind die Hühner des Dorfes", heisst eine Redewendung, die nicht despektierlich ist, sondern auf die systemimmanente Mobilität der Frauen hinweist. So ist es kaum verwunderlich, dass schon früh zwischen Brüdern und Schwestern die emotionale Bindung schwach gehalten wird, die gegenseitigen Rechte und Pflichten gering sind, um ein stabiles Verpflichtungsnetz gar nicht erst aufkommen zu lassen. Zwar muss ein Mädchen die nachgeborenen Geschwister im Tragtuch tragen, aber das ist eine Funktion, die mit dem Laufenkönnen der Jüngeren ausläuft. Zwar muss ein Bruder, wenn seine Schwester das Eheleben mit dem Mann aus einem anderen Klan nicht mehr ertragen kann, sie bei sich aufnehmen, und sie hat an ihrem Ursprungsort immer noch Anrecht auf ein Stück Land, das einer ihrer Brüder für sie bebaut, aber die geschwisterlichen Bindungen zwischen Brüdern und Schwestern sind schwach. Die Schwester ist Bindeglied zum anderen Klan, aber als Schwester steht sie einem Bruder nicht nahe. Sie soll es auch nicht, denn da sie als Gabe an den anderen Klan eine hohe Gegengabe in Form eines Brautguts einbringt, ist ihre Qualität als Gabe besonders hoch zu halten. Ein Beziehung zu Männern im eigenen Klan ist untersagt, und das Schlimmste, was geschehen könnte, wäre Inzest mit den Brüdern. Das Inzesttabu auf Nias ist ausserordentlich streng, und selbst oberflächliche körperliche Kontakte werden vermieden.

Ein erster Schluss heisst: In Klangesellschaften mit patrilinearer Organisation bilden die Männer die feste Korporation, die Töchter / Schwestern gehen an einen anderen Klan und so auch emotional verloren. Ebenso, aber lockerer, ist die Gruppe der Schwestern anzusehen. Bei ihnen ist die Chance gross, dass sie sich in einem Dorf eines anderen Klans, mit Männern von dort verheiratet, wiederfinden. Die schwesterlichen Bezie-

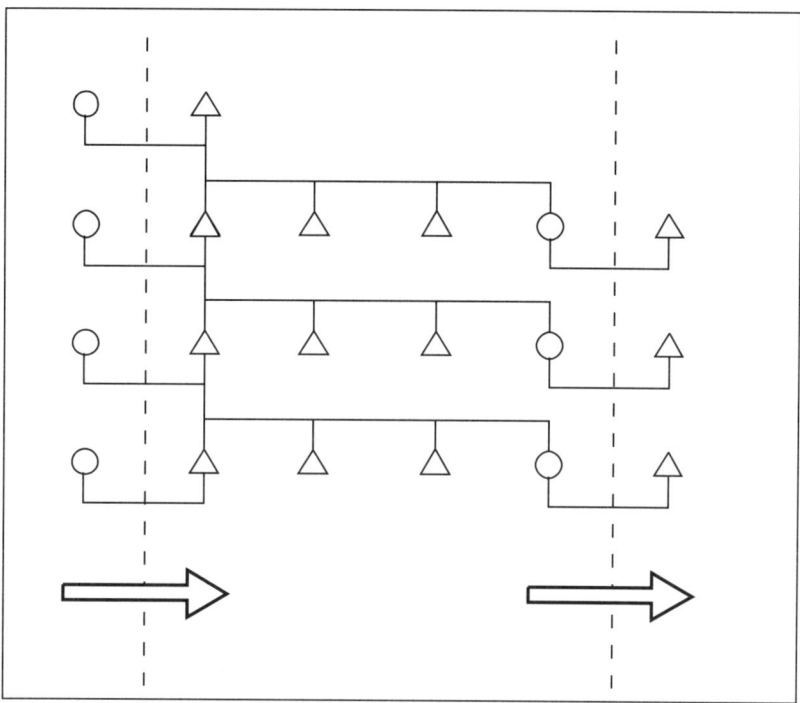

Abb. 2: Die Mobilität der Frauen im patrilinearen Klansystem

hungen können so zum Teil aufrechterhalten, zum Teil neu entworfen werden, die schwesterlich-brüderlichen Beziehungen sind auf Zufallstreffen oder Ritualbesuche reduziert.

In patrilinearen Klangesellschaften sind die Vater-Söhne-Brüder-Beziehungen der stabile Kern, innerhalb dessen neben der Generationenfolge die Präzedenz der Älteren vor den Jüngeren das dominante Verbindungs- und Verpflichtungskriterium ist.

Wem das Beispiel Nias für dieses erste Modell zu abgelegen oder zufällig erscheint, der möge sich an lange Passagen in Moses 1 erinnern, wo nicht nur über viele Verse die sogenannten Geschlechterlisten, d.h. die genealogischen Abfolgen aufgezählt werden, sondern auch die Beziehungen zwischen Brüdern eine gewichtige Rolle spielen, besonders, wenn Brüder ihre Rollen nicht einnehmen und so Konflikte heraufbeschwören wie die zwischen Kain und Abel oder Jakob und Esau. Wie auf Nias werden auch hier die Schwestern und Töchter vergleichsweise selten erwähnt.

Nun haben Verhaltensforschung und – in geringerem Mass – Psychologie und Psychiatrie eine umfangreiche Literatur produziert, welche der Position eines Individuums in der Geschwisterfolge die herausragende Rolle in der Entwicklung dieses Individuums zuweist. Diese Literatur entwirft die Rolle der/des Erstgeborenen als mit Problemen belastet, weil die Eltern noch wenig Erfahrung mit Kindern hätten, dem ältesten aber durchgehend mehr Verantwortung aufbürdeten. Ist ein nächstgeborenes Kind vom gleichen Geschlecht wie das erste, so werde es in der Regel (in einer Mischung von unbewusst und absichtlich) sich vom ersten abzusetzen versuchen. Nesthäkchen werden oft mit besonders viel Liebe umgeben.

Elemente einer solchen Ordnung, die sich dann auch auf das Zusammenleben der Geschwister auswirkt, sind sicher auch auf Nias zu finden, aber sie sind den genannten Ordnungsprinzipien der Gesellschaft deutlich untergeordnet. Nicht der grosse starke Bruder, mit dem man einem Klassenkameraden im Streit droht, und nicht die kleine Schwester, auf die man auf einmal stolz ist, wenn ein anderer Klassenkamerad sich in sie verliebt, sind die stabilen Muster, sondern die Pflicht eines Bruders dem älteren gegenüber und die Distanz der Brüder von den Schwestern.

Nicht emotionale Nähe, nicht die Position in der Geschwisterreihe mit den ihr zugeschriebenen Besonderheiten, sondern Präzedenz oder Seniorität oder Anteriorität sind das geschwisterliche Organisationsprinzip.[1] Die Niha sind eine der vielen Gesellschaften, zu deren Verstehen – bedingt durch ihre Sozialordnung – alle bei uns über Geschwister gemachten Aussagen – speziell über das Verhalten von Brüdern und Schwestern – nicht greifen können.

Ich wende mich kurz dem mythischen Bereich zu, denn dort zeigen sich zum Teil andere Muster. Aber das ist kein Widerspruch, denn der Mythos wird längst nicht mehr, wie es einst Malinowski[2] tat, als Charta der Gesellschaft angesehen, sondern als Indikator von Möglichkeiten und häufig als Hinweis darauf, wohin nichtkonformes Verhalten führt. So haben in einem grossen mythischen Gesang von Nias die sieben Söhne eines alten Gottes eine Leistung zu vollbringen, um die Nachfolge anzutreten. Die Nachfolge sollte normalerweise der älteste Sohn antreten, doch er wie die nächsten fünf Brüder scheitern, weil sie egoistisch auf die Nachfolge aus sind. Erst der jüngste ehrt seine Eltern und Brüder, bevor er sich – dann erfolgreich – der Aufgabe zuwendet. Ein Sinn dieses Mythos ist zu zeigen, dass die Gesellschaft durcheinandergerät, wenn nicht die jüngere die ältere Generation, der jüngere den älteren Bruder ehrt.[3]

Immer noch auf der mythischen Ebene verbleibend, ist Inzest im Mythos häufig. Anders als in der komplizierten Erklärung, die Freud einst gefunden hat, gibt das Nachdenken über die Anfänge näherliegende Annahmen als die Ödipusgeschichte. Wenn es am Anfang nur einen Menschen gegeben hat, häufig eine Frau, dann muss sie schwanger werden, damit spätere Gesellschaft sich von ihr herleiten kann. Ein niassischer Mythos lässt eine Frau vom Wind (vergleichbar mit dem biblischen Atem) schwanger werden. Sie gebiert einen Sohn. Die beiden trennen sich, treffen sich später wieder, ohne sich zu erkennen und werden die Ureltern der Niha. Erst nach dem Inzest Mutter-Sohn erkennen die beiden, was sie getan haben, und seitdem ist Inzest tabu.[4] Er muss es auch sein, um das soziale System zu stützen, das als Gabe des einen (Patri-)Klans an den nächsten „unversehrte" Mädchen fordert.

In einem kurzen Exkurs sollen die wichtigsten Begründungen für Inzest-Tabus genannt sein. Einige Theoretiker gingen davon aus, dass Menschen, die miteinander aufwachsen, sich zu nahe seien, dass es zu Inzest kommen könne. Diese Vorstellung ist absurd, da gerade Inzest zwischen Geschwistern häufig ist, wenn er auch meistens geheim gehalten wird. Auf der Insel Tobago in der Karibik gilt Geschwister-Inzest als etwas Negatives, doch ist allgemein bekannt, dass er häufig vorkommt. In Verbindung mit der raschen Ausbreitung HIV ist der Geschwister-Inzest auf Tobago offenes Thema in den dortigen Tageszeitungen. Ein Inzest-Tabu im Hinblick auf Geschwister hat zwei wesentliche Begründungen: Die eine sagt, dass die Folgen schlecht seien (behinderter Nachwuchs, Zerstörung von Autoritätsstrukturen); die andere sagt, Inzest-Tabus zwängen zur Aufnahme von weiteren gesellschaftlichen Beziehungen, wie etwa die Klanverbände. E. Tylor, ein früher englischer Ethnologe, schrieb schon vor 140 Jahren, dass es für menschliche Gesellschaften immer eine Frage gewesen sei, nach aussen zu heiraten oder auszusterben.[5]

Ich kehre zum gesellschaftlichen Verhalten zurück mit einer zweiten Gruppe kurzer Beispiele. Sie stammen von Gesellschaften, in denen der Kern nicht von Vätern und Söhnen gebildet wird, sondern von Müttern und Töchtern oder von Schwestern und Brüdern.[6]

Bei den Hopi von Arizona gehör(t)en die Häuser den Frauen und wurden von Mutter auf Tochter/Töchter weitergegeben. Heiratete ein Sohn, so gehörte er als zukünftiger Vater in den Bereich seiner Frau, blieb aber mit seinen zahlreichen religiösen Aufgaben dem Haushalt seiner Schwestern verbunden. Etwas überspitzt kann man sagen, dass bei den Hopi die Mütter und Töchter ihre Söhne und Brüder ausleihen zur Arbeit, etwa zum Hausbau, und zur Fortpflanzung. Die Söhne/Brüder pendeln zwischen den Haushalten, haben jedoch die stärkeren emotionalen Bindungen zu ihren Schwestern. Ganz ähnlich sind die Mosi in Südwestchina organisiert.[7]

Noch näher dem Idealtypus des Geschwisterhaushalts sind einige afrikanische Gesellschaften. Bei den Ashanti war es bis zur Mitte des Jahrhunderts üblich, dass die Kinder ihre Zeit zwischen den Haushalten ihrer Eltern aufteilten, denn die Mutter blieb, wo sie geboren war, und der Vater blieb, wo er geboren war. So entstanden Weiler mit Haushalten von Geschwistern, die zusammen wirtschafteten. Meyer Fortes, dem die Beschreibungen zu verdanken sind, erzählt, wie abends Mädchen eine bestimmte Menge Nahrung aus einem Haus in ein anderes bringen und von irgendwo her dieselbe Menge Nahrung wieder in das erste Haus gebracht wird. Die Frauen haben für ihre Männer gekocht, aber gegessen wird unter Geschwistern. Die Aussage, Geschwister seien die längste Beziehung, die Menschen haben, stimmt in diesem Fall in extremer Weise.

Eine letzte Variante soll anhand der Yao des Nyasagebiets aufgezeigt werden. Dort bleiben die Schwestern zusammen, beziehen sich aber immer auf einen Mann, üblicherweise ihren ältesten Bruder. Während dieser seine Frau meist in seinen Haushalt holt, empfangen die Schwestern ihre Männer gelegentlich. Aber J.C. Mitchell, der über die Yao geschrieben hat, vermerkt ausdrücklich, „only a small portion of a husband's time is spent in the village into which he has married", und er betont, dass „The bonds between brother and sister are much stronger than those between husband and wife" (Mitchell 1951:316–331).

Die einzig mögliche Aussage aus diesen wenigen Beispielen ist, dass es keine „natürliche" Beziehung zwischen Geschwistern gibt, sondern dass diese durch Muster der gesellschaftlichen Organisation vorgegeben und durch Rechtsprechung, Sanktionen, Mythen und Traditionalismus als natürlich dargestellt und aufrecht erhalten werden. Dort, wo Lebensweisen einem einigermassen einheitlichen Ordnungsmuster folgen, lassen sich Geschwisterverhalten aus sozialer Organisation und diese wieder aus Umwelt und Formen der Gewinnung des Lebensunterhaltes in Teilen ableiten. Aber eine grosse wirtschaftliche, politische oder religiöse Umwälzung kann solche Lebensmuster durcheinanderwirbeln. Unsere moderne Gesellschaft mit ihren vielfachen wirtschaftlichen Verzweigungen, mit religiöser Bindung von blankem Taufschein bis fundamentalistischer Verbohrtheit, von Atheisten ganz zu schweigen, mit ihrer Skala von Verpflichtungen von Unterstützung von Geschwistern bis zum blutigen

Streit zwischen Geschwistern, meist um Geld, kennt dementsprechend alle Möglichkeiten, wie sich Geschwister zueinander verhalten. Sie können in hilfreicher und anregender Geschwisterliebe miteinander verbunden sein. Sie können auch seit Jahren sich nicht mehr umeinander gekümmert haben und, wenn sie sich treffen, sich nur zanken.

Wenn, wie im schweizerischen Emmental, das Erbrecht für den Hof beim jüngsten Sohn liegt, wird sich ein Sohn, der sich als jüngster wähnte, bei der Geburt eines weiteren Sohnes in der Haltung zu seinen Brüdern gründlich ändern müssen. Statt der Hofbauer zu werden, muss(te) er damit rechnen, unverheiratet zu bleiben und als Knecht beim jüngsten Bruder arbeiten zu müssen.

Angesichts dieser Möglichkeiten sind die Rollen, die den Geschwistern in ihrer Sequenz von Verhaltensforschern und Psychologen zugewiesen werden, nur ein Strohhalm für die Erkenntnis des Verhaltens. Was in der niassischen Gesellschaft oder bei den Hopi über das eine grosse Muster geschwisterlicher Ordnung relativ leicht zu analysieren ist, erfordert in unserer Gesellschaft bei jedem Geschwister eine detaillierte Lebensgeschichte, um die Auswirkungen der vielen Teil-Muster in einer Person zu erkennen. Auch in diesem Bereich ist die „offene Gesellschaft" die schwerer zu verstehende Gesellschaft, und ein Rückzug auf die Verhaltensforschung erklärt zum Verhalten von Geschwistern nur einen kleinen Teil.

ANMERKUNGEN

[1] Das Beispiel von Nias findet sich in Marschall 1976; eine anschauliche Beschreibung ganz ähnlicher Formen aus Indonesien liefert Schneider 1993.

[2] Malinowski 1976 (1926)

[3] Zugleich ist die Einsicht, dass der Mythos nicht die Charta einer Kultur oder Lebensweise ist, ein Vorsichtshinweis für alle philologischen Fächer.

[4] Auch Adam und Eva begehen Inzest, der seit diesem „Sündenfall" ebenfalls tabu ist.

[5] Einen guten Überblick der Theorien zum Inzest-Tabu gibt Fox 1981:54–76. Lévi-Strauss Theorien elementarer Verwandtschaftssysteme beruht letzlich auf Tylor's Aussage.

[6] Beispiele z.T. übernommen von Bohannan 1957

[7] Dazu soeben erschienen: Knödel 1998

LITERATUR

Bohannan, P.: 1957 An Alternate Residence Classification. American Anthropologist 59:126–131

Fox, R.: 1981 Kinship and Marriage. Harmondsworth: Penguin

Knödel, S.: 1998 Yongning Moso Kinship and Chinese State Power. In: Oppitz, M. and E. Hsu (eds.) Naxi and Moso Ethnography. Kin, Rites, Pictographs: 47–65. Zürich: Völkerkundemuseum

Lévi-Strauss, C.: 1949 Les structures élémentaires de la parenté. Paris: P.U.F.

Malinowski, B.: 1976 (1923) Die Rolle des Mythos im Leben. In: Kerényi, K. (Hrsg.) Die Eröffnung des Zugangs zum Mythos: 177–193. Darmstadt: Wissenschaftliche Buchgesellschaft

Marschall, W.: 1976 Der Berg des Herrn der Erde. München: dtv

Mitchell, J.C.: 1951 The Yao of Southern Nyasaland In: Gluckman, M. & E. Colson (eds.): Seven Tribes of British Central Africa. London: Oxford University Press.

Schneider, J.: 1993 KAKAK und ADIK statt Brüder und Schwestern: Geschwisterbeziehungen in Indonesien. Rebus. Blätter zur Psychoanalyse, 3:41–50

Geschwisterbeziehungen und Brüderlichkeit am Beispiel der letzten Generation Argentiniens

von Carlos G. Wernicke

> Erklärung zu den Menschenrechten
> der Vereinten Nationen (1948), Art. 1:
> „Alle Menschen ... sollen einander
> im Geist der Brüderlichkeit begegnen."
>
> Los hermanos sean unidos,
> ésa es la ley primera
> (Die Geschwister seien verbunden,
> dies ist das erste Gesetz.)
> (J. Hernándes: Martín Fierro
> (Gaucho-Epik des vorigen
> Jahrhunderts, Argentinien)

Das Umfeld

Lempp unterstreicht, die Familie sollte „nicht als eine starre, in sich unveränderliche Institution betrachtet werden, sondern (sie sei) in ganz besonderem Maße von dem beeinflußt, geprägt und bestimmt, was wir Gesellschaft nennen, also dem Gemeinwesen, das wir alle zusammen in einem politisch-sozialen und kulturellen Lebensraume bilden" (Lempp 1).

Argentinien ist ein Land der Dritten Welt mit einer wirtschaftlich potenten Oberschicht, wie man sie in jedem Land der europäischen Gemeinschaft finden kann, mit einer Mittelschicht, die von Jahr zu Jahr ärmer wird und mit einer sehr armen Unterschicht, die es in Westeuropa nicht mehr zu geben scheint. Argentinier können, wie die Menschen überhaupt, als Glieder eines Gemeinwesens verstanden werden, gebildet und geprägt von allen, die im jeweiligen Lebensraum zusammenleben.

In Argentinien leben auf knapp drei Millionen km² annähernd 35 Millionen Menschen. Wie alle lateinamerikanischen Länder bildet das Land keine ethnische und kulturelle Einheit, sondern ist das Resultat politischer Abkommen und Lösungen in der Vergangenheit.

Das westliche Ufer des Río de la Plata ist von Menschen europäischer Abstammung bevölkert. Sie bewohnen die Pampa, das größte Weidegebiet der Welt. Direkt an der Mündung des Río de la Plata dehnt sich Buenos Aires aus, eine kosmopolitische Stadt mit elf Millionen Einwohnern, die 33 % der Gesamtbevölkerung des Landes ausmachen. Etwa 60 % der Einwohner von Buenos Aires sind italienischer Herkunft, eine Besonderheit gegenüber der restlichen Bevölkerung Lateinamerikas. Als ethnische Minderheiten gelten die Deutschen bzw. deutschstämmigen Bewohner (ca. 500.000) und die jüdische Gemeinde mit mehr als einer Million Mitgliedern, daneben sind fast alle Rassen der Welt vertreten.

In den unteren sozialen Schichten findet man Indianer-Mischlinge, mit etwas dunklerer Hautfarbe. Sie werden als „Schwarzeì" diskriminiert. Infolge einer großen, internen politisch-wirtschaftlich bestimmten Umschichtung sind sie in den fünfziger Jahren auf der Suche nach Arbeit aus den Provinzen in die große Stadt gekommen. Wirkliche „Schwarze" gibt es keine mehr.

Ein großer Teil der Bevölkerung arbeitet in der Staatsverwaltung.

Obwohl der Katholizismus bis vor kurzem Staatsreligion war und die Kirche große Macht auf Wirtschaft, Politik und Erziehung ausübt, ist die Bevölkerung Argentiniens im Vergleich zu anderen Völkern Lateinamerikas nicht sehr gläubig.

Neben den wirtschaftlich unbedeutenden Provinzhauptstädten im Nordwesten des Landes gibt es auch sehr verarmte Dörfer. Die Zuckerrohrernte, hauptsächlich im Süden der Region, bewirkt einmal jährlich eine große Binnen-Wanderung, die Menschen kommen aus dem ganzen Land dorthin, manchmal sogar aus den Nachbarländern, wie z.B. Bolivien.

Die Indianer des im Süden gelegenen Patagonien wurden dort Ende des vorigen Jahrhunderts vom Militär ausgerottet. Es gibt unübersehbar große Landgüter und an der Küste kleine Städte. Dort im Süden leben viele Chilenen, die in der patagonischen Kälte, von Einsamkeit umgeben, auch unter mangelnder Erwerbsfähigkeit leiden (nach Wernicke 2).

Die letzten Generationen

Die Besetzung des La Plata-Raumes durch die Spanier begann schon Anfang des 16. Jahrhunderts. Im Gegensatz zur Geschichte anderer amerikanischer Länder hatte diese Einwanderung nur die Ausbeutung zum Ziel. Die Absicht der Besatzer war, so schnell wie möglich wieder nach Spanien zurückzukehren.

Schon während des spanischen Vizekönigtums, d. h. bis Anfang des 19. Jahrhunderts, hatte vielleicht auch deswegen die Mehrheit der Bevölkerung eine rebellische Stellung gegen die Regierung, die nie als eigene, sondern eben als Besatzungsmacht empfunden wurde.

Das Land als solches hat sich politisch um die Hälfte des 19. Jahrhunderts organisiert. Seit 1930 erfuhr es eine ganze Reihe von Militärputschen, die – abgesehen von kurzen Zeiten – kein an demokratischen Gesetzen ausgerichtetes Leben erlaubten.

Hauptsächlich von den Arbeitern gestützt kam 1945 General Perón an die Macht. Er regierte nach nationalistischen Gesichtspunkten, industrialisierte das Land und führte es damit aus der bis dahin ganz auf Landwirtschaft und Viehzucht basierenden Wirtschaftsform heraus. Dadurch entstanden die ersten Elendsviertel – heute eine selbstverständliche Erscheinung an der Peripherie jeder großen Stadt in Südamerika.

Politische Ideen konnte man in den sechziger Jahren freier vertreten. Links- und Rechtsterrorismus wechselten sich dann ab, bis 1976 das Militär die Regierung übernahm, was den Staatsterrorismus zur Folge hatte. Folterung, Vermißte und KZ wurden alltägliche Worte in Argentinien.

Erst seit 1983 gibt es eine verfassungsmäßige Regierung . Mehrere hohe Offiziere wurden seit damals wegen Mord zu lebenslänglichen Freiheitsstrafen verurteilt (nach Wernicke 2).

Die Gegenwart

Seit 1990 regiert die derzeitige konservative Regierung. Zu ihren kennzeichnenden Merkmalen gehören:

- der Gnadenerlaß für jene Offiziere, die heutzutage immer noch wegen Kinderraub vor Gericht gestellt werden müßten
- die strikte Fixierung auf den US-Dollar, womit zwar die Inflation ein Ende fand, die Reichen aber immer reicher wurden und die Armen nicht mehr nur die dritte, sondern auch eine vierte Schicht bildeten, nämlich die der Unterernährten und der Ausgegrenzten.
- die Privatisierung von staatlichen Institutionen, um externe Schulden bezahlen zu können (die aber weiter gestiegen sind) und um dem Markt mehr Freiheit zu geben (populäre Marktwirtschaft ohne soziales Netz, wie wir es in Deutschland z.B. kennen).
- die Verfassungsreform, die die einmalige Wiederwahl des Präsidenten gestattet und politische Stabilität garantieren sollte.

Der jetzige Präsident, nun zehn Jahre im Amt, konnte stolz vorgeben, Argentinien sei in die Erste Welt eingestiegen. Der Staat hat tatsächlich größere Reserven; doch die Argentinier sind heute so arm geworden wir nie zuvor, wenn man von den weiterhin herrschenden Familien einmal absieht.

Auch Argentinien nimmt an der weltweiten Globalisierung teil. Die Globalisierung ist eine technische Entwicklung, und als solche ist sie weder gut noch schlecht; sie ist einfach da, um zu bestehen, ein weiterer Sprung in die Zukunft. Aber auch in Argentinien hat sich der Neoliberalismus die Globalisierung angeeignet, so daß diese bis zur Gegenwart beste technische Entwicklung der Menschheit nur gebraucht wird, um die neoliberalen Prinzipien propagandistisch zu verbreiten.

Die Folgen für Familie und Erziehung

Aus den genannnten Gründen haben in den letzten Jahren Erziehung und Gesundheit auch in Argentinien deutliche Rückschritte erlebt, und dies nicht nur quantitativ, sondern auch qualitativ. Aus neoliberalistischer Sicht (also nicht aus pädagogischer) wird das höchste Ziel der Erziehung so beschrieben:

Ziel und Zweck der Erziehung sei eine bessere Vorbereitung auf die Arbeit. Die Reform des Schulwesens, die neben vielen anderen Ländern auch in Argentinien stattfand, sollte dazu verhelfen, bessere Arbeitskräfte heranzuziehen. (Und das in einer Welt, in der die Schicht der „Nirgendsdazugehörigen", der Vernachlässigten, der Ausgestoßenen ständig wächst.)

An keiner Stelle wird in diesen Ausführungen klar definiert, was unter dem Begriff „Arbeit" verstanden werden soll. „Arbeit" als Aktivität, die von der eigenen Motivation ausgelöst wird (nach der Pädagogik von Maria Montessori (3)) oder als Zwang, der nur dazu dient, die Ziele der Mächtigen zu erreichen.

Die sogenannte „typische Familie" in Argentinien (Vater, Mutter, zwei Kinder) verändert sich mehr und mehr, vor allem in den Städten, in denen die Frau nun selbstverständlich als Arbeitskraft mitgezählt wird und sich auch selbst mitzählt.

In den letzten zehn, aber besonders in den letzten fünf Jahren hat es einen großen Umbruch in der argentinischen Gesellschaft gegeben, der wirtschaftliche Gründe hat: Die Erhöhung der Preise auf internationaler Ebene mit Festlegung und Anpassung der Einkommen an die neue Situation, zusammen mit einer besseren Organisation der Wirtschaft, die dazu geführt hat, daß der Staat mehr Steuern einnahm. Die Familien mußten allerdings auch mehr Steuern bezahlen, mußten deshalb häufig mehr arbeiten und lebten in ständiger Angst vor der Arbeitslosigkeit (siehe u.a. Forrester 4).

Diese nicht gänzlich neue, aber sich für die Massen doch sehr verschlimmernde Situation, die mit dem Gefühl der Machtlosigkeit gegenüber den Verhältnissen einhergeht, bewirkt einerseits eine höhere Leistung auf seiten der Arbeitnehmer (es wird Besseres geboten, um die eigene Zeit teurer verkaufen zu können), ruft aber ebenfalls eine Erhöhung der Angst und Spannung als Gesellschaftserscheinung hervor, deren letzte Konsequenz die Auflösung der Solidarität ist.

Dieses Phänomen wiederum führt zwangsweise zur intraindividuell und familiär ungenügenden Befriedigung der Grundbedürfnisse („Untersättigung") wie Zugehörigkeit, Sicherheit, Begleitung, Wertschätzung, Selbstbehauptung und Expansion (Tabelle 1) (Wernicke 5)

Tabelle 1: Unbedingt zu sättigende Grundbedürfnisse

I. Vollständig zu befriedigende Bedürfnisse	II. Zu weckende Bedürfnisse
1. Zugehörigkeit	8. Ausdruck
2. Sicherheit	9. Selbstverteidigung
3. Liebe	10. Selbstbehauptung
4. Begleitung	11. Reifen
5. Akzeptiertwerden	12. Expansion
6. Wertschätzung	
7. Wissen	

(Aus Wernicke 5)

Die Angsterhöhung bewirkt ihrerseits allgemeine Streßerscheinungen, die auch neue erhöhte physische Anspannung miteinschließt. Die Entladung von negativen Gefühlen im Verhalten, auch als Imitation von im Fernsehen wahrgenommenen Verhaltensweisen folgen daraus. Die andauernde Propaganda des neoliberalen Systems, vorgestellt als die Rettung für alle und als der einzige Weg zur Besserung der Lebensqualität, funktioniert als doppelte Botschaft mit den uns allen bekannten emotionalen Konsequenzen, und führt letztlich zur Bildung von zwei „nebeneinanderliegenden" Ländern, einmal das offizielle Land, dargestellt im Fernsehen, und das der nicht zu Wort kommenden „Straße."

Wie man sieht, habe ich keine nur für Argentinien typische Situation geschildert, sondern sehr wahrscheinlich die der globalisierten Welt überhaupt.

Tabelle 2: Einige Daten zum gegenwärtigen Argentinien

	Argentinien	Stadt Buenos Aires (ohne Groß-Buenos Aires)
Einwohnerzahl	32.615.528	2.965.403
Einwohnerdichte (Menschen/km^2)	12,5	15.139,4
Lebenserwartung (1)	71,93 J.	72,72 J.
Sterblichkeit von Neugeborenen (2)	22,0 %	14,3 ‰
Unbefriedigte Soziale Grundbedürfnisse USG (3)	19,9 %	8,1 %
unangepaßte Wohnbedingungen (4)	23,9 %	
wohnt mit der Familie	64,1 %	
wohnt alleine	13,3 %	22,4 %
Analphabeten	3,68 %	
abgeschlossene Universitätsstudien	3,3 %	

(1) Geborene je 1000 Personen
(2) Sterblichkeit von Kinder unter einem Jahr je 1000 lebend Geborene
(3) USG zeigen Familien, in welchen wenigstens eines der folgenden Deprivationszeichen existiert: mehr als drei Personen in einem Zimmer; unangepaßte, ungenügende, kritische Wohnverhältnisse; ohne Toilette, oder Toilette ohne Wasserspülung; schulpflichtiges Schulkind, das die Schule nicht besucht; mehr als 4 Personen, von denen nur eine arbeitet, und diese zeigt mangelnde Bildung (Gesundheitsrisiko)
(4) ohne Wasserleitung innerhalb des Hauses; Toilette ohne Wasserleitung; Erdboden.

Alle Daten und Definitionen wurden von Clarín: Anuario 96–97 nach Angaben des Nationalen Instituts für Statistik und Völkerbefragung (INDEC) entnommen.

Tabelle 3: (Unterernährung)

Unterernährung bei Kindern unter 6 J. (5)	21 %
Untergewicht bei Schwangeren	24 %

(5) Argentinien produziert soviel Getreide, daß damit 130 Millionen Menschen ernährt werden könnten, obwohl es nur 35 Millionen Argentinier gibt.

Daten aus EL Médico VII (75):24, 1996.

Geschwisterbeziehungen und Brüderlichkeit

Die spanischen Wörter für „Bruder" und „Schwester" („hermano, hermana") stammen ethymologisch vom lat. „frater" ab. „Germanus" bedeutet Bruder, später auch Schwester, von denselben Eltern. Mit „germano" wird hier „wirklich, glaubwürdig" gemeint. Das spanische Wort „germanía" wurde aber später, besonders im 16. Jahrhundert, in Spanien als Bruderschaft benutzt, und zwar im Sinne von „einer Gruppe von Gaunern zugehörig" die den „germanischen" Krieg in der spanischen Stadt Valencia zu dieser Zeit gegen den Adel führten (Corominas 5).

Mit großer Wahrscheinlichkeit war der Straubinger Utz Schmidl 1534 der erste Beschreiber einer Reise der spanischen Streitkräfte in den La Plata-Raum. So beschrieb er auch als erster brüderliche Beziehungen. Doch mit diesen stand es nicht zum besten: Der Chef dieser Expedition, Don Pedro Mendoza, ließ seinen Stiefbruder Juan Osorio wegen Verrats töten, zwei leibliche Brüder Mendozas sollen auf seinen Befehl 1000 Indianer getötet haben. (Schmidl 7)

Anhand von Beispielen der Beziehungen zwischen den ersten spanischen Eroberern, der Ausrottung von Indianern und der Vernichtung von schwarzen Sklaven, der Bildung von autoritären Regierungen bis zum Staatsterrorismus und der jetzigen wirtschaftlichen Verfolgung der Bevölkerung will ich am besonderen Fall der Gestaltung des Gemeinwesens Argentinien zeigen, daß die emotionale Entwicklung einer Generation davon abhängt, wie die vorherige die Grundbedürfnisse der neuen befriedigen („sättigen") konnte und/oder wollte. Daß die Fähigkeit, die Grundbedürfnisse der nächsten Generation zu befriedigen davon abhängt, wie sehr diese in der vorherigen Generation befriedigt wurden, liegt auf der Hand.

Ungesättigte Grundbedürfnisse führen zu negativen Gefühlen und zur schwierigen und öfters zur pathologischen Entwicklung, d.h. besonders der emotionalen Gestaltung der ersten, basalen funktionellen Systeme, die im Laufe der ersten Lebensjahre einen so großen Einfluß auf die Strukturierung des Denkens, der Sprache und das Verhaltens haben (z.B. Ciompi 8).

Geschwisterbeziehungen unter unbefriedigten Bedingungen

Die Gestaltung der Geschwisterbeziehungen ist also von den partikulären Merkmalen des „Nestes", d. h. der Familie, der Gemeinschaft und der Gesellschaft abhängig. Autoritäre und deswegen ungenügend „sättigende"

Verhältnisse innerhalb oder außerhalb der Familie verursachen Angst und Spannung. Eltern, die in einer nicht „sättigenden" Gemeinschaft und Gesellschaft leben, haben es ihrerseits viel schwieriger, ihre Kinder so zu „sättigen", daß diese sich ungeängstigt entwickeln können. Die Erhöhung der Angst und ihr körperlicher Ausdruck, die Muskelspannung, führt dann in natürlicher Konsequenz zur Aggression. Aggression definiert als Angriff mit dem alleinigen Ziel, zu versuchen, eigene Grundbedürfnisse selbst zu befriedigen. Angsterhöhung führt ebenfalls zur Gewalt, definiert als aggressiver Lebensstil, in dem Aggressionen andauernd als einziges Kommunikationsmuster wahrgenommen und erlernt werden (Wernicke 9). Aggressionen und Gewalt werden in das Verhalten übertragen und als Machtkämpfe beschrieben, die wegen ihrer Frequenz leider öfter als „normale", in Wirklichkeit doch nur übliche Erscheinung verstanden werden. In diesem Sinne kann die Macht als höchster Punkt der Gewalt, letzten Endes also der „Untersättigung", verstanden werden.

Eltern ohne Arbeit oder in der Gefahr, keine Arbeit mehr zu finden, Eltern, die den ganzen Tag angestrengt arbeiten müssen, Kinder, die entweder weitgehend alleine zu Hause sind, allenfalls betreut von mehr oder minder interessierten Aufsichtspersonen oder vom Fernsehen, oder die den ganzen Tag in der Schule verbringen, unter Aufsicht von Lehrern und Lehrerinnen, die nicht darauf vorbereitet sind, zu den Kindern eine andere als eine intellektuelle Beziehung zu schaffen; Regierungen, die das Land ökologisch, emotional, intellektuell und seelisch vergiften: In diesem Kontext können die meisten Kinder keine richtigen Geschwisterbeziehungen aufbauen, weil insbesondere die menschliche Solidarität fehlt, die Kinder nur durch das Modell der Eltern und Geschwister und deren Imitation erlernen können.

Nur demokratisch erzogene Erwachsene können Vorbilder im Sinne der Demokratie sein, nur ruhige Erwachsene können beruhigend und angstvermindernd wirken, nur von der Gesellschaft „gesättigte" Erwachsene können eine Basis von Urvertrauen und Geborgenheit anbieten, damit die nächsten Beziehungen angstfrei und solidarisch gestaltet werden können.

Geschwister- und Gemeinschaftsbeziehungen sind Zusammengehörigkeitsnetze, die entweder auf Liebe oder aber auf Angst basieren. Hans Küng schreibt über das religiöse Leben, aber wir können es auf jede emotionale und deswegen intellektuelle und körperlich-seelische Übertragung beziehen, daß es entwicklungshemmende, also versklavende, schädigende, labilisierende oder fanatisierende erzieherische Aspekte auf der einen Seite gibt wie andererseits entwicklungsfördernde, die einen kreativen Umgang mit Gefühlen erlauben (Küng 10).

Die „nicht sättigende" Gesellschaft beeinflußt die Eltern so, daß sie ihrerseits nur „nicht sättigend" erziehen können. Die größte Schwierigkeit erfährt dann das Einzelkind, eine schon üblichen Erscheinung in den Großstädten. Schwierigkeiten werden allerdings auch Kinder mit Geschwistern erfahren, sogar in Familien, die vier Kinder und mehr haben, wie sie in kleineren Städten und auf dem Land noch zu finden sind. Die externe Verängstigung führt in den günstigsten Fällen zur internen Solidarität unter den einzelnen Familienmitgliedern als gegenseitigem Schutz vor den Gefahren der Außenwelt. Im ungünstigen Fall wird die Angst jedoch weiter übertragen, so daß die Spannung häufig Solidarität nicht mehr erlaubt.

Familien, aber auch jede politische, wirtschaftliche, therapeutische oder religiöse Gruppe, sowie Gesellschaftsgruppen bis zur größten gemeinschaftlichen Gruppe, der Menschheit als solcher, können wie sättigende, liebeserzeugende Beziehungen wirken, welche die wahre Entwicklung eines jeden einzelnen und eines neuen Ganzen erlauben, oder aber wie wahre autoritäre Regime funktionieren, in denen sich jeder so verhält, daß er möglichst wenig Schmerzen fühlen muß.

In Argentinien gibt es heutzutage außerdem noch Kinder, denen ihre Identität gestohlen wurde, die unter Aufsicht von Menschen leben, die sie als Kriegsbeute aufgezogen haben. Andere mußten zuschauen, wie ihre Eltern entführt, körperlich, emotional und seelisch vergewaltigt und gefoltert wurden. Sie sind unbewußt und ungewollt Botschafter der Angsterzeuger und breiten Angst aus.

Die Bedeutung der Geschwister

Bossard und Boll (8) untersuchten in den fünfziger Jahren Familien mit sechs Kindern oder mehr. Retrospektiv berichteten erwachsene Geschwister über ihre Kindheit, wie sie Selbstkontrolle und Mitgefühl gelernt haben. Ältere Geschwister hätten als Erzieher der kleineren fungiert. Dabei hatten die jüngeren häufig das Gefühl, von den älteren Geschwistern besser verstanden zu werden als von den Eltern. Mißbilligungen von Seiten der Geschwister sind als schlimmer empfunden worden als von Seiten der Eltern. Die meisten der Probanden waren sich vor allem darüber einig, daß Sicherheit ein wichtiger Wert in der Familie gewesen sei. Vertrauen und gegenseitige Solidarität seien wichtig gewesen, um sich auch gegen die Eltern zu wehren. Rivalitäten seien im Vergleich zu kleineren Familien weniger üblich gewesen.

Dunn (12) hat in ihrer Cambridge Studie erste Kinder vor der Geburt des zweiten Kindes beobachtet. In Familien, in denen das Ältere affektvolles Interesse für das Neugeborene zeigte, war es üblich, daß sich das zweite Kind ein Jahr später besonders affektiv in der Beziehung zum ersten zeigt. Erste Kinder, die sich aber vor der Geburt des zweiten verängstigt und zurückgezogen zeigten, reagierten auf das Neugeborene üblicherweise mit geringerem Interesse. Die Haltung des Erstgeborenen war bestimmend für die Beziehungen beider Geschwister in der Zukunft, nicht so sehr der Altersunterschied zwischen ihnen.

Sozial und emotional „ungesättigte" Familien, wie sie zum Beispiel in Argentinien zu sehen sind, haben weniger Gelegenheit, das erste Kind während der zweiten Schwangerschaft so vorzubereiten, daß es „gesättigt" und daher auch beruhigt und entspannt Interesse für das weitere Kind zeigen kann und es affektvoll erwartet. Ähnliche Beobachtungen kann man in der weiteren Geschwisterfolge machen.

Wie in der westlichen Gesellschaft üblich, versucht die argentinische Mittelschicht, ihre Kinder weiter so zu erziehen, als sei die Vorstellung von der „normalen" Familie immer noch bestehende Wirklichkeit. Doch auch in Argentinien gibt es mehr und mehr getrennte Familien, in denen die Kinder beim einen Elternteil ständig wohnen, den anderen Elternteil besuchen oder von ihm besucht werden.

Insgesamt ist das Leben vieler argentinischer Kinder geprägt von langen Abwesenheitszeiten der Eltern. Die Kinder essen meist in der Schule zu Mittag und verbringen bis zur Rückkehr der Eltern einige Stunden alleine zu Hause. Dieser Zustand fördert nicht gerade den Zusammenhalt unter den Geschwistern, er erzeugt vielmehr Rivalität und offene Machtkämpfe. In Folge davon wird das Verhalten der Kinder durch Autorität kontrolliert, was nebenbei zu Schuldgefühlen bei den Eltern führt. Sie wissen, sie sollten eigentlich mehr Zeit mit ihren Kindern verbringen, aber sie müssen viel arbeiten.

Die Kinder selbst wohnen durchschnittlich länger im Elternhaus als hier in Europa. Die späte Adoleszenz wird noch zu Hause verbracht, woran sich die ganze Familie gewöhnen muß.

Diese Tatsache wurzelt sicherlich partiell noch in der italienischen und spanischen Kulturtradition, hängt aber heute wohl mehr mit den Schwierigkeiten zusammen, die junge Erwachsene haben, für ihren Lebensunterhalt ganz alleine aufzukommen.

Gewalt in der Familie

Familien der ärmeren Schicht haben häufig mehr Kinder als in der Mittelschicht üblich.

Es gibt in diesen Familien auch häufiger körperliche Gewalt. Die Eltern müssen ein noch umfangreicheres Arbeitspensum erledigen. Ihre Kinder haben keine Angst, auf die Straße zu gehen wie etwa die Mittelschicht-Kinder, die vor diesem Schritt gewarnt werden: Die Ärmeren sammeln sich in kleineren Gruppen und erlernen so, wie das Leben ist.

Allerdings erfahren diese Kinder ebenfalls Ängste, weil sie erleben (müssen), was geschieht. Sie bilden ein Solidaritätsnetz zur Verteidigung gegen die Welt draußen, gegen Gruppen, zu denen Geschwister, Verwandte und Nachbarskinder gehören. In vielen gewalttätigen Elternhäusern der Unterschicht werden die Kinder von den eigenen Eltern oder von einem neuen Partner eines Elternteils aus dem Haus geschickt, häufig mit der Anweisung, nur nach Hause zurückzukommen, wenn sie etwas verdient hätten. Auch sehr kleine Kinder, manchmal sogar Kinder unter sechs Jahren, bleiben dann tagelang auf der Straße, und lernen dort zu schlafen, wo sie einen Platz finden. Die Angst führt erneut zur Solidarität. Es bilden sich Gruppen, die üblicherweise von Adoleszenten geführt und meist von unbekannten Erwachsenen kontrolliert werden. Sie bilden kleine Wirtschaftskommunen, die wiederum auf der Kinderarbeit basieren. „Straßenkinder" wie in Brasilien, die als Ärmste unter den Armen, praktisch ohne Kleidung umherlaufen, sieht man in Argentinien (noch?) nicht.

Sozialen Interaktionen, die ja im Grunde genommen immer auch emotional bestimmt sind, haben sich in den letzten Jahrzehnten in Argentinien nicht nur nicht gebessert, sondern eher verschlechtert. Die sozialen und individuellen Spannungen haben zugenommen. Die Gewalt innerhalb und außerhalb der Gruppen, was die Geschwister einschließt, kann implizit oder offen sein. Sie führt in der Gesellschaft zur gegenwärtigen Sicherheitskrise mit stark erhöhter Frequenz von Überfällen und Diebstahl. Der jetzige Präsident erklärt, daß die gegenwärtige Sicherheitskrise gleich dem damaligen Terrorismus ist. Die Folgen der ungenügenden „Sättigung" werden ununterbrochen weiter als Ursache gesehen. Die Politik versucht die Verhaltensweisen zu kontrollieren, ohne zu verstehen, daß es sich letztendlich auch um ein emotionales Problem handelt.

Schlußgedanken

Gibt es eine Lösung dazu?

Meines Erachtens erlaubt die cartesianische, fragmentarische Sichtweise keine Lösung. Die Arbeit von Kommunikationsexperten, Politikern, Erziehern, Ärzten, Therapeuten und Rechtsanwälten in geschlossenen Kompartimenten (wahren Ab-Teilungen) erlaubt nicht, sich des Problems im Ganzen bewußt zu werden. Es gilt nicht, ein ökologisches *oder* politisches *oder* wirtschaftliches *oder* erzieherisches *oder* gesundheitliches *oder* gar religiöses Problem versuchen zu lösen. Es geht vielmehr um ein und dasselbe Problem, das wir unter den verschiedenen Gesichtspunkten untersuchen müssen.

Das Problem der Mächtigen ist es ja, daß sie um ihre gefühlte „Ungesättigtheit" zu kompensieren, sich vergebens mehr und mehr materielle Objekte anzueignen versuchen, als symbolische und deswegen unfruchtbare Befriedigung von Grundbedürfnissen, die ihre Eltern nicht rechtzeitig zu sättigen verstanden.

Die Globalisierung zeigt, daß das System Erde uns alle materiell, emotional und seelisch sättigen könnte, wenn es nur eine demokratische Verteilung der materiellen, emotionalen und seelischen Güter gäbe.

Die gesamte Arbeit der Vordenker in Erziehung und Therapie hat also keinen Sinn, wenn dieses Problem nicht als Ganzheit betrachtet wird. Tagungen, Symposien und Kongresse sollten nur transdisziplinär, Fakultäten sollten ganz im ursprünglichen Wortsinn „universitär" organisiert werden.

Anscheinend ausgezeichnete Lösungen innerhalb eines Feldes zeigen, wie sie tragische Konsequenzen in anderen Feldern verursachen können. Das passiert z.B. auch in der offiziellen Medizin, wenn sie psychologische Aspekte einfach ignoriert oder im Erziehungswesen, in dem es keinen Platz für Elternprobleme gibt.

Wir sind fragmentarisch erzogen worden, und deswegen scheint uns „natürlich", was eigentlich „unnatürlich", aber eben üblich ist. Innerhalb der Familie versucht man, meist ohne ganzheitliches Verständnis der jeweiligen Situation, die Konkurrenz unter den Kindern zu fördern, in der Annahme, der Sieger im Kampf würde sich selbst retten können. Die Interaktion funktioniert immer nach dem gleichen Prinzip:

Ob mit einem Stock oder mit einer Atombombe oder einem Computer: ein Teil muß – ganz gleich ob in Familie oder Gesellschaft vernichtet werden, damit der andere Teil – diesem Glauben und Prinzip zufolge – weiterleben kann.

Die letzte Frage des fragmentarischen Paradigmas – wie kontrolliere ich die Außenrealität? – beinhaltet eine Angst, die in die Außenrealität projiziert wird. Doch diese Angst kommt aus der internen Realität, die ja im Kinde viel eher existiert, als selbstverständliche Folge der ungenügenden oder fehlenden Befriedigung von Grundbedürfnissen, vor allem in Familien mit mehreren Kindern, unter sozial schwierigen Verhältnissen oder beispielsweise in Familien mit (einschließlich sozial-) behinderten oder chronisch Kranken Kindern.

Die Voraussetzungen des fragmentarischen Paradigmas sollten kritisiert und durch andere ersetzt werden, wenn das Gemeinwesen Menschheit weiter existieren will. Die letzte Frage sollte nun sein: Wie kann ich helfen, die Innenrealität (meine eigene, die meines Partners, Kindes, Schülers, Patienten, meiner Gruppe) zu sättigen.

Das neue Paradigma kann also nur ganzheitlich (=holistisch) verstanden werden. In Erziehung, Therapie und Sozialarbeit müssen nicht nur wie üblich Konflikte, sondern vielmehr als erstes Ziel die Sättigung von Grundbedürfnissen von Seiten der primären Gruppe sowie von Lehrern und Lehrerinnen, von Therapeuten und Therapeutinnen bearbeitet werden, wie auch die Neustrukturierung der Information, die in unserem aktuellen Lebenssystem als mangelhafte oder manipulierte Daten weitergegeben werden.

Jede Politik ist der ideologische Aspekt der wirtschaftlichen Machtausübung einer Person oder einer Gruppe. Jede Machtausübung zeigt jedoch die Suche (zu oft eine wahre Sucht!) der Angstminderung durch Aneignung (zu oft mittels gewalttätiger Verhaltensweisen!) von symbolischen Ersatzbefriedigungen, ist also Folge einer bestimmten Art von Erziehung. Dies kann sowohl auf einen Staat wie für eine Familie mit Kindern zutreffen.

Lempp schreibt, daß sich Kultur „gerade dadurch definiert, daß sie nicht ausgrenzt, sondern verbindet" (Lempp 14). Diese Art von verbindender Brüderlichkeit wünsche ich mir für mich, für meine Kinder, Schüler, Patienten, Klienten, ja für das Gemeinwesen Menschheit überhaupt.

LITERATUR

1) Lempp, R., Familie im Umbruch. Kösel, München 1986
2) Wernicke, C., Transkulturelle Betrachtung der Reifungs- und Ablösungsproblematik in Argentinien. In: Lempp, R., Reifung und Ablösung. Huber, Bern 1987

3) Montessori, M., Il segreto dell' infanzia. Garzanti, Mailand 1950 (dt.: Kinder sind anders. Klett-Cotta 1987)

4) Forrester, V., L' horreur Èconomique. Librairie A. Fayard 1996.

5) Wernicke, C., Therapie des Kindes: Sättigung der Grundbedürfnisse. In: Dokumentation des 1. Internationalen Kongresses über „Festhalten" (1989), hrsg. von der Gesellschaft zur Förderung des Festhaltens als Lebensform und Therapie, 1991.

6) Corominas, J., Breve Diccionario Etimológico de la lengua castellana. Gredos, Madrid 1980

7) Schmidl, U., Derrotero y Viaje a Espania y las Indias, nach Übersetzung von Edmundo Wernicke, Austral, Buenos Aires 1944

8) Ciompi, L., Affektlogik. Klett-Cotta, Stuttgart 1982

9) Wernicke, C., Defensa, agresion, violencia (Verteidigung, Aggression, Gewalt). Buenos Aires, Tiempo de Intergracion 1991; Jg. V Nr. 23

10) Küng, H., Vorwort in: Klosinski. G., Religion als Chance oder Risiko. Huber, Bern 1994

11) Bossard, J., und Boll, E., The Large Family System. Philaldelphia, University of Pennsylvania Press, USA 1956

12) Dunn, J., Sisters and Brothers. J. Dunn USA 1984

13) Ratier, H., Villeros y Villas miseria. Centro Editor de América Latina. Buenos Aires 1973

14) Lempp, R., Die autistische Gesellschaft. Kösel, München 1996

Zugrundegelegte Literatur

Bast, H. et al., Gewalt gegen Kinder. Rowohlt, Hamburg 1975, Buenos Aires 1987

Capra, F., The turning point. Simon & Schuster, New York 1982

Ferguson, M., The Acquarian conspiracy

Forrester, V., L'horreur Èconomique. Librairie A. Fayard 1996

Fraklin, A., Child abuse. Longamn 1978

Gang, P., Conscious Education. Dagaz Press 1992

Goleman, D., Emotional Intelligence. 1995

Lischetti, M., Antropología. Eudeba, Buenos Aires 1995

Lowen, A., Joy, surrender to the body and to life. 1994

Martínes, V. (Hrsg.), Terrorismo de estado – Efectos psicológicos en los ninos. Paidós,

Maslow, A., Toward a psychology of being. Litton 1968

Morin, E., Le paradigme perdu. Ed. du Seuil, France 1973

Neill, A.S., Summerhill. Hart Publisher, New York 1960

Perls, F., Me, hunger and aggresion

Petri, H., Soziale Schicht und psychische Erkrankung im Kindes- und Jugendalter. Vandenhoeck & Ruprecht, Göttingen 1979

Rogers, C., Client-centered Therapy. Houghton, Mifflin, Boston

Schutz, W., Here comes everybody. 1971

Sehrbrock, P., Offener Unterricht als befreiende Pädagogik in der Schule. Universität Oldenburg 1997

Speck, O., System Heilpädagogik. Reinhardt, Basel 1998

Weizsäcker, C. F., Die Einheit der Natur. Hanser, München 1971

Wernicke, C.G., Qué es holismo. Buenos Aires, Tiempo de Integración 1991; Jahrgang V Nr. 22

Wernicke, C.G., Límite y castigo. Buenos Aires, Tiempo de Intergración 1991; Jahrgang V Nr. 24

Wernicke, C.G., Violencia escolar. Buenos Aires, Tiempo de Intergración 1992; Jahrgang VI Nr. 27

Wernicke, C.G., Educación holística y pedagogìa Montessori. Montevideo, Educación Hoy 1994, Nr. 10

Wernicke, C.G., Violencia en el aprendizajé y aprendizajé de la violencia. Buenos Aires Consudec 1996; Nr. 780

Wernicke, C. G., La perspectiva holística en educación. Buenos Aires, Educacíon Inicial 1997, Jahrgang 11 Nr. 100

Wilber, K. et. al., The holographic paradigm, 1982

Wilber, K., No boundary, 1979

II. Kulturhistorische, literarische und pädagogische Aspekte

Geschwisterbeziehungen in der griechischen Dichtung

von Richard Kannicht

Reinhart Lempp
zum 75. Geburtstag

Sprachgeschichtliche Orientierung

Mit dem Begriff *Geschwister* drückt das Deutsche den Sachverhalt aus, daß Bruder und Schwester leibliche Kinder derselben Eltern sind. Die Bildung dieses Begriffs verdankt sich offenbar dem Umstand, daß ‚Bruder‘ und ‚Schwester‘ ja zwei verschiedene Wörter sind, die in der indoeuropäischen Sprachenfamilie primär in der Tat auch gar nicht Geschwisterlichkeit im Sinne leiblicher Verwandtschaft bezeichnet haben, sondern ‚brüderliche‘ oder ‚schwesterliche‘ Zusammengehörigkeit in familiär organisierten sozialen Gruppen.

Was zunächst den ‚Bruder‘ betrifft – althochdeutsch *bruoder,* englisch *brother* und angelsächsisch *brōðor,* lateinisch *frāter,* griechisch φϱάτηϱ, altindisch *bhrātar* und so fort und hieraus für die indoeuropäische Grundsprache erschließbar **bhrātor* –, so war er primär Mitglied einer clanartig organisierten sozialen Gruppe: eben einer ‚Bruderschaft‘. Im Griechischen des 1. Jahrtausends v. Chr. ist φϱάτηϱ überhaupt nur als sozialer Gruppenzugehörigkeitsbegriff bezeugt, besonders reich und konkret für das klassische Athen: hier waren die φϱάτεϱες Mitglieder von regional gebildeten φϱατϱίαι (‚Clan-Bruderschaften‘), die sich auf ideelle Ahnherren zurückführten und unter dem Protektorat von Zeus Φϱάτϱιος und Athena Φϱατϱία die wichtige Aufgabe hatten, die Legitimität des Nachwuchses zu überwachen und damit die genetische Integrität der attischen Bürgerschaft zu garantieren. An ihrem Jahresfest, den Apaturien, wurden die neuen Mitglieder feierlich in das Register der Phratrie und damit in das attische Bürgerregister eingetragen.

Was die ‚Schwester‘ betrifft – althochdeutsch *swester,* angelsächsisch *swustor,* englisch *sister,* lateinisch *soror,* altindisch *sụasar* und so weiter und hieraus erschließbar indoeuropäisch *su̯ēsor –, so läßt sich die primäre Bedeutung nicht mehr so genau bestimmen. Aber auch hier setzt die Sprachwissenschaft mit zureichenden Gründen als ursprüngliche Bedeutung ‚weibliches Mitglied einer Gruppe' an. Im historischen Griechisch des 1. Jahrtausends v. Chr. ist dieses Wort bis auf zwei zweifelhafte Spuren in der Lexikographie überhaupt geschwunden: offenbar deshalb, weil im historischen Griechenland keine sozialen Gruppen fortbestanden haben, denen weibliche Mitglieder als ‚Schwestern' angehört haben könnten.

Dieses sprachgeschichtliche Schicksal der ererbten Wörter ‚Bruder' und ‚Schwester' im Griechischen (die strikte Reduktion von φράτηρ auf Clanbruderschaft und der völlige Schwund von indoeuropäisch *su̯ēsor) war nun aber mit der Bildung von zwei neuen Wörtern verknüpft, die primär die *leibliche Geschwisterlichkeit* von Bruder und Schwester unter- und miteinander ausdrücken und damit schon im Frühgriechischen unseren Geschwisterbegriff etabliert haben: es sind die beiden Wörter ἀδελφ(ε)ός/ἀδελφ(ε)ή und κασίγνητος/κασιγνήτη.

Zunächst ἀδελφός, das sich im Griechischen als *das* Wort für ‚Geschwister' allgemein durchgesetzt hat. Die Etymologie ist hier klar: ἀ- bedeutet (als α-*copulativum*) „zugleich, zusammen", und -δελφός ist Ableitung von δελφύς „Gebärmutter". In der anatomischen und medizinischen Fachsprache ist δελφύς dann zwar durch ὑστέρα und μήτρα verdrängt worden, als das Grundwort von ἀδελφός aber im Griechischen immer präsent geblieben. ἀ-δελφοί sind also – wörtlich ins Lateinische übersetzt – *co-uterini*: sie haben denselben Uterus geteilt, enstammen demselben Mutterleib.

κασίγνητος enstammt dem äolischen Sprachgebiet des Griechischen und ist seit Homer vor allem in der griechischen Dichtersprache zu Hause. Seine Etymologie ist nicht ganz so durchsichtig wie die von ἀδελφός. Das Hinterglied -γνητος bedeutet zwar sicher „Abstammung", aber für das Vorderglied κασι- läßt sich nicht mehr eindeutig klären, ob es auf die Mutter oder auf den Vater verweist. Wenn Helena allerdings bei Homer von ihren leiblichen Brüdern Kastor und Polydeukes (lateinisch *Pollux*) einmal sagt (*Il.* 3, 238): αὐτοκασιγνήτω, τώ μοι μία γείνατο μήτηρ „die mir ein-und-dieselbe Mutter geboren hat", dann hat Homer κασι- offenbar auf die Mutter bezogen.

Aus dieser sprachgeschichtlichen Orientierung ergeben sich für uns zwei Befunde von grundsätzlichem Interesse: zum einen der Befund, daß die Griechen im indoeuropäischen Sprachraum offenbar als erste aus dem Material ihrer Sprache für Bruder und Schwester als ‚Geschwister' einen neuen Begriff gebildet haben, der in der Variante ἀδελφός mit Sicherheit, in der Variante κασίγνητος mit Wahrscheinlichkeit auf der Gemeinsamkeit der Mutter beruht, zum zweiten der Befund, daß Brüder und Schwestern als leibliche Geschwister prägnant durch ein und dasselbe Wort bezeichnet werden: der einzige Unterschied liegt in den Endungen auf -ος und -η und betrifft das natürliche Geschlecht: ἀδελφός ist das männliche, ἀδελφή das weibliche Geschwister. – Und damit nun zum engeren Thema meines Beitrags:

Geschwisterbeziehung in der griechischen Dichtung

‚Dichtung‘ heißt hier: die fiktionale Dichtung der archaischen und klassischen Zeit, vor allem das homerische Epos und die attische Tragödie als die beiden Gattungen, die im Material des Mythos die Probleme der menschlichen Handlungswelt im Kraftfeld von Familie und Öffentlichkeit mit besonderem Interesse für die problematischen und konflikthaltigen, leidvollen oder gar tragischen Störungen der Normalität durchspielen. Ich werde Ihnen also eine kleine Auswahl von poetischen Fallstudien zur Geschwisterbeziehung vorlegen. Es liegt in der Natur der Sache, daß es sich hier nur um Geschwister handeln kann, die dem Jugendalter (und damit dem Arbeitsfeld der Jugendpsychiatrie) im engeren Sinne bereits entwachsen sind.

Ich beginne mit dem bekannten *Motiv der ungleichen Brüder*. Es begegnet uns bereits in der *Ilias* Homers und hier prominent in dem Gegensatz zwischen zwei Söhnen des Priamos, des Königs von Troja: auf der einen Seite Hektor, der mustergültige Repräsentant heroischen Kriegertums und der todesmutige Beschirmer Trojas, auf der anderen Seite Paris *alias* Alexandros, der schöne Günstling Aphrodites, der Verführer und Entführer der schönen Helena aus dem griechischen Sparta und damit das Werkzeug des Zeus zur Auslösung des Trojanischen Krieges.

Die erste Konfrontation ereignet sich gleich zu Beginn des dritten Gesangs, mit dem Homer den Trojanischen Krieg symbolisch sozusagen noch einmal beginnen läßt: Aufmarsch der beiden Heere zur ersten Schlacht, Vorkämpfer die beiden Rivalen um die schöne Helena: leichtbewaffnet mit schmuckem Leopardenfell um die Schultern Paris-Alexandros, schwerbewaffnet und löwenhaft kampfbegierig Menelaos. Paris springt erschrocken hinter die Linie zurück und wird dort von Hektor mit einer vehementen Schimpfkanonade empfangen (*Il.* 3, 38):

Δύσπαρι, εἶδος ἄριστε, γυναιμανές, ἠπεροπευτά,
Schandparis, Schönheitskönig, weibertoller Verführer:

wäre er doch besser nie geboren: erst die schöne Helena aus Griechenland entführen und nun dem Rivalen Menelaos nicht einmal standhalten im Kampf! Den werde er schon noch einmal kennenlernen (3, 54):

> Nichts werden dir nützen dann dein Saitenspiel und deine Gaben Aphrodites da: dein Haar und deine schöne Erscheinung, wenn du im Staube liegst.

Für Hektor besteht also die unheroische Natur seines Bruders wesentlich in dem, was homerisch δῶρα ’Αφροδίτης heißt, „Gaben Aphrodites": in unserer Sprache alles das, was einem Mann oder einer Frau (wie Paris und Helena) erotischen Reiz verleiht, was sie charmant und unwiderstehlich anziehend macht und so gewissermaßen zu Geschöpfen Aphrodites. Darauf Paris (3, 59):

> Hektor, ganz nach Gebühr hast du mich da gescholten – :
> immer ist dir ja dein Herz unabnutzbar wie eine Axt,
> die durch den Baumstamm fährt, wenn da ein Mann kunstfertig
> ein Schiffsholz heraushaut, und sie mehrt ihm den Schwung:
> so ist dir in der Brust unerschrocken der Sinn.

Mit diesem Gleichnis hat Paris also das exakte Gegenbild zu einer Natur wie der seinen gezeichnet – einer Natur, die eben gern schon nach kurzem Schwung wieder aufgibt wie soeben vor der Linie er selber; aber umso entschiedener verteidigt er nun seine Natur (3, 64):

> Halte mir nicht die reizenden Gaben der goldenen Aphrodite vor!
> Sind sie doch nicht zu verwerfen, die auszeichnenden Gaben der Götter,
> so sie selbst sie uns geben: von sich aus könnte doch keiner sie erlangen.

In unsere Sprache übersetzt, sagt Paris also: ‚wir sind nun einmal zutiefst verschieden: du bist unbeirrt tüchtig, ich habe Charme, beides sind auszeichnende Göttergaben. Ich habe mir die meinige nicht ausgesucht, kann sie aber auch nicht einfach abtun'. Trotzdem will er aber nun, wie es die Standesehre fordert, ein tapferer Kämpfer wie Hektor sein und bietet einen förmlichen Zweikampf zwischen sich und Menelaos an. Sie kennen oder ahnen den Ausgang: Menelaos bleibt Sieger auf dem Kampfplatz, Paris – von Aphrodite mit knapper Not in sein duftendes Gemach auf der Burg entrückt – bleibt Sieger auf dem Liebeslager Helenas, und der Trojanische Krieg nimmt seinen von Zeus gewollten Fortgang.

Wir können die Hektor-Paris-Linie der homerischen Erzählung hier nicht weiter verfolgen: wie Hektor im 6. Gesang den Bruder aus den Gemächern Helenas auf das Schlachtfeld zurückholen geht und ein letztes Mal seine Gemahlin Andromache trifft, wie die beiden ungleichen Brüder am Ende des Gesanges in die Schlacht ziehen, aus der Hektor nicht wiederkehren wird: betrachten wir statt dessen abschließend noch den schönen chalkidischen Mischkrug in Würzburg, um 540 v.Chr. (Abb. 1), der

Abb. 1: Chalkidischer Krater, um 540 v. Chr., Martin-von-Wagner-Museum Würzburg

die beiden ungleichen Brüder mit ihren ungleichen Frauen entsprechend antithetisch ins Bild setzt (alle Personen sind durch Namensbeischriften zweifelsfrei bezeichnet): links leicht bewaffnet Paris mit Helena, der beschämt sich abwendenden Geliebten, zentral als Hoplit in voller Rüstung Hektor mit Andromache, der liebevoll sich ihm zuwendenden Gemahlin, rechts mit Pferd und Beipferd bereits Hektors Knappe Kebriones: so feinsinnig sind homerische Personenbeziehungen von den Vasenmalern nur selten ins Bild gesetzt worden.

Vom Motiv der ungleichen Brüder nun zum *Motiv der feindlichen Brüder.* Die griechische Dichtung hat dieses Motiv wohl am drastischsten im Mythos von Ödipus und seinen Kindern ausgearbeitet: allein fünf der 33 überlieferten Tragödien haben diesen Mythos zum Stoff. Die Hauptdaten der Geschichte werden vielen von Ihnen bekannt sein: Ödipus hat in König Laios von Theben unwissentlich seinen eigenen Vater erschlagen, hat dann – zum neuen Herrn von Theben aufsteigend – in Iokaste unwissentlich seine eigene Mutter geheiratet, schießlich aber, nach vier Kindern, den Inzest entdeckt, sich entsetzt selbst geblendet und seine beiden Söhne Eteokles und Polyneikes im Zorn über unziemliches Verhalten mit dem Fluch belegt, mit dem Schwert sollten sie einst sich ihr Erbe (die Herrschaft über Theben) teilen.

Solche Flüche und entsprechende Weissagungen oder Orakel haben in griechischen Mythen und Sagen oft die Funktion, furchtbare Ereignisse der mythischen Überlieferung wie die haarsträubenden Taten des Ödipus oder den wechselseitigen Brudermord seiner Söhne als gottgewollte, schicksalhafte, unausweichliche Verhängnisse zu deuten. Die Handlungen der Tragödien sind nun aber wiederum oft so konstruiert, daß diese Verhängnisse die ungewollten oder doch so nicht gewollten Ergebnisse des Handelns der involvierten Personen selbst sind. In diesem Sinne hat den schicksalhaften Streit der feindlichen Brüder um Theben und ihr unseliges Ende vor allem Euripides in seinen *Phönizierinnen* entmythologisiert.

Die Handlungsvoraussetzungen der *Phönizierinnen* sind in Kürze diese: um dem Fluch des Vaters auszuweichen, haben die Söhne jährlich alternierende Herrschaftsausübung vereinbart, Eteokles hat jedoch die Vereinbarung aus Machthunger sogleich gebrochen und Polyneikes aus Theben vertrieben, der hat in Argos ein Heer rekrutiert (die ‚Sieben gegen Theben‘) und steht nun vor den Mauern der siebentorigen Stadt, um sein Recht gegebenenfalls mit Gewalt durchzusetzen. Die stoffgechichtlich kühne und dramaturgisch produktive Neuerung des Euripides besteht nun darin, die feindlichen Brüder vor ihrem denkwürdig überlieferten Waffengang in einem Versöhnungsversuch ihrer Mutter Iokaste redend miteinander zu konfrontieren und sie die gewaltsame Lösung ihres Streits in einer dramatischen Sprachhandlung sozusagen selbst herbeireden zu lassen.

Mit diesem Versöhnungsversuch beginnt die Handlung. Von draußen unter Sicherheitsgarantien Polyneikes, von seiner jugendlichen Schwester Antigone schwärmerisch ersehnt, von Iokaste stürmisch begrüßt (alle Sympathie wird *a limine* auf ihn gelenkt, den Vertriebenen), aus der Stadt geschäftsmäßig Eteokles, der Chef. Zunächst, in der Verhandlungsform des Schiedsgerichts, in exakt gleichlangen Reden die Darlegung der Standpunkte (Eteokles machiavellistisch am Machtbesitz festhaltend, Polyneikes ruhig, aber entschieden auf seinem Recht insistierend): sie reden steif und förmlich in der 3. Person übereinander („er da", „ihn da") und vermeiden mit dem Du auch, sich anzusehen. Iokaste beschwört sie in doppelt langer Schiedsrede, die Verständigung zu wollen und um Thebens und seiner Götter willen den Kompromiß zu suchen – vergeblich: die Sprachhandlung schlägt von der dritten in die zweite Person (zum Du) um und damit sofort in eskalierenden Streit, und als sie sich schließlich gegenseitig ὕβρις vorwerfen, anmaßend frechen Frevelmut, da ist der überlieferte Waffengang ausweglos herbeigeredet (Vs. 621–4):

POLYNEIKES	Wo wirst du draußen stehen?
ETEOKLES	Warum fragst du das?
POLYNEIKES	Da steh' auch ich dann, dich zu töten!
ETEOKLES	Darauf brenn' auch ich!
IOKASTE	Mein Gott, was habt ihr vor?
POLYNEIKES	Das wird sich zeigen!
IOKASTE	Und eures Vaters Fluch?
ETEOKLES	Geh' doch das ganze Haus zugrunde!

Und dieser Untergang des Hauses wird nun Zug um Zug das Thema des Dramas.

Einer dieser Züge ist das Edikt Kreons, des neuen Machthabers, die Leiche des Polyneikes als Landesfeindes nach altem Kriegsbrauch unbestattet den Vögeln und Hunden zum Fraß zu überlassen: Zuwiderhandlung werde mit dem Tod bestraft. Aus diesem Edikt hatte Sophokles schon gut 30 Jahre vor den *Phönizierinnen* des Euripides den dramatischen Grundkonflikt seiner *Antigone* entwickelt und dies gleich zu Beginn des Stückes in einer Szene, die unserem Thema nun auch noch eine Fallstudie über *die ungleichen Schwestern* beisteuern kann.

Morgengrauen. ANTIGONE *und* ISMENE *aus dem Haus tretend.*
ANTIGONE *mit emphatischer Betonung ihrer Geschwisterlichkeit*
  ᵗΩ κοινὸν αὐτάδελφον Ἰσμήνης κάρα
  Geschwisterlich verwandtes, o Ismenes Haupt:

ob Ismene denn wohl die neueste Unheilsnachricht schon vernommen habe?

  So etwas, sagt man, hat der gute Kreon dir
  und mir – jawohl: auch mir! – verkündet:

eben den beiden Schwestern, denen nun, als den nächsten Blutsverwandten, die Bestattung obliegt; in dem empörten „Jawohl: auch mir!" ist Antigones Ungehorsam schon unüberhörbar angelegt. Entsprechend schroff schließt sie:

  So steht es: gleich kannst du beweisen deinen Adel!

In der Tat ist Antigone *a limine* entschlossen, das Verbot zu übertreten und die Bestattung im Namen des göttlichen Rechts zu vollziehen. Ismene reagiert ratlos und schockiert. Eskalierender Streit über die Legitimität des Ungehorsams in dieser Sache entfremdet die Schwestern einander mehr und mehr, am Ende ist Antigone in kalter Isolierung entschlossen, ihr „frommes Verbrechen", wie sie es nennt, allein zu begehen:

  ANTIGONE Ich will nichts mehr von dir, und wärest du doch noch bereit,
  so wär' mir deine Hilfe unwillkommen.
  Sei du so, wie's dir richtig scheint: ich werde ihn begraben:
  ein schöner Tod wird's sein, den dafür ich erleide.

Dem gemeinsamen Auftreten respondiert jetzt getrennter Abgang: Ismene zurück in ihre Welt, das Haus, Antigone ab nach draußen, wo die Leiche des Bruders liegt. Sie wird das Haus nur noch einmal betreten: als eine zum Tod Verurteilte.

  Der schroffen Abwendung Antigones von der ungleichen Schwester entspricht (Sie werden es bemerkt haben) ihre zärtliche und unbedingte Solidarität mit dem toten Bruder – aber die nähere Beschäftigung mit diesem Motiv unter dem Stichwort φιλία (Solidarität und Zusammengehörigkeit in Freundschaft und Liebe) als dem Leitmotiv für die Tragödie der Antigone wäre ein eigener Vortrag. Beispiele für die beglückende Erfahrung geschwisterlicher φιλία wären dann weiter die sogenannten Anagnorisis-(Wiedererkennungs-)dramen: Dramen, in denen verwandtschaftlich verbundene, aber durch Raum und Zeit lange und weit getrennte Menschen durch glückliche Fügung einander wiederbegegnen und wiedererkennen: für unser Thema einschlägig wären also die Stücke um Orestes,

Elektra und Iphigenie, die Kinder Agamemnons und Klytaimestras. Ich möchte hier jedoch lieber noch eine tragische Fallstudie des Euripides vorlegen, die vielleicht auch jugendpsychiatrisch von Interesse ist: den *Fall einer inzestuösen Liebesbeziehung* zwischen zwei noch sehr jungen Geschwistern. Das Drama unter dem Titel *Aiolos* ist uns als ganzes verloren, aber aus Zeugnissen und Zitaten sicher rekonstruierbar. Ich lege Ihnen den Fall entsprechend schrittweise vor.

Die Geschichte steht *in nuce* in der Odyssee, wo Odysseus auf den liparischen Inseln bei Aiolos einkehrt, dem Herrn der Winde, der seine Familie höchst merkwürdig organisiert hatte (*Od.* 10, 1–12): „Zwölf Kinder hatte der in seinen Hallen", erzählt Odysseus den Phaiaken, „sechs Töchter und sechs Söhne in Jugendblüte: die gab er einander zu Mann und Frau, und die Söhne schmausen nun tags bei den Eltern an üppiger Tafel, nachts aber schlafen sie bei ihren ehrsamen Gattinnen". Euripides hat in dieser exotischen Anekdote den Stoff entdeckt: die Möglichkeit, an diesem mythologisch sanktionierten Fall das heikle Problem der Geschwisterehe durchzuspielen. Zur rechtsgeschichtlichen Seite hier nur der Hinweis, daß Endogamie bei den Griechen zwar verbreitet war, aber üblich und in Athen z.B. ausdrücklich erlaubt nur zwischen Halbgeschwistern, die den Vater teilten (ὁμοπάτριοι). Ehen zwischen Aszendenten und Deszendenten (wie Iokaste und Ödipus) sowie zwischen Vollgeschwistern (wie den Aioloskindern) und Halbgeschwistern, die demselben Mutterleib entstammten (ὁμομήτριοι oder ὁμογάστριοι), waren jedoch allgemein tabu.

Vor dem Auftauchen von zwei neueren Zeugnissen (einem Papyrusfragment und einem Vasenbild) wußten wir über das Stück aus Anspielungen, Zitaten und Hinweisen etwa dies:

- „Euripides hat im ‚Aiolos' den Aiolossohn Makareus als den Verführer und Liebhaber seiner Schwester Kanake auf die Bühne gebracht" (so ein antiker Aristophaneskommentar): Euripides hat den Fall also an *einem* der sechs Paare durchgespielt;
- um sein heimliches Verhältnis mit Kanake zu legalisieren, hat Makareus den Vater mit durchtrieben scheinheiliger Argumentation dafür gewonnen, die sechs Söhne im ökonomischen Interesse des Hauses doch einfach mit den sechs Töchtern zu verheiraten (so ein Handbuch der Rhetorik): aus dieser zentralen Überredungsszene sind uns auch einige wörtliche Zitate überliefert;
- Aiolos entdeckt die Wahrheit (so ein mythographisches Handbuch) und sendet seiner Tochter ein Schwert in ihr Gemach, Makareus kann die

Katastrophe nicht mehr verhindern und macht mit demselben Schwert an der Leiche Kanakes auch seinem Leben ein Ende.

Dies also die immer schon sicheren Zeugnisse. Gute Gründe sprachen auch immer schon für die Annahme, daß der 11. Heroidenbrief des römischen Dichters Ovid (ein Abschiedsbrief Kanakes an Makareus) nur die elegische Version des euripideischen Dramas ist: Hauptpunkte des Briefes die rührend unschuldige Liebesbeziehung zwischen den beiden noch sehr jungen Menschen, Kanakes Unerfahrenheit, Schwangerschaft und schwere Entbindung (Mitwisserin und Helferin die Amme), Makareus' leidenschaftliches Eheversprechen – und dann (die Amme wollte das Neugeborene gerade aus dem Haus schaffen) die Entdeckung … Erst die beiden neueren Funde haben diese Annahme aber bestätigen und Ovids Elegie in den Rang eines sicheren Zeugnisses für das euripideische Drama erheben können.

Der eine Fund war 1962 das Bruchstück einer Papyrusbuchrolle des 2. Jahrhunderts n. Chr., die in alphabetischer Folge Inhaltsangaben euripideischer Dramen enthielt und uns unter dem Titel ΑΙΟΛΟΣ das Incipit des Stückes:

> Ἦ δεινὰ καὶ δύσγνωστα βουλεύει θεός
> Furchtbar und schwer durchschaubar ist, was Götter planen,

dann die erste Hälfte der *Hypothesis,* der Inhaltsangabe beschert hat. An Neuem berichtet sie uns vor allem dies: „Das Mädchen wurde von Makareus schwanger und versuchte, die Geburt durch vorgetäuschte Krankheit zu verbergen": mit einem großen Bericht hierüber wird die Amme das Drama eröffnet haben. Und weiter: von Makareus für den Plan der Verheiratung aller Geschwister gewonnen, „rief Aiolos die Söhne zusammen und setzte eine Verlosung der sechs Eheverbindungen an – und da strauchelte über sein Los der, der das ganze ausgeheckt hatte (Makareus), und blieb glücklos, denn das Los führte das von ihm verführte Mädchen (Kanake) der Ehe mit einem anderen zu". Der Papyrus läßt dann nur noch unklar eine Aktion der Brüder erkennen und bricht mit den Wörtern „das Neugeborene" und „die Amme" ganz ab; aber die Fortsetzung können wir nun zuversichtlich aus den besprochenen Zeugnissen ergänzen.

Der frühere der beiden Funde ist ein Vasenbild des Amykos-Malers vom Ende des 5. Jahrhunderts v. Chr. auf einer Hydria in Bari (Abb. 2: Die Umzeichnung gibt das Bild verkürzt wieder). Es ist eine Komposition, in die deutlich mehrere Szenen des Stückes integriert sind:

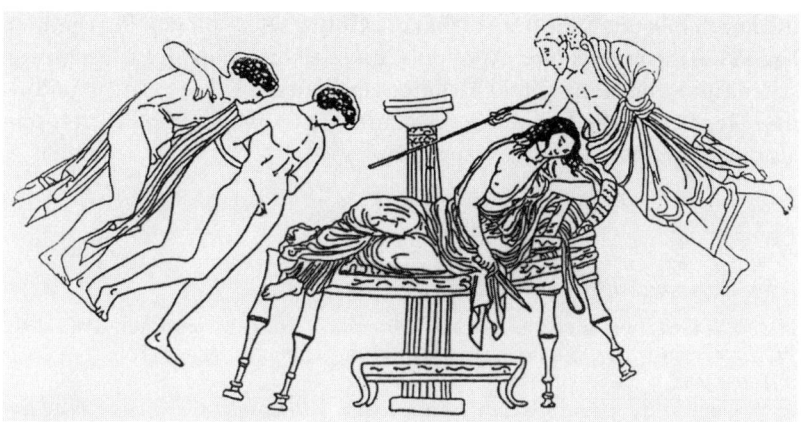

Abb. 2: Proto-Lucanische Hydria des Amykos-Malers, um 410 v. Chr., Bari

– zentral die sterbende Kanake, das Schwert noch in der Hand;
– rechts ein bärtiger Mann, mit drohendem Redegestus auf einen Jüngling bezogen, der ihm von einem anderen Jüngling vorgeführt worden ist (man löst ihm offenbar schon die Handfesseln): zweifellos Makareus, von seinen Brüdern überführt und hier nun von Aiolos zur Rede gestellt;
– rechts hinter Aiolos auf einem Altar hockend bekümmert eine ältere Frau, von einem Bewaffneten bewacht: offenbar die Amme; links hinter den Jünglingen drei Mädchen: offenbar die Schwestern.

Wie immer aber Vater und Sohn sich in der hier bezeugten Unterredung noch arrangiert haben mögen, es war – wie die sterbende Kanake zeigt – zu spät.

Es liegt auf der Hand, daß diese dramatische Fallstudie aus dem Leben vor allem Rührung und Erschütterung bewirken wollte. Vielleicht sollte sie aber darüberhinaus auch das ungeschriebene Gesetz begründen, das die Ehe von ἀδελφοί und ἀδελφαί als Geschwistern, die demselben Mutterleib entstammten, tabuisierte. Der euripideische Aiolos läßt sich zwar von den ökonomischen Vorteilen der Endogamie überzeugen, delegiert dann aber seine väterliche Entscheidungsvollmacht über die Bildung der sechs Paare an das Los und damit an die Götter (denn das Los ist ja nur eine der Methoden, den Götterwillen zu erkunden). Das Los aber und damit die Götter haben gegen die Liebesheirat und gegen die romantische Normverletzung entschieden. Die tragische Katastrophe wird daher, so denke ich mir, am Ende des Stückes die Götter selbst auf den Plan gerufen haben – Athena etwa oder Apollon –, und sie werden dann aus dem tragischen Ende von Kanake und Makareus explizit die Lehre gezogen und als ihre Weisung an die Menschen verkündet haben, was die Griechen fortan als ungeschriebenes Gesetz respektiert haben.

LITERATUR

1. Sprachgeschichtliche Orientierung

H. FRISK: *Griechisches etymologisches Wörterbuch*. Bd. 1–3, Heidelberg 1960–1972

P. CHANTRAINE: *Dictionnaire étymologique de la langue grecque*. Tom. 1–4, Paris 1968–1980

E. BENVENISTE: *Indoeuropäische Institutionen. Wortschatz, Geschichte, Funktionen*, Frankfurt-New York (Campus) 1993 (frz. Originalausgabe *Le vocabulaire des institutions indoeuropéennes*, Paris 1969), Bd.I. Zweites Buch: *Die Terminologie der Verwandtschaft*

2. Geschwisterbeziehung in der griechischen Dichtung

[a] HOMER

Homeri Opera. Recognoverunt ... D. M. Monro et Th. W. Allen. Tom. I Iliadis libros i–xii continens, Oxford ³1920

Homers Ilias. Übertragen von W. Schadewaldt, Frankfurt/M. (Insel) 1975

J. LATACZ: *Homer. Eine Einführung*. München-Zürich (Artemis) ²1989

[b] SOPHOCLES

Sophoclis Fabulae. Recognoverunt ... H. Lloyd-Jones et N. Wilson, Oxford 1992, S. 181–238 *Antigone*

Sophokles. *Antigone*. Herausgegeben und übertragen von W. Schadewaldt, insel taschenbuch 70/³1980

[c] EURIPIDES

Euripidis Fabulae. Edidit J. Diggle. Tom. III Oxford 1994, S. 71–179 *Phoenissae*

Euripides. *Sämtliche Tragödien*. Nach der Übersetzung von J. J. Donner bearbeitet von R. Kannicht. ... Einleitung von W. Jens, Stuttgart (Kröner) ²1958, Bd. 2 S. 301–365 *Die Phoenizierinnen*

Euripide Tome VIII *Fragments* 1ʳᵉ partie. Texte etabli et traduit par F. Irigoin et H. van Looy, Paris 1998, S. 15–37 Αἴολος-ÉOLE

Abbildungen

Abb. 1: E. SIMON – M. HIRMER: *Die griechischen Vasen*, München (Hirmer) 1976 Taf. XIX/S. 63–4

Abb. 2: A. D. TRENDALL – T. B. L. WEBSTER: *Illustrations of Greek Drama*, London (Phaidon) 1971, III 3,4/S. 74

Geschwisterbeziehungen in der Literatur am Beispiel von Inzestdramen der Goethezeit

von Moritz Bassler

In der Literatur sind Geschwisterbeziehungen kaum seltener und kaum weniger mannigfaltig als im wirklichen Leben. Auch wenn man nicht immer darauf achtet: Literarische Figuren haben Familie, zumindest gilt das für Roman und Drama, und wo man wenig darüber erfährt, kann gerade dies signifikant sein: Womöglich ließe sich selbst dem Faust noch etwas Neues abgewinnen, wenn man ihn einmal unter dem Aspekt seines Einzelkindstatus betrachten würde. – Wenige literarische Geschwisterkonstellationen haben über die Literatur hinaus modellbildend gewirkt, so z.B. das alte Motiv der feindlichen Brüder, auf wirksame Weise neu codiert in Schillers *Räubern*, Franz und Karl Moor, nach deren Muster dann vor allem kulturelle Verwandtschaften stilisiert wurden, etwa zwischen Börne und Heine, Virchow und Robert Koch oder Heinrich und Thomas Mann. Apropos die Brüder Mann (zu schweigen von den Kindern): Lange Zeit und in der populäreren Rezeption bis heute haben die Geschwisterbeziehungen der Autoren beinahe noch mehr Interesse erregt als die ihrer Figuren. Ein notorisches Beispiel aus der Germanistik ist die Trakl-Forschung. Dort besteht die Tendenz, die hermetischen Texturen von Georg Trakls Gedichten immer wieder als Chiffren für ein verborgenes, dunkles Geheimnis zu deuten, in dessen Zentrum der angebliche Inzest mit seiner Schwester steht. Ein ungleicher Bruder dazu wäre dann vielleicht Robert Musils *Mann ohne Eigenschaften*, in dessen ‚tagheller Mystik‘ die inzestuöse Beziehung zwischen Ulrich und Agathe als avancierte Figur der Selbstreflexion dient. Usw. usf. – leicht kann man, wenn man über Geschwisterbeziehungen auch nur in der deutschen Literatur nachdenkt, in wenig spezifischer Weise vom Hundertsten ins Tausendste kommen.

Um nun etwas Grund in die Sache zu bekommen, sei zunächst einmal gefragt, was Geschwisterbeziehungen speziell in der Literatur denn eigentlich sind, d.h. auf welcher analytischen Ebene des Textes sie sich greifen lassen. Man wird dann sagen, bei Geschwisterbeziehungen, also etwa beim Inzest, handelt es sich um ein Motiv, und zwar, im Unterschied zu anderen Motiven wie z.B. dem Mond oder der unendlichen Fahrt, um ein Motiv, das auf der Ebene der Personenkonstellation realisiert wird. Somit liegt es nahe, sich solche literarischen Texte näher anzusehen, in deren Struktur und Bedeutungsaufbau die Personenkonstellation ein dominantes Element ist, und das ist vor allem im Drama der Fall.

Ich möchte deshalb beginnen mit einer Komödienrezension, die im Jahre 1774 im *Wandsbecker Boten*, einer Hamburger Zeitung für Außen- und Wirtschaftspolitik, erschien:

„Die Geschichte ist kurz die: der Prinz Tandi aus Cumba kommt nach Naumburg zum Herrn von Biederling, verliebt sich in Wilhelmine Biederling; rettet sie im Garten in einer Mondnacht aus der Hand eines Grafen Camäleon, der ein Kuppler war und von einer Spanischen Gräfin, Donna Diana, die er auch verführt und betrogen hatte, auf seiner Masquerade erstochen wird; heyrathet sie auch und liebt sie unaussprechlich; reißt sich aber als ihm gesagt ward daß sie seine Schwester sey, aus ihren Umarmungen weg, sein Leben zu verweinen, und will sich durch das Ansehen eines ganzen Consistorii nicht bewegen lassen sie wieder zu sehen; erfährt endlich gewiß, daß er zwar der Sohn des von Biederling, Wilhelmine aber nicht die Tochter sey – und um sie beyde, und um Leser und Zuschauer wirds Elysium."[1]

Das rezensierte Stück heißt *Der neue Menoza* und ist von Goethes Jugendfreund Jakob Michael Reinhold Lenz. In der konzisen Zusammenfassung der Komödienhandlung in einem Satz – der Rezensent ist übrigens Matthias Claudius – wird besonders deutlich, wie die Geschwisterbeziehung hier die zentrale Funktionsstelle des dramatischen Knotens besetzt. Von der Nebenhandlung mit dem verworfenen Grafen einmal abgesehen, die eine Reminiszenz an das (geschwisterlose) Bürgerliche Trauerspiel von *Emilia Galotti* bis *Kabale und Liebe* ist, geht es auf der Ebene der Figurenkonstellation allein um die Frage, ob Prinz Tandi aus Cumba und Wilhelmine Biederling aus Naumburg Geschwister sind oder nicht.

Schauen wir uns das einmal etwas genauer an: Die auf dem Höhepunkt des dritten Aktes von einer typischen Botenfigur, einem Herrn von Zopf, verkündete Nachricht „Umarmen Sie sich. Sie sind Bruder und Schwester." stürzt das Paar, das sich soeben die gegenseitige Liebe gestanden hatte, in die Katastrophe (*„Wilhelmine fällt auf den Sofa zurück. Tandi bleibt bleich mit niederhangendem Haupte stehen."*).[2] Die etwas überraschende Lösung, daß nämlich am Ende der fremde Prinz zwar in der Tat ein Kind der Biederlings ist, Wilhelmine aber nicht, führt dagegen zum glücklichen Komödienschluß. Der Geschwisterinzest steht hier im Zentrum, und zwar nicht so sehr als dramatisches Motiv – er kommt ja gar nicht zur Ausführung und damit auch nicht zur Darstellung auf der Bühne –, sondern er steht im Zentrum als Tabu, d.h. hier als Regel, die die dramatischen Kombinationsmöglichkeiten beschränkt. Geschwister dürfen sich nicht heiraten, so wie Bühnentote nicht wieder aufstehen und weiterspielen dürfen. Solche Ausschlußregeln sind – von aller lebensweltlichen Plausibilität abgesehen – zunächst einmal gattungsimmanente Notwendigkeiten, denn nur durch Begrenzung des Möglichen läßt sich im Drama Spannung und Sinn erzeugen.

Der Unterschied von Geschwister– und Gattenliebe, den das Inzesttabu markiert, macht hier den dramatischen Unterschied im Ausgang der Handlung, ja er macht geradezu den Gattungsunterschied von Tragödie und Komödie aus. Diese Behauptung mag zunächst etwas übertrieben erscheinen; schließlich kennt man diese Schlüsse, wo am Ende alle miteinander verwandt sind (oder eben gerade nicht), doch vor allem aus Lustspielen, schon von Shakespeare und Molière – so daß man versucht ist, auf einen Topos zu schließen, der in die Komödientradition gehört und mit dem Trauerspiel rein gar nichts zu tun hat.

Werfen wir daher einen Blick auf ein anderes Stück, Amadeus Gottfried Adolph Müllners *Der neun und zwanzigste Februar* (1812), „Trauerspiel in einem Akt".[3] Dem Erbförster Walter Horst und seiner Frau Sophie wird von einem späten Gast in finsterer Winternacht ihr Geschwisterverhältnis eröffnet. Umgehend sühnt Walter die Blutschande, indem er das gemeinsame Kind mit dessen naivem Einverständnis sowie unter Zuhilfenahme eines Jagdmessers tötet und sich selbst dem Scharfrichter übergibt. Die einzige im Stück erwogene Alternative zu dieser Lösung ist die Ermordung des Boten, was den Schritt in die endgültige Kriminalisierung und Schuldverstrickung bedeutet hätte. Der Unterschied zum *Neuen Menoza* ist auf der Oberfläche gewaltig, im Kern der dramatischen Konstellation jedoch minimal: Diesmal sind die Liebenden halt wirklich Geschwister, und der Inzest ist bereits vollzogen. Ergebnis: das finsterste Trauerspiel.

Aber am Ende kommt es doch noch anders: Wenige Jahre nach Drucklegung des *Neun und zwanzigsten Februar* wird in Berlin ein Stück von Müllner uraufgeführt, das den Titel *Der Wahn* trägt und von dem es in der Vorrede heißt: „Das Drama, der Wahn, ist nichts anderes, als eine, durch Hinzufügung von ungefähr neunzig Versen bewirkte, Umgestaltung meiner Tragödie, der neun und zwanzigste Februar, an welcher sich das alte Diktum bewährt hat: *Habent sua fata libelli*." Weil die Zensurstelle „auf der Bühne Blutschande und Kindesmord durchaus nicht zuzulassen"[4] bereit war, änderte Müllner den Schluß dahingehend, daß der zu ermordende Knabe einen Brief auf der Brust trägt, frisch vom Schulmeister übergeben, aus dem hervorgeht, daß Sophie nun doch nicht Walters Schwester ist, so daß alles gut ausgehen kann. Erst die schlechte Nachricht, dann die gute, die in der Negation der ersten besteht: das ist das Komödienmuster, wie wir es aus dem *Neuen Menoza* kennen, wieder in Reinform; das Schicksal des Buches hat in diesem Fall auch das Schicksal der Personen aufs Friedlichste korrigiert.

Der Inzest macht also den Unterschied. Wie sehr wir uns dabei längst vom lebensweltlich Wahrscheinlichen entfernt und spezifisch literarischen Gesetzmäßigkeiten angenähert haben, wird bei genauerer Hinsicht auf diese dramatische Geschwisterliebe sehr deutlich. Es ist ja keineswegs so, daß hier Geschwister als solche nebeneinander leben und schließlich eine sexuelle Beziehung miteinander eingehen, vielmehr können Tandi und Wilhelmine, ebenso wie Walter und Sophie, zu dem Zeitpunkt, wo sie sich ineinander verlieben, ja gar nichts davon wissen, daß sie Geschwister sind oder sein könnten. Bewußt und sehenden Auges ausgeführter Geschwisterinzest, den man so naiverweise vielleicht für den Normalfall halten könnte, wäre in der Literatur der Goethezeit eine Ungeheuerlichkeit und kommt de facto nur in der philosophisch-pornographischen Literatur vom Typ Marquis de Sade vor. Mit der allgegenwärtigen Dramenstruktur, von der hier die Rede ist, hat das nichts zu tun.

Wenn aber Geschwister nichts von ihrer Verwandtschaft wissen, dann müssen – gelinde gesagt – etwas komplizierte Familienverhältnisse herrschen. Die Biederlings aus Naumburg etwa hatten ihren Sohn in wirren Zeiten einem Bekannten anvertraut, eben jenem von Zopf, der die Unglücksbotschaft überbringt. Dieser hatte ihn weitergegeben, und so kam es, daß er – totgeglaubt – als jener „Calmuckenprinz" fern der Heimat großgezogen wurde, als der er jetzt die „Europäische Welt will kennenlernen und sehen, ob sie des Rühmens auch wohl werth sey".[5] Ist all dies für sich genommen schon wenig wahrscheinlich, so muß für den glücklichen Schluß auch noch ein zweites außergewöhnliches Ereignis in ferner Vergangenheit angesiedelt werden: Wilhelmine wurde im Kindbett vertauscht, die schuldige Amme taucht rechtzeitig auf, und das Elysium kann kommen. An beiden Untaten sind die inzestgefährdeten Protagonisten als Nachgeborene vollkommen unschuldig.

Das wird in Müllners Stücken noch deutlicher: Im *Neun und zwanzigsten Februar* entstammt Sophie einem verheimlichten Seitensprung des Vaters. Der Bote weiß zunächst nur zu berichten, *daß* Walter eine Schwester hat, aber rasch stellt sich heraus, daß die als vermeintlich angenommenes Kind mit ihm großgezogene Sophie eben diese leibliche Schwester ist. Den Vater hatte angesichts der bereits vollzogenen Vermählung der beiden Liebenden auf dem Sterbebett der Schlag getroffen – vor Freude, wie diese zwölf Jahre lang wähnten. In der Bühnenfassung fällt Müllner dann nichts Originelleres ein als abermals eine Kindesvertauschung, um die Katastrophe wieder rückgängig zu machen.

In beiden Fällen wird ein gedoppeltes, komplexes, aber lebensweltlich hochgradig unwahrscheinliches schuldhaftes Verhalten in der Elterngeneration konstruiert, um den vermeintlichen oder wirklichen Inzest der Protagonisten dramatisch in Gang zu setzen. Die entscheidenden Verfehlungen liegen überdies von der Bühnengegenwart aus gesehen viele Jahre in der Vergangenheit, wodurch das Inzestdrama regelmäßig auch den Charakter eines Analytischen Dramas bekommt. Bei der Gelegenheit könnte man an den *König Ödipus* als das Urbild aller Analytischen Dramen denken, aber Ödipus hatte Inzest und Vatermord ja wenigstens noch selber begangen, so daß die Aufarbeitung der Vergangenheit zugleich die Arbeit am eigenen Individuationsprozeß bedeuten konnte. In den besagten Dramen der Goethezeit, deren Helden fast durchweg der Kindergeneration angehören, wird der Inzest dagegen an einer zwanghaft konstruierten Fabel aufgehängt, die der Bühnengegenwart und der Psyche der Protagonisten gleichermaßen fern und äußerlich bleibt. Man fragt sich: Wozu wird dieser Aufwand eigentlich betrieben?

Die Frage gewinnt noch an Gewicht, wenn man sich vor Augen hält, daß diese dramatischen Inzest-Konstruktionen im Jahrhundert der Aufklärung keine Einzelfälle, in der Literatur der Empfindsamkeit und des Sturm und Drang vielmehr gang und gäbe waren. In Goethes Einakter *Die Geschwister* von 1776 deutet Marianne, die vermeintliche Schwester Wilhelms, ihr Schicksal bereits mit Hilfe ihrer Lektüreerfahrungen:

> MARIANNE. Unter allem konnt ich am wenigsten leiden, wenn sich ein Paar Leute lieb haben, und endlich kommt heraus, daß sie verwandt sind, oder Geschwister sind – Die Miß Fanny hätt ich verbrennen können! Ich habe so viel geweint! Es ist ein gar erbärmlich Schicksal! *Sie wendet sich und weint bitterlich.*[6]

Die erwähnte „Miß Fanny" bezieht sich auf einen zeitgenössischen deutschen Erfolgsroman, dessen Titel, *Geschichte der Miss Fanny Wilkes*[7], bereits auf die Mode der neuen Natürlichkeit und Empfindsamkeit nach englischen Vorbildern verweist.[8] Goethe komprimiert die uns inzwischen hinlänglich bekannte Personenkonstellation dadurch, daß sein Protago-

nist Wilhelm sozusagen Eltern- und Liebhabergeneration zugleich ange-
hört: Marianne und der gemeinsame Hausfreund Fabrice halten ihn für
Mariannes Bruder; er dagegen weiß und verheimlicht die ganze Zeit, daß
Marianne die von ihm angenommene Tochter seiner verstorbenen Gelieb-
ten Charlotte ist („Ich liebte sie als dein Kind – und nun –!"). Erst der
Heiratsantrag Fabrices verhilft der wahren Natur der scheinbaren Ge-
schwisterbeziehung zum glücklichen Durchbruch – mit der wunderbaren
Replik: „WILHELM. [...] Marianne ist nicht meine Schwester. FABRICE.
Darauf war ich nicht vorbereitet."[9]

Ein mit den neueren literarischen Strömungen vertrauter Leser oder
Zuschauer des späten 18. Jahrhunderts wird dagegen, wie Marianne in den
Geschwistern, auf familiäre Verwicklungen mit inzestuösen Implikationen nicht nur vorbereitet sein, er wird sie geradezu erwarten, wenn er
einen empfindsamen Roman aufschlägt oder ins Theater geht. Darum noch
einmal die Frage: Was wird hier eigentlich verhandelt? Welcher literarische Gewinn rechtfertigt diese aufwendigen, die Gesetze der literarischen
Wahrscheinlichkeit bis an die Grenzen des Plausiblen dehnenden Familien-
verwicklungen, die ja regelmäßig nicht die Dramenhandlung selbst, sondern nur deren notwendige Vorgeschichte ausmachen?

Was diese Stücke regelmäßig in Szene setzen, was tatsächlich auf der Bühne ausagiert wird, ist der Konflikt insbesondere der weiblichen, gelegentlich
aber auch der männlichen Hauptperson zwischen zwei Gefühlen, dem Gefühl eben der (platonischen) Geschwisterliebe und der (erotischen) Gattenliebe. Es geht um das wahre Gefühl, und damit steht ein Konflikt im Zentrum, der nur vom einzelnen Subjekt je individuell entschieden werden
kann. So gesehen erscheint es auch nur folgerichtig, daß die determinieren-
den Umstände in Gestalt der objektiven und sogar justiziablen Ordnungen,
die stets den Hintergrund des individuellen Geschehens bilden, in der beschriebenen Weise auf Distanz zum Bühnengeschehen gehalten werden.

Wie reagieren nun die liebenden Protagonisten auf die Zumutung des
sozialen Tabus? Wenig einsichtig, wie ein paar Kostproben belegen mögen: Im *Neuen Menoza* will der Prinz nach der vermeintlich frohen Verkündung des Geschwisterverhältnisses durch Herrn von Zopf die Flucht
ergreifen.

> (*Wilhelmine springt auf und ihm um den Hals*)
> WILHELMINE. Wo willst Du hin?
> TANDI. Laß mich!
> WILHELMINE. Nein, nimmer, bis in den Tod. (*Tandi macht sich los von ihr. Sie
>   fällt in Ohnmacht*)

HR. V. ZOPF. (*nachdem er sie ermuntert hat*) Ich sehe wohl, Fräulein! hier muß etwas vorgefallen seyn –
WILHELMINE. (*erwacht*) Wo ist er, ich will mit ihm sterben –
HR. V. ZOPF. Haben Sie sich etwa liebgewonnen? Es ist ja nur ein Tausch. Lieben Sie ihn jetzt als Ihren Bruder.
WILHELMINE. (*stößt ihn mit dem Fuß*) Fort Scheusal! fort! Wir sind Mann und Frau miteinander. Du sollst mir den Tod geben oder ihn.
HR. V. ZOPF. Gott im Himmel, was höre ich!
WILHELMINE. (*reißt ihm den Dolch von der Seite und setzt ihn ihm auf die Brust*) Schaff mir meinen Mann wieder.[10]

Im *Neun und zwanzigsten Februar* verlangt der Bote nach der schrecklichen Enthüllung des Inzestverhältnisses die Trennung der Ehegatten:

WALTER (*fährt auf und faßt den Hirschfänger*). Trennung?
SOPHIE (*schmerzlich*). Trennung?
WALTER (*umfaßt Sophien*). Nimmermehl! –
    Ob der Vater dran gestorben,
    Du bist mein noch wie vorher!
    Theuer hab ich dich erworben.
SOPHIE (*klagend*). Wußten wir denn, wer wir waren?
WALTER (*mit allen Zeichen eines Mordgedanken*).
    Ohm! Euch hat die Höll' gesandt,
    Daß die Menschen es erfahren,
    Und – es reißt mich in der Hand,
    Das Geheimnis zu bewahren
    Mit dem Stahl in eurer Brust.[11]

In beiden Stücken ist die erste Reaktion der Impuls, am illegitim gewordenen Status quo festzuhalten, zur Not unter Anwendung von bewaffneter Gewalt. In Goethes *Geschwistern* ist die Lage etwas anders, denn Marianne hat ja immer geglaubt, die Schwester dessen zu sein, den sie insgeheim liebt. Fabricens Heiratsantrag, der am Verhältnis zum vermeintlichen Bruder ja nichts geändert hätte, ruft dennoch auch bei ihr heftige Gefühlsabwehr hervor:

MARIANNE. Wilhelm! nein! nein! Ewig lass' ich dich nicht! Du bist mein! – Ich halte dich! Ich kann dich nicht lassen.
Fabrice tritt auf.
MARIANNE. Ha, Fabrice, Sie kommen zur rechten Zeit! Ich habe Ihnen nichts zugesagt. Sein Sie unser Freund! Heiraten werd' ich Sie nie.[12]

Die Empfindungen der Protagonisten unterwerfen sich der höheren Ordnung also keineswegs, die erotische Liebe wandelt sich mit Verkündung der neuen Lage nicht einfach in Gleichmut oder gar Abscheu, und die letztlich glücklichen Ausgänge geben ihr ja auch Recht. Und nicht nur die. Im *Neuen Menoza* bietet sich ein Magister Beza von der Hohen Pforte an, dem Brautvater und Bräutigam „aus Gottes Wort zu zeigen, daß bey der ganzen Sache Gott Lob und Dank nicht die geringste Gefahr ist", weil nämlich „Gott die nahen Heirathen nicht verboten hat"- „die größten Gottesgelehrten [seien] schon über diesen Punkt einig".[13]

Das gibt dem Thema insofern eine neue Wendung, als der Inzest hier vom rein innerliterarischen Strukturelement wieder zum Diskurspartikel wird. Mit anderen Worten: Bislang konnte sich die Untersuchung mit gutem Recht ganz auf den literaturwissenschaftlichen Aspekt des Themas konzentrieren. Zu zeigen war, daß ein Inzest im Drama etwas vollkommen anderes ist als ein Inzest im wirklichen Leben, daß es sich beim literarischen Inzest sozusagen um ein Element in einem Spiel handelt, in dem völlig andere Regeln gelten als etwa die der Ethnologie, der Rechtswissenschaften oder der Kinder- und Jugendpsychiatrie. Entsprechend war mein Beitrag bislang interdisziplinär allenfalls in seiner rhetorischen Ausrichtung, tatsächlich wurden die Grenzen der Literaturwissenschaft im engeren Sinne nirgends überschritten. Aber die Restriktionen des Faches sind nicht zugleich auch schon jene der Literatur, und alles wird anders, sobald der Inzest auch als historisches Diskurselement in den Texten auftaucht, sobald er in den Dramen nicht einfach als Tabu vorausgesetzt, sondern als kulturelles Faktum diskutiert wird.

Besagter Magister aus Lenzens *Neuem Menoza* etwa tut, soweit man seiner etwas elliptischen Argumentation folgen kann, etwas durchaus Modernes: Er historisiert das biblische Inzestverbot.

> BEZA. Wenn ich Ihnen nun aber begreiflich mache, daß [...] das in der besondern Staatsverfassung der Juden seinen Grund gehabt, in den Sitten, in den Gebräuchen, daß weil sie ihre nächsten Anverwandte ohne Schleyer sehen durften, um der frühzeitigen Hurerey vorzubeugen. – [...] Es war eine bloß politische Einrichtung Gottes, die uns nichts anging, wenns ein allgemeines Naturgesetz gewesen wäre, würde Gott die Ursache des Verbots dazu gesetzt haben.[14]

Hier wäre nun freilich ein anderes Wissen gefragt als das über die Strukturgesetze literarischer Texte: theologisches Wissen etwa über die biblischen Grundlagen des Inzestverbots, vor allem aber medizin-, rechts- und religionshistorisches Wissen über den Stand der Inzestdiskussion im späten 18. Jahrhundert; denn soviel ist deutlich: Mit Passagen wie der eben zitierten partizipiert Lenzens Stück an dieser kulturellen Diskussion, indem es Bezug auf sie nimmt und sie, obzwar immer schon ins Literarische transformiert, auch selber führt. An dieser Stelle ist der Literaturwissenschaftler also auf interdisziplinäre Unterstützung angewiesen; um mehr von seinem Text zu verstehen, muß er außerliterarische Fragen stellen, denn wie gesagt: Die Literatur hält sich an keine Fächergrenzen.

Der Magister Beza etwa empfiehlt, die Schriften eines renommierten zeitgenössischen Theologen, eines gewissen Michaelis zu lesen. Dessen *Abhandlung von den Ehegesetzen Mosis* (1755) hält den Geschwisterinzest zwar für kulturell unangebracht, aber doch für „an und for sich betrachtet unsündlich", und behauptet in der Tat, bei unwissentlich eingegangener Geschwisterehe sei deren „Fortsetzung doch rechtmäßig und keine Blut-Schande".[15] Wir befinden uns eben im Zeitalter der Aufklärung, einer Zeit, in der die unterschiedlichsten Wissenschaften sich in dem gemeinsamen Bestreben treffen, überkommene Normen nicht einfach zu übernehmen, sondern rational, am liebsten mit universal-anthropologischen Argumenten, zu begründen. Eben dies scheint der Aufklärung im Falle des Inzest-Tabus jedoch nicht recht gelungen zu sein.[16] Der Inzest fügt – ebenso wie übrigens die nicht-literaturfähigen Delikte der Sodomie, des Umgangs mit widernatürlichen Geschlechtspartnern – der Gemeinschaft keinen Schaden zu. Das uns geläufigste Argument der erhöhten Wahrscheinlichkeit von Erbschäden stand im späten 18. Jh. wohl noch nicht zur Verfügung, es ist zumindest nicht Teil des Diskurses. So kann man schon in Zedlers Universallexikon (1733) lesen: „Die Blutschande ist zwar also nicht wider die Natur, daß die menschliche Gemeinschaft nicht bey derselben bestehen könne, der Anfang des menschlichen Geschlechtes so wohl als die angeführten Gewohnheiten der Völcker bezeugen dieses."[17] Hier werden, wie auch in juristischen Studien üblich, neben dem theologischen Argument ausdrücklich Erfahrungen aus der Ethnologie eingebracht, der längst Völker mit ganz anderen Heiratsregeln bekannt sind als den europäischen.

Das bringt uns wieder ins Stück zurück, denn der *Neue Menoza* spielt ja schon im Titel auf jenen Typ aufklärerischer Literatur an, in dem die europäischen Sitten und Gebräuche aus der Sicht eines edlen Exoten inspiziert und kritisiert werden (man denke an Montesquieus *Persische Briefe*, Voltaires *Eingeborenen* oder eben auch den *Menoza* des dänischen Theologen Erik Pontoppidan, 1754 deutsch erschienen unter dem Titel: *Menoza. Ein Asiatischer Prinz, Welcher die Welt umher gezogen, Christen zu suchen, Aber der Gesuchten wenig gefunden.* Wer aber nach alledem jetzt erwartet, Lenzens Stück würde sich vermittels seiner positiven Hauptfigur, des Prinzen Tandi aus Cumba, zu einer Apologie der wahren Liebe gegen die überkommenen und nicht mehr zeitgemäßen Tabus der Gesellschaft aufschwingen, der sieht sich getäuscht. Es ist schon paradox: Der Magister

Beza – Karikatur des pietistischen Akademikers – verteidigt, wie wir gesehen haben, die liberalen Positionen der Aufklärung, während Tandi, der Bon sauvage, mit flammenden Gegenreden an der Naturgegebenheit des Inzestverbotes festhält.

> PRINZ. [...] Auf eurem Antlitz danken solltet ihr, daß der Gesetzgeber anders sah als durch eure Brille. Er hat die ewigen Verhältnisse geordnet, die euch allein Freud und Glückseligkeit im Leben geben können und ihr wollt sie zerstören? O ihr Giganten, hütet euch, daß nicht der Berg über euch kommt, wenn ihr gegen den Donnerer stürmen wollt. [...] Wollt ihr den Unterschied aufheben, der zwischen den Namen Vater, Sohn, Schwester, Braut, Mutter, Blutsfreundin obwaltet? wollt ihr bey einem nichts anders denken, keine andere Regung fühlen als beym andern? nun wohl, so hebt euch denn nichts übers Vieh [...].[18]

Das ist rhetorisch gewaltig, aber argumentativ doch eher dünn – so kennt man den Prinzen gar nicht. Das Paradox besteht auch handlungsimmanent, und zwar darin, daß Tandi hier ja gegen seine eigenen vitalen Interessen argumentieren muß – schließlich liebt er seine Wilhelmine doch und erwägt sogar die Selbstkastration (bei Lenz werden die Dinge immer gleich recht anschaulich), um sein Dilemma zwischen Trieb und Norm zu lösen.

Unser Befund stimmt mit dem Ergebnis einer ausführlichen Studie zum Inzest im Roman der Goethezeit überein, das da lautet: Das Delikt des Inzests werde im 18. Jahrhundert, z.B. in der Jurisdiktion, „von einem höchstrangigen Vergehen gegen Gott und/oder die Natur zu einem niedrigrangigen abgestuft und desakralisiert. [...] Die Literatur hingegen behält den mythisch-sakralen Charakter des Deliktes bei: es wird immer auch bei Nicht-Wissen der Verwandtschaft und es wird immer mit der Höchststrafe sanktioniert."[19] Im Klartext: Für wissentlich vollzogenen Geschwisterinzest bekommt man im wirklichen Leben 1–2 Jahre Festung oder Zuchthaus, in der Literatur dagegen erfolgt „der Verlust der Person durch den Tod oder ein kulturelles Todes-Äquivalent" wie Wahnsinn oder Kloster.[20] In den Komödien sorgen zwar Tricks wie die Kindsvertauschungen dafür, daß es soweit nicht kommt, was aber zwischendurch, in der „potentiell tragischen Inzestsituation",[21] auf dem Spiel steht, ist ja z.B. dem blutigen Ende von Müllners *Neun und zwanzigstem Februar* in hinreichender Drastik abzulesen.

Ausgerechnet die Avantgarde-Literatur der Goethezeit arbeitet also nicht an der Liberalisierung der Inzestregeln mit, sondern hält an der quasi mythischen Dimension inzestuöser Schuldverstrickung fest. Dieser merkwürdige und kaum erwartbare Befund läßt sich sicherlich nicht damit erklären, daß Lenz und die anderen Dichter der Goethezeit etwa Vertreter einer besonders konservativ-orthodoxen Moraltheologie gewesen wären.[22] Vielmehr muß man wohl, aus dem kulturellen Umfeld wieder in die literarischen Texte zurückkehrend, wieder einmal zugestehen, daß zwar ein Austausch von Themen und Argumenten allenthalben stattfindet, daß aber der Inzest wie zuvor schon als strukturelles, so jetzt auch als thematisches Motiv im System der Literatur eine andere Stelle einnimmt als etwa im Rechtssystem.

So könnte man Tandis Lobrede auf die feinen Unterschiede zwischen den diversen Mann-Frau-Beziehungen auch poetologisch lesen als Katalog literarisch zu evozierender Gefühlsqualitäten. Weil die Arbeit an der Formulierung und Spezifizierung individueller, nicht sozial vorgegebener zwischenmenschlicher Beziehungen – Liebe, Verwandtschaft, Freundschaft, Ehe – ein dominantes Anliegen der Empfindsamkeit ist, würde die Literatur mit der Preisgabe dieser Unterschiede auch ihre wichtigsten Themen und Konfliktstoffe preisgeben. Schon weil die Literatur der Empfindsamkeit und des Sturm und Drang auf die großen Gefühle angewiesen ist, um ihre Funktion zu erfüllen, muß der Inzest hier seine mythisch-sakrale Dimension behalten und darf nicht zum Bagatelldelikt profanisiert werden.

„Ich will Ihnen keine Namen geben", schreibt der junge Goethe, den eigenen Werther imitierend, an eine Brieffreundin, die er persönlich gar nicht kennt, „denn was sind die Namen Freundin, Schwester, Geliebte, Braut, Gattin oder ein Wort, das einen Komplex von all denen Namen begriffe, gegen das unmittelbare Gefühl [...]".[23] Nimmt man das mit der Rede des Prinzen Tandi zusammen, die Goethes Freund Lenz ungefähr zur gleichen Zeit verfaßt, dann hat man in etwa die beiden Pole jenes Problems, dessen experimenteller Behandlung der literarische Inzest in den Dramen und Romanen der Zeit dient, des Problems von individuellem Gefühl und sozialer Beziehung.

Spannend, auch literarisch spannend, wird es eben immer erst dort, wo mit dem Gefühl auch die Beziehungen ihre klaren Konturen verlieren, wo es zu Übergängen und Ambiguitäten kommt. So schwingt z.B. im schwärmerischen Freundschaftskult des späten 18. Jahrhunderts nicht selten auch ein homoerotisches Element mit, das offiziell immer noch unter die Sodomiedelikte fallen und damit außerhalb literarischer Darstellbarkeit beiben würde. Auch die Grenzen von außerehelicher Freundschaft und Liebe zwischen Mann und Frau werden ständig neu justiert. In beiden Fällen gehören die Verwandtschaftsbezeichnungen ‚Bruder' und ‚Schwester' – kaum verwunderlich – zum stehenden Vokabular.

Die Geschwisterbeziehung ist eben die erste, gleichsam die ‚natürliche' Beziehung zwischen verschiedengeschlechtlichen Partnern der selben

Generation. Zudem kann man wohl davon ausgehen, daß der reale Geschwisterinzest im 18. Jahrhundert kaum häufiger oder problematischer war als sonst auch. Die auffällige Insistenz und Bedeutungsschwere des Inzestmotivs in der Literatur der Goethezeit legt somit nahe, daß dieses Motiv in der innerliterarischen Diskussion *stellvertretend* für ganz verschiedene Formen individualisierter Personenbeziehungen verwendet wird, deren kulturelle und soziale Neubestimmung – wie gesagt – auf dem Programm steht. Für diese Stellvertreterthese, deren Erhärtung freilich umfänglicheren Studien vorbehalten bleiben muß, spricht nicht zuletzt, daß im Drama der Goethezeit auf Inzestuöses auch dort noch gerne angespielt wird, wo die Stücke strukturell und inhaltlich gar nichts mehr damit zu tun haben, z.B. in folgender Heiratserklärung aus einer Voltaire-Bearbeitung Müllners, mit der ich schließen möchte:

> FRITZ. (*mit froher Laune*) Ja! mögen immerhin die Theologen lästern,
> Wir, der Baron und ich, heirathen uns're Schwestern,
> Versteht sich über Eck, ich seine, meine er.[24]

ANMERKUNGEN

[1] [Matthias Claudius:] [Rezension:] Der neue Menoza, oder Geschichte des cumbanischen Prinzen Tandi. Eine Comödie. […]. In: Wandsbecker Bothe 164 (14.10.1774).

[2] Jakob Michael Reinhold Lenz: Der neue Menoza. In: J.M.R.L.: Dramen des Sturm und Drang. Hg. v. Erich Unglaub. München 1988, S. 95–165; S. 133.

[3] [Amadeus Gottfried Adolph Müllner]: Der neun und zwanzigste Februar. In: Müllner's Dramatische Werke. Braunschweig ²1832, S. 3–17.

[4] [Amadeus Gottfried Adolph Müllner]: Der Wahn. In: Müllner's Dramatische Werke. Braunschweig ²1832, S. 228–243, S. 228.

[5] Lenz: Der neue Menoza, S. 103 u. 99.

[6] Johann Wolfgang von Goethe: Die Geschwister. In: Goethes Werke. Hamburger Ausgabe. Bd. 4. München ¹²1990, S. 352–369; S. 367f.

[7] Johann Timotheus Hermes: Geschichte der Miss Fanny Wilkes. Leipzig 1766, ²1770.

[8] Bezeichnenderweise nimmt die Fünfziger-Jahre-Germanistik diese Natürlichkeit für unmittelbar und übersieht geflissentlich deren romanhafte Vermittlung, so Wolfgang Kayser im Kommentar zur Hamburger Ausgabe: „Am Ende spricht Marianne aus ihrem übervollen Herzen. Sie spricht – wie Gretchen und Klärchen – als Naturmädchen […]. Der Höhepunkt des kleinen Dramas ist also die Echtheit und Unmittelbarkeit dieses Herztons." (Goethes Werke 4, S. 611).

[9] Goethe: Die Geschwister, S. 364.

[10] Lenz: Der neue Menoza, S. 133f.

[11] Müllner: Der neun und zwanzigste Februar, S. 14f.

[12] Goethe: Die Geschwister, S. 368.

[13] Lenz: Der neue Menoza, S. 141 u. 148, collagiert.

[14] Lenz: Der neue Menoza, S. 148.

[15] Zit. n. Volker Demuth: Realität als Geschichte. Biographie, Historie und Dichtung bei J.M.R. Lenz. Würzburg 1994, S. 242f., Fußnote 514.

[16] Vgl. Michael Titzmann: Literarische Strukturen und kulturelles Wissen: Das Beispiel inzestuöser Situationen in der Erzählliteratur der Goethezeit und ihre Funktionen im Denksystem der Epoche. In: Jörg Schönert (Hg.): Erzählte Kriminalität. Zur Typologie und Funktion von narrativen Darstellungen in Strafrechtspflege, Publizistik und Literatur zwischen 1770 und 1920. Tübingen 1991. S. 229–281. – Titzmanns material- und thesenreiche Studie ist m.W. die derzeit beste und ausführlichste Arbeit zum Thema, mein Vortrag verdankt ihr entscheidende Anregungen.

[17] Johann Heinrich Zedler (Hg.): Großes vollständiges Universal-Lexikon aller Wissenschaften und Künste. Halle, Leipzig 1732–1750, Bd. 4 (1733), Sp. 253.

[18] Lenz: Der neue Menoza, S. 148f.

[19] Titzmann: Literarische Strukturen, S. 263.

[20] Titzmann: Literarische Strukturen, S. 246 (Strafmaße) und 256.

[21] Demuth: Realität als Geschichte, S. 241.

[22] Wie die Forschung gelegentlich nahelegt, vgl. z.B. Hans-Gerd Winter: J.M.R. Lenz. Stuttgart 1987, S. 69.

[23] Goethe an Auguste Gräfin zu Stolberg, Januar 1775. In: Goethes Briefe. Hamburger Ausgabe. München ⁴1988, Bd. 1, S. 176. Der wenige Wörter später tatsächlich erfolgende Satzabbruch verifiziert gleichsam die erschriebene Unmittelbarkeit des Gefühls.

[24] [Amadeus Gottfried Adolph Müllner]: Die Zurückkunft aus Surinam. In: Müllner's Dramatische Werke. Braunschweig ²1832, S. 154–172, S. 157.

Geschwister und ihre erzieherische Bedeutung

von Ludwig Liegle

Neben der Zahl der Generationen hat sich auch die Zahl der Kinder verringert, die in Familienhaushalten leben. Allerdings läßt sich die öffentliche Dramatisierung des typischen Einzelkindes nicht bestätigen, wenn man die statistischen Daten in der Perspektive der Kinder aufbereitet: Von den Kindern in den alten und neuen Bundesländern waren „nur" 18 Prozent Einzelkinder (im Blick auf die 1970 in den alten Bundesländern lebenden Frauen der Geburtsjahrgänge 1901–1905 waren 12 Prozent der Kinder Einzelkinder), 48 bzw. 60 Prozent wuchsen mit einem und 34 bzw. 22 Prozent mit zwei und mehr Geschwistern auf; die im Durchschnitt geringere Kinderzahl hat daher kaum mit einer Zunahme der Einzelkinder, wohl aber mit der Verbreitung von Kinderlosigkeit sowie mit der Abnahme von Familien mit drei und mehr Kindern zu tun (vgl. Schwarz 1995). Im übrigen wächst eine zunehmende Zahl von Kindern dadurch mit mehreren Geschwistern auf, daß der neue Partner / die neue Partnerin eines geschiedenen und wieder verheirateten Elternteils Kinder in die neukonstituierte Familie mitbringt. Jedenfalls stellen auch in den meisten heutigen Familien Geschwisterbeziehungen einen wichtigen Einflußfaktor für die Entwicklung und Erziehung der Kinder dar (vgl. Schütze 1989), einen Einflußfaktor freilich, der in der wissenschaftlichen Pädagogik wenig theoretische und empirische Beachtung gewidmet worden ist.

Das Thema „Geschwisterbeziehungen" in der Pädagogik

Bei den „Klassikern" der Pädagogik (Pestalozzi, Herbart, Schleiermacher u.a.) sucht man vergeblich nach dem Thema Geschwister als Erzieher. Bei den „modernen" Klassikern (Bernfeld, Nohl, Spranger, W. Flitner u.a.) finden sich gelegentlich Hinweise auf die erzieherische Bedeutung von Geschwistern, aber zu einem zentralen Thema wird die Erziehung von Kindern durch Kinder lediglich am Beispiel von Kindergemeinschaften, also in einem von beruflichen Erziehern arrangierten und kontrollierten

Kontext, nicht im Rahmen der Familie. Die Vernachlässigung der Geschwister-Erziehung hat also zwei Gründe: Erziehung wird angesiedelt im Generationenverhältnis als Einwirkung der älteren auf die jüngere Generation. Außerdem ist Erziehung im wesentlichen gefaßt als beruflich wahrgenommene Erziehung: erziehender Unterricht, Schule, Waisenhaus, Kinderheim, seit Fröbel auch Kindergarten. Pädagogik hat sich im wesentlichen entwickelt als Berufswissenschaft für Lehrer und Erzieherinnen, ähnlich wie die Medizin sich als Berufswissenschaft für Ärzte entwickelt hat, nicht aber – was ja gar nicht so abwegig wäre – als Kunstlehre für gesundheitsbezogenes Handeln in gegenseitiger Hilfe und in Selbsthilfe.

An der Familie, die ja den sozialen Ort der Geschwister-„Erziehung" darstellt, zeigt sich die innere Widersprüchlichkeit dieser Auffassung von Erziehung: Die Familie – eine Versammlung von Laien in Sachen Erziehung also – gilt zwar seit je und auch in der Pädagogik als die erste und wichtigste Instanz der Erziehung. Dennoch ist die Erziehung in der Familie ein marginales Thema der wissenschaftlichen Reflexion und Forschung in der Pädagogik geblieben. Dies gilt für die Klassiker; Ausnahmen sind hier Pestalozzi mit seiner Wohnstuben-Pädagogik, die dann auch eine wohnstubenähnliche Sozialpädagogik meint, und Schleiermacher, der die Familienerziehung beschreibt als „Zusammenleben mit den Kindern", gleichsam ein „Lebenshelfen", aus dem sich dann auch eine absichtliche Erziehungstätigkeit entwickelt; im Blick auf diese intentionale Erziehung gelangt Schleiermacher als erster Pädagoge zu einer Art Curriculum der Familienerziehung: Entwicklung des Ordnungssinns; Entwicklung des Wissens; körperliche Entwicklung; Entwicklung des Willens; religiöse Entwicklung (vgl. Schleiermacher 1826/1957, S. 166ff.).

Die Marginalität des Themas Familienerziehung gilt auch für die modernen Klassiker; Ausnahme ist hier z.B. Siegfried Bernfeld (1925/1967), der die Paarbeziehung Mutter-Kind/Vater-Kind als Konstante, freilich als eine verhängnisvolle Konstante der Erziehung analysiert, da sie die Dynamik einer besitzergreifenden Liebe in der kapitalistischen Gesellschaft perpetuiere.

Die Vernachlässigung des Themas Familienerziehung findet bis in die zeitgenössische Erziehungswissenschaft ihre Fortsetzung. In den letzten 25 Jahren sind nur 3 gewichtige Bücher zum Thema Erziehung in der Familie erschienen: 1975 „Die Familienerziehung" von Klaus Mollenhauer und anderen, 1989 die „Einführung in die Familienpädagogik" von Paetzold und Fried, 1997 die „Brennpunkte der Familienerziehung" von Macha und Mauermann. Und nur in dem erstgenannten Buch wird der „Erziehung" von Geschwistern durch Geschwister Aufmerksamkeit geschenkt: Mollenhauer u.a. beschreiben die Geschwistergruppe als „Subsystem" des intimen Beziehungssystems Familie, als Eigenwelt der Phantasie und des Spiels der Kinder, als Gegenwelt und Gegenmacht zur Welt und Macht der Eltern.

Wer sich als Erziehungswissenschaftler mit der Frage befaßt, ob und wie Geschwister von Geschwistern erzogen werden, muß sich also verabschieden von der dominanten Tradition seines Fachs, er muß sich insbesondere von dem Begriff der Erziehung verabschieden, der für die wissenschaftliche Pädagogik bestimmend ist. Die Tatsache, daß Familienerziehung im ganzen und Geschwistererziehung im besonderen weithin unbeschriebene Blätter der Pädagogik sind, hat zur Folge, daß es nicht viel zu berichten gibt über empirische Befunde und systematische Erkenntnisse. Es kann daher nur um Fragen, Vermutungen, Thesen gehen, um das Feld zu erkunden. Ich will das in vier Schritten tun.

Wenn Geschwister Bedeutung für einander haben, dann kommt darin auch das Erzieherische zum Tragen

Als Ausgangspunkt wähle ich den Gedanken, daß sich das Erzieherische immer dann zeigt und wirksam wird, wenn Menschen für einander Bedeutung haben. Ich spreche ausdrücklich vom Erzieherischen und nicht von Erziehung, um eine bestimmte Auffassung, die z.B. von Martin Buber (1925/1953) entwickelt worden ist, stark zu machen: Erziehung nicht als Einwirkung der einen (Älteren) auf die anderen (Jüngeren), sondern als ein Geschehen *zwischen* Menschen, das nicht ohne weiteres abzulösen ist von der Vielfalt der Lebensvollzüge und zwischenmenschlichen Beziehungen. Daß das Erzieherische sich immer dann zeigt und wirksam wird, wenn Menschen für einander Bedeutung haben, damit ist gemeint: Wenn ein Mensch für mich Bedeutung hat, dann beeinflußt er, ob er und ob ich es will oder nicht, ob er und ob ich es weiß oder nicht, die Entwicklung meiner Person, die Bildung meines Charakters, er „erzieht" mich.

Von hier aus ergibt sich die erste Überlegung: Wenn sich zeigen läßt, daß Geschwister für Geschwister Bedeutung haben, dann muß auch gelten: Zwischen Geschwistern ist das Erzieherische am Werk. Es bedarf aber keiner besonderen wissenschaftlichen Bemühung, um die große Bedeutung von Geschwistern für Geschwister zu belegen. Man muß nur in den

Familien- und Kinderalltag schauen oder – was ich diesmal vorziehe – in die Literatur, in welcher der Familien- und Kinderalltag gespiegelt wird.

Da ist zum Beispiel Antigone, die ihren geliebten Bruder Polyneikes gegen das vom Vater vertretene Gesetz heimlich beerdigt. Die Geschwisterliebe kann also in Konflikt geraten mit der Liebe zu den Eltern, und sie kann im Konfliktfall Vorrang gewinnen.

Da sind aber auch Eifersucht und Hass zwischen Geschwistern, wie sie etwa in den Geschichten des Alten Testaments erzählt werden, am schärfsten in der Geschichte von Kain und Abel. Geschwister können in bedrohlicher Konkurrenz stehen im Erlangen der Zuneigung oder des Erbes des Vaters.

Da ist die erotisch gefärbte Beziehung von Ulrich, dem „Mann ohne Eigenschaften" (Musil) und seiner Schwester Agathe. Geschwister können sich so nahe kommen, daß sie als Erwachsene eine Lebensgemeinschaft eingehen.

Da ist die Prägung der Ich-Erzählerin Brigitte Reimann durch die Bindung an ihren Bruder Uli, die auf eine Zerreißprobe gestellt wird durch die Spaltung Deutschlands, durch die Republikflucht des Bruders. Die Geschichte von Geschwisterbeziehungen, wie sie in dem Roman „Die Geschwister" beschrieben werden, steht für die zerstörerischen Einflüsse, die politische Verhältnisse auf die wichtigsten menschlichen Bindungen ausüben können. Der Roman beschreibt aber auch eindringlich Aspekte des Erzieherischen: Der geliebte Bruder vergällt seiner Schwester jeden Freund, aus der Überzeugung, daß keiner es verdient, seiner tollen Schwester nahezukommen; und sie geht und tanzt am Ende immer mit ihrem Bruder, weil keiner der jungen Männer ihrem gescheiten und starken Bruder gleichkommt. Geschwister können Ansprüche an Partnerschaft prägen.

Als letztes Beispiel wähle ich die Brüder Grimm. In der Rede auf seinen Bruder sagt Jakob Grimm (1860/1956, S. 42):

> So nahm uns denn in den langsam schleichenden Schuljahren *ein* Bett auf und *ein* Stübchen, da saßen wir an einem und demselben Tisch arbeitend, hernach in der Studentenzeit standen zwei Betten und zwei Tische in derselben Stube, im späteren Leben noch immer zwei Arbeitstische in dem nämlichen Zimmer nebeneinander, immer unter einem Dach in gänzlicher unangefochtenen und ungestört beibehalter Gemeinschaft unsrer Habe und Bücher, mit Ausnahme weniger, die jedem gleich zur Hand liegen mußten und darum doppelt gekauft wurden. Auch unsere letzten Betten, hat es allen Anschein, werden wieder dicht nebeneinander gemacht sein; erwäge man, ob wir zusammengehören und ob von ihm redend ich es vermeiden kann meiner dabei zu erwähnen.

Erwäge man, ob ich von ihm, dem Bruder, reden kann, ohne dabei mich zu erwähnen. Der Satz läßt sich wohl auch umkehren: Erwäge man, ob ich von mir sprechen kann, ohne ihn, den Bruder, zu erwähnen. Das heißt also – zunächst einmal für die Brüder Grimm: Das Ich ist nicht aussprechbar ohne Bezugnahme auf das Geschwister-Du; die Ich-Entwicklung ist nicht denkbar ohne die Einflüsse, die mit dem Zusammengehören der Brüder zu tun haben. So jedenfalls erscheint es in der Selbstwahrnehmung des verschwisterten Jakob Grimm.

Über dieses Beispiel hinaus läßt sich wohl sagen: Für Kinder, die mit Geschwistern aufwachsen, können diese eine wichtige Bedeutung erlangen für die Ich-Entwicklung; diese Aussage ist als eine Variation der Feststellung zu sehen, zwischen Geschwistern sei das Erzieherische am Werk. Dabei finden wir natürlich nicht immer eine so enge Ko-Evolution wie im Falle der Brüder Grimm, nicht immer werden die Beziehungen so harmonisch sein bzw. als so harmonisch stilisiert erscheinen; nur selten werden die Betten so nahe beieinander bleiben vom Kinderzimmer bis zum Friedhof wie bei den Brüdern Grimm.

Ich schließe einige Fragen an, die Beachtung verdienen, nur Fragen, ohne hier eine Antwort zu versuchen:

– Die Bedeutung von Geschwistern für Geschwister wird gesteigert bei Zwillingen, insbesondere bei eineiigen Zwillingen; folgt daraus, daß in dieser Konstellation das Erzieherische besonders stark wirksam wird?
– Oder ist es gerade der Alters*unterschied*, der dem Erzieherischen in Geschwisterbeziehungen Profil und Gewicht gibt?
– Und wenn wir den Altersunterschied nehmen: zeigt sich das Erzieherische im Handeln und Verhalten der älteren gegenüber den jüngeren oder auch umgekehrt im Handeln und Verhalten der jüngeren gegenüber den älteren Geschwistern? Oder sollten wir sagen: Das Handeln und Verhalten in einer durch Altersunterschiede geprägten Geschwistergruppe wird in sich selber als Erzieherisches wirksam für die jeweils Beteiligten?
– Wenn ein behindertes Kind in der Familie lebt, was ergibt sich daraus für die Bedeutung von Geschwistern für Geschwister, für das Erzieherische in Geschwisterbeziehungen?
– Wenn wir sagen: Geschwister haben Bedeutung, auch erzieherische Bedeutung für Geschwister, schließt das ein, daß Geschwister eine krankmachende Bedeutung füreinander haben können? Oder anders gefragt: Inwieweit ist Geschwistererziehung ein Thema der Kinder- und Jugendpsychiatrie?

– Einzelkinder wachsen ohne Geschwisterbeziehungen und Geschwistererziehung auf. Was entgeht ihnen, und was bleibt ihnen erspart? Kann
das, was sie mit Geschwistern nicht erfahren können, ersetzt werden
durch die Erfahrungen in der altersgemischten Gruppe im Kindergarten
bzw. durch klassenübergeifenden Unterricht, wie er derzeit in Grund-
schulen in Baden-Württemberg erprobt wird? Oder gibt es wiederum
spezifische Unterschiede zwischen der altersgemischten Geschwistergruppe und der altersgemischten Kindergruppe außerhalb der Familie?
Wie lassen sich diese Unterschiede beschreiben?

Meiner Argumentation in dieser ersten Annäherung haftet etwas Proble-
matisches an. Sie dehnt den Begriff der Erziehung unendlich aus: Jeder, der
Bedeutung hat, „erzieht". Das heißt also zum Beispiel auch: Die Gattin
„erzieht" den Gatten und umgekehrt der Gatte die Gattin, wenn und solange sie für ihn und er für sie Bedeutung hat. Einmal abgesehen davon,
daß das ja stimmt, bleibt doch ein Unbehagen: Nicht in dem Gefühl des
lebenslang Erzogenwerdens, sondern deshalb, weil im allgemeinen Verständnis Erziehung in erster Linie meint: Pflege, Betreuung, Hilfe und
Anregung zum Erwachsenwerden von Kindern. So ganz sollten wir uns
vielleicht doch nicht von dem Begriff der Erziehung verabschieden, der in
der Pädagogik dominant ist. In dieser Perspektive lautet mein zweites Argument: Geschwister können für Geschwister eine spezifische, im engeren Sinne erzieherische Bedeutung haben.

Ein bißchen Über-Ich oder: Geschwister als Fortsetzer und Stellvertreter elterlicher Erziehungstätigkeit

Geschwistern (in der Regel den älteren) werden häufig erzieherische Rollen gegenüber Geschwistern (in der Regel den jüngeren) zugeschrieben,
und Geschwister nehmen solche Rollen häufig wahr, übrigens unabhängig
davon, ob es diese Zuschreibung wirklich gibt und ob sie den Eltern und
den Kindern bewußt ist
Ich beginne mit Beispielen der bewußten Zuschreibung und Wahrnehmung:

Ja, ich habe immer ein Kind hüten müssen, schon wo ich sechs Jahre alt gewesen
bin. Da habe ich immer hinstehen müssen und einen Brei kochen. (…) Das ist
noch ein kleines Kind gewesen und hat so einen großen Wagen gehabt, daß ich
nicht einmal hineingesehen hab', dann hab' ich nicht einmal gewußt, wann ich

ihn einmal umschmeisse. Und wenn danach das Wetter war, hat sie einfach mit aufs Feld müssen. Und dann habe ich immer dem Kind einen Brei machen müssen.

Im Sommer, da hat man ran müssen. Da sind die Eltern gegangen. Wir haben sogar mal eine Wiege gehabt für die Kleinen. Und da wollte man doch auch zu den Kameraden hinaus und die Mädchen zu ihren ‚Gespielen‘, so hat man damals gesagt. Da hatte man so ein Band, und das hat man an die Wiege hingebunden, die hat so Gitterle gehabt, daß er nicht rausfallen konnte. Da hat man es hingebunden und durchs Fenster rausgezogen, und dann hat man nur als (gelegentlich) immer wieder von der Gasse aus gezogen. Damit man auch bei den anderen war.

Ich habe meinem jüngeren Bruder auch manchmal einen Stein auf den Rock gelegt, wenn die anderen Ball gespielt haben. So einen großen Bachstein. Den konnte man gar nicht lupfen (heben), den mußte man wargeln (rollen).

Diese Beispiele stammen aus Lebenserinnerungen an ländliche Kindheit zu Beginn dieses Jahrhunderts (vgl. Mutschler 1985, S. 46). Unschwer ließen sich Äquivalente und Variationen solcher Formen der Geschwistererziehung in heutigen Familien finden, insbesondere in Familien, wo Eltern längerfristig oder gar chronisch krank oder für eine tages- oder lebenszeitlich längere Frist abwesend sind oder in Familien, in welchen es ein behindertes oder chronisch krankes Kind gibt. Aus Untersuchungen über den Betreuungsalltag von Vorschulkindern wissen wir, daß ältere Geschwister wichtige Betreuungspersonen sind (vgl. Tietze/Roßbach 1991). Kennzeichnend für die beschriebenen Formen der Geschwistererziehung ist, daß älteren Kindern eine spezifische, im engeren Sinne erzieherische Bedeutung und Rolle gegenüber jüngeren Kindern zugeschrieben wird: Sie werden zu Fortsetzern und Stellvertretern der elterlichen Erziehungstätigkeit; sie, das heißt im allgemeinen: ältere Schwestern. In abgeschwächter und zugleich eher generalisierbarer Form kommt diese Konstellation in der folgenden Szene zum Ausdruck:

Eine ältere Frau, Mutter von fünf Kindern, hört sich die Klagen einer Enkeltochter über die Erziehungsprobleme mit ihren zwei Kindern an. Und sie sagt: „Ihr solltet eben mehr Kinder haben. Dann ist alles leichter.“

Geschwister können offensichtlich für Geschwister eine im engeren Sinne erzieherische Bedeutung haben, die etwas anderes ist als die allgemeine Bedeutung für einander, von der ich anfangs gesprochen haben.

Was mich an der Geschwistererziehung im engeren Sinne interessiert, ist die Frage, welche Folgen sie für die Dynamik der Geschwisterbeziehungen hat: Ist es so, daß durch das die Elternerziehung fortsetzende und stellvertretende Handeln einer Schwester oder eines Bruders der Geschwisterbeziehung etwas verloren geht, was die Besonderheit von Beziehungen zwischen Gleich- oder Ähnlichaltrigen ausmacht: der gemeinsame Aufbau einer eigenen Kinderwelt, die sich auch als Gegenwelt zur Welt der Erwachsenen begreift? Ist es so, daß sich Kinder an ihren erziehenden Geschwistern in ähnlicher Weise abarbeiten müssen wie an ihren Eltern? Ist es so, daß Geschwister-Erzieher Probleme damit haben, daß sie gegenüber (jüngeren) Geschwistern ein bißchen Über-Ich repräsentieren dürfen oder müssen? Auch hierzu, insbesondere zur letzten Frage, will ich ein lebensgeschichtliches Zeugnis zitieren, um zu zeigen: Ja, das kann sein, es kann, es muß nicht:

> Wenn ich vor der Frage ‚Kinder oder keine Kinder' stehe, muß ich wohl bei meiner eigenen Kindheit anfangen.
> Ich bin das älteste von neun Kindern. Achtzehn Jahre lang bekam meine Mutter regelmäßig alle zwei Jahre ein Kind, das sie dann ein, zwei Jahre bei sich behielt, um es anschließend, bis es erwachsen war, ihrer eigenen Mutter zu überlassen. Wir waren das Musterbeispiel einer schwarzen Großfamilie.
> Ich erinnere mich, daß ich mich oft darüber geärgert habe, daß wir so viele waren.
> Als Älteste mußte ich bei der Betreuung meiner Geschwister helfen. Etwa von meinem zwölften Lebensjahr an war ich dafür verantwortlich, daß sie gekämmt waren, ihre Betten gemacht und ihre häuslichen Pflichten erledigt hatten. Manchmal mußte ich durchgreifen. Meine Aufgabe war deshalb sehr schwierig, weil ich, die ich ja selbst nicht viel älter war als die meisten von ihnen, zwischen der Rolle einer Mutterfigur und der der großen Schwester, die ihnen doch schließlich nichts zu befehlen hatte, hin- und hergerissen war.
> Als ich auf die Zwanzig zuging, hatte ich die Mutterrolle satt. Ich machte meiner Mutter Vorwürfe deswegen. Ich nahm es ihr übel, daß sie keinen besseren Weg gefunden hatte, als uns alle in die Welt zu setzen und sich nicht richtig um uns zu kümmern.
> So wurde sie, in diesem und in manchen anderen Punkten, für mich zum abschreckenden Beispiel. Ich war fest entschlossen, es besser zu machen. Ich wollte nicht, daß durch Kinder wieder eine Situation entstehen würde, wie wir sie erlebt hatten (vgl. Hanika u.a. 1989, S. 57).

Hier spricht eine Geschwister-Erzieherin, eine Älteste, eine Eltern-Stellvertreterin in Sachen Erziehung im engeren Sinne. Ihr lebensgeschichtliches Zeugnis zeigt: Erziehungstätigkeit stellt für zwischenmenschliche Beziehungen einen gewichtigen Risikofaktor dar. Das soll ja auch für Eltern-Kind-Beziehungen gelten.

Was hier als Eltern-stellvertretendes und -fortsetzendes erzieherisches Handeln bezeichnet wird, ist weitgehend identisch mit dem am Beispiel von Geschwistern chronisch kranker Kinder entwickelten Begriff der „Parentifizierung".

Damit ist aber ein anderes Extrem berührt: Geschwistererziehung zerfließt nicht im Unendlichen des Für-einander-Bedeutung-Habens, sondern gewinnt Gestalt in ihrer Strukturähnlichkeit mit Elternerziehung. Zwischen diesen beiden Extremen will ich zwei weitere Zugänge skizzieren, um zu erkunden, worin denn das Besondere des Erzieherischen zwischen Geschwistern liegen könnte, des Erzieherischen in jenem weiten Begriff, zu dem ich mich bekannt habe, und bezogen primär auf die Lebensphasen Kindheit und Jugend. Die beiden extremen Sichtweisen taugen dafür nicht. Denn einerseits haben Geschwister für einander nicht eine beliebige Bedeutung, vielmehr wachsen sie in wechselseitige Beziehungen hinein, die – im Unterschied zu den Beziehungen mit anderen Kinden – nicht frei gewählt und nicht aufkündbar sind und die außerdem von dem ebenfalls auf Dauer gestellten gesamten Beziehungssystem, vom „Beziehungsdreieck" einer Familie geprägt werden. Andererseits aber sind Geschwister niemals nur Eltern-vertretende oder -ersetzende Erzieher, sondern Kinder unter Kindern.

In der schon einmal zitierten Rede von Jakob Grimm wird der Strukturunterschied zwischen Geschwisterbeziehungen und Eltern-Kind-Beziehungen treffend charakterisiert:

> Eltern und Kindern leben nur ein halbes Leben miteinander, Geschwister ein ganzes. Der Sohn hat seines Vaters Kindheit und Jugend nie gesehen, der Vater nicht mehr seinen Sohn als reifer Mann und Greis erlebt. Eltern und Kinder sind sich also nicht volle Zeitgenossen, das Leben der Eltern sinkt vornen in die Vergangenheit und das der Kinder steht hinten in die Zukunft; aber Geschwister, wenn ihr Lebensfaden nicht zu früh abgeschnitten wurde, haben zusammen als Kinder gespielt, gehandelt als Männer und nebeneinander gesessen bis ins Alter. Niemand weiß folglich besser Bescheid zu geben als vom Bruder der Bruder, und diesem natürlichen Verhalt hinzu tritt noch ein sittlicher. Der Vater vom Sohne redend wird sich seiner Gewalt über ihn stets bewusst bleiben, der Sohn Zeugnis vom Vater ablegend der gewohnten Ehrfurcht nie vergessen. Geschwister aber stehen untereinander, ihrer wechselseitigen Liebe zum Trotz, frei und unabhängig, so daß ihr Urteil kein Blatt vor den Mund nimmt. (Grimm 1860/1956, S. 39f.)

Es sind zwei Argumente, die hier für die besondere Bedeutung der Geschwister vorgebracht werden: die Dauer der gemeinsam verbrachten Lebenszeit und der soziale Charakter der Beziehung. Im Hinblick auf beide Argumente läßt sich sagen, daß sie zwar zeitlos Gültiges benennen, daß sie aber infolge von Prozessen des sozialen Wandels relativiert worden sind.

Zwar ist es in aller Regel der Fall, daß Eltern vor den Geschwistern sterben; die erhebliche Verlängerung der durchschnittlichen Lebenserwartung aller Gesellschaftsmitglieder, die seit 1860 (dem Zeitpunkt der Rede von Jacob Grimm) eingetreten ist, hat indes zu einer starken Verschiebung der Anteile der mit Eltern bzw. Geschwistern verbrachten Lebenszeit geführt: Eltern und Kinder erleben sich mittlerweile nicht mehr nur „ein halbes Leben" lang, sondern, je nach dem Heiratsalter der Eltern, zwischen drei Vierteln und vier Fünfteln der Lebenszeit. Die Kennzeichnung der Geschwisterbeziehung – dies betrifft das zweite Argument von Jacob Grimm – als überwiegend symmetrisch im Unterschied zu der überwiegend asymmetrisch bestimmten Eltern-Kind-Beziehung trifft prinzipiell zeit- und kulturübergreifend zu. Andererseits haben die Erörterungen zur Geschwistererziehung gezeigt, daß auch Geschwisterbeziehungen Elemente der Asymmetrie enthalten können. Noch wichtiger erscheint indes der geschichtliche Wandel des sozialen Charakters der Eltern-Kind-Beziehungen: Sie hat immer mehr symmetrische Strukturmerkmale angenommen; aus der elterlichen „Gewalt" ist, in der Sprache des Rechts formuliert, die elterliche „Sorge" geworden, aus dem „Befehlshaushalt" ist, in den Termini einer der vielen in die gleiche Richtung weisenden sozialwissenschaftlichen Untersuchungen, immer mehr ein „Verhandlungshaushalt" geworden (vgl. Du Bois-Reymond u.a. 1994).

Dieses Beispiel steht für das Spannungsverhältnis zwischen Kontinuität und Wandel des Kindseins, es zeigt, daß wir ein Nebeneinander – sowohl im Sinne von sozialer Ko-Existenz als auch im Sinne von zeitgeschichtlicher Gleichzeitigkeit – von Kontinuität und Wandel sozialer Strukturen und Beziehungen annehmen müssen, wenn wir die Bedingungen des Aufwachsens von Kindern in heutigen Gesellschaften angemessen verstehen wollen.

Ich suche also erste Antworten auf die Frage, worin das Besondere des Erzieherischen zwischen Geschwistern liegen könnte.

Vorläufige Phänomenologie des Erzieherischen zwischen Geschwistern oder: Wie Geschwister von Geschwistern „erzogen" werden

Wenn Geschwister von Geschwistern „erzogen" werden, wie geschieht das? Ich beginne wieder mit einem Beispiel:

> „Sag etwas, was du gern sein möchtest." ...
> „Weißt du, was ich gern sein möchte?" fragte ich. „Weißt du, was ich sein möchte? Ich meine, wenn ich die Wahl hätte?"
> „Was, fluch nicht so."
> „Kennst du das Lied, ‚Wenn einer einen anderen fängt, der durch den Roggen läuft'? ich wäre gern -"
> „Es heißt ‚Wenn einer einen anderen trifft, der durch den Roggen läuft'"! sagte Phoebe. „Das ist ein Gedicht von Robert Burns."
> „Das weiß ich auch, daß es ein Gedicht von Robert Burns ist."
> Sie hatte aber ganz recht. Es heißt , Wenn einer einen anderen trifft, der durch den Roggen läuft'. Damals wußte ich das allerdings noch nicht.
> „Ich dachte, es hieße ‚Wenn einer einen anderen fängt'", sagte ich. „Aber jedenfalls stelle ich mir immer kleine Kinder vor, die in einem Roggenfeld ein Spiel machen. Tausende von kleinen Kindern, und keiner wäre in der Nähe – kein Erwachsener, meine ich – außer mir. Und ich würde am Rande einer verrückten Klippe stehen. Ich müßte alle festhalten, die über die Klippe hinauslaufen wollen – ich meine, wenn sie nicht achtgeben, wohin sie rennen, müßte ich vorspringen und sie fangen. Das wäre alles, was ich den ganzen Tag lang tun würde. Ich wäre einfach der Fänger im Roggen. Ich weiß schon, daß das verrückt ist, aber das ist das einzige, was ich wirklich gern wäre. Ich weiß natürlich, daß das verrückt ist."
> (Salinger 1962, S. 215ff.)

Ausgehend von dieser einem Roman entnommenen Beschreibung lassen sich einige Vermutungen darüber anstellen, wie Erziehung zwischen Geschwistern – in Abhängigkeit natürlich vom Alter, vom Altersabstand und vom Geschlecht – abläuft:

- Geschwister erzählen sich Wahrheiten, Wünsche, Phantasien, Verrücktheiten – „Ich wäre einfach der Fänger im Roggen" –, die sie ihren Eltern nicht erzählen;
- sie geben und nehmen Kritik, wie sie nur zwischen Menschen mit gleichem und ähnlichem Status möglich ist („Es heißt: ‚Wenn einer einen anderen trifft, der durch den Roggen läuft");
- sie streiten sich und versöhnen sich wieder in einer Weise, die in Kind-Eltern-Beziehungen nicht so leicht ist;

– sie entwickeln und verändern Regeln und Rituale des Umgangs, die nur
für sie gelten;
– sie spielen miteinander und entwickeln auch dafür Regeln;
– sie erfinden und benutzen eine private, geheime Sprache, die nur sie
verstehen, und verulken die Erwachsenensprache oder auch die Sprache
der religiösen Feste („Macht hoch die Tür/die Tor macht auf/es kommt
der Herr/im Dauerlauf");
– sie haben und hüten gemeinsame Geheimnisse;
– die reden über ihre Eltern und die elterliche Erziehung und verabreden
sich, wie sie auf die nächste absehbare Erziehungsmaßnahme reagieren.

Von der Frage: Wie Geschwistererziehung geschieht zur Frage: Was dabei
gelernt wird.

Curriculum der Geschwistererziehung oder: Was lernen Geschwister von Geschwistern?

Zum Beispiel: Streiten, Konflikte austragen, Regeln und Normen aushan-
deln, und zwar unter einer Rahmenbedingung, die sich von anderen Gleichaltrigenbeziehungen unterscheidet: die Unkündbarkeit der Beziehung;
ich bleibe Bruder und Schwester mein Leben lang. Das heißt aber auch,
daß gelernt werden kann, daß Streit und Konflikte eine dauerhafte Bindung nicht auf's Spiel setzen müssen.

Zum Beispiel: Zusammenhalten, Solidarität und Gegenmacht entwik-
keln; Geschwister können sich zusammentun und gegen bestimmtes elter-
liches Verhalten rebellieren; sie können verabreden, wie auf die nächste
Erziehungsmaßnahme der Eltern zu reagieren ist. Es kann hier, wie in der
Kindergruppe außerhalb der Familie, gelernt werden, wie man Wider-
stand organisiert.

Zum Beispiel: Vertrauen, Verläßlichkeit, Bewahrung von Geheimnis-
sen; Geschwister können zu den ersten und besten (auch lebenslangen)
Freunden und Freundinnen werden. In der Geschwistergruppe kann für
einander das Risiko abgebaut werden, daß durch die Erziehungstätigkeit
der Eltern das Selbstwertgefühl eines Kindes verletzt wird.

Zum Beispiel: Einführung in eine geistige Welt; Geschwister können
mit ihren ausgebildeten Interessen Geschwister anstecken.

Zum Beispiel: Erfahrung der Dynamik des Geschlechterverhältnisses;
Geschwister können zum Vorbild, freilich auch zum Schreckbild des
künftigen Partners bzw. der Partnerin werden.

Zum Beispiel: Die Bewältigung neuer Lebenssituationen, etwa die Bewährung in der fremden Welt der Schule oder, nach einer Migration, in der Welt einer fremden Kultur. Geschwister können zu Lotsen werden in schwierigem Gewässer.

Schluß

All dies sind Impressionen, Vermutungen, voreilige Schlüsse aus Erinnerungen an den eigenen Kinderalltag und an Gelesenes – keine gesicherten Befunde, kein erziehungswissenschaftlicher Wissensbestand. Dennoch: Die Frage, *ob* Geschwister von Geschwistern „erzogen" werden, läßt sich wohl mit Ja beantworten, in Abhängigkeit davon freilich, was unter „Erziehung" verstanden wird. Die Frage, *wie* Geschwister von Geschwistern erzogen werden, verlangt eine komplexe Antwort: Es geschieht einfach dadurch, daß Geschwister Bedeutung für einander haben, eine je bestimmte und individuelle natürlich, im Sinne von „funktionaler Erziehung", von „Sozialisation"; es geschieht zweitens dadurch, daß Geschwister elterliche Erziehungstätigkeit fortsetzen, daß sie stellvertretend oder sogar ersetzend elterliche Betreuungs- und Erziehungsaufgaben wahrnehmen; und dadurch, daß Geschwister eine eigene Kinderwelt bauen und sich darin einander beeinflussen und aneinander entwickeln. Die zuletzt genannte Form der Geschwistererziehung scheint mir die wichtigste und pädagogisch interessanteste zu sein: Sie unterscheidet sich wesentlich von der Elternerziehung, während sie vieles Ähnliche zeigt zur Gleichaltrigenerziehung, über die die Erziehungswissenschaft übrigens viel mehr weiß als über Geschwistererziehung (vgl. z.B. Krappmann 1991).

Meine Stichworte zur Phänomenologie und zum Curriculum der Geschwistererziehung sind vielleicht etwas einseitig ausgefallen, einseitig positiv. Kain und Abel sind ganz in den Hintergrund getreten, auch habe ich z.B. die in der psychoanalytischen Literatur vertretene Verführungstheorie nicht aufgegriffen. Stattdessen ist skizzenhaft ein Bild entstanden, nach dem in der Geschwistererziehung besondere Chancen liegen, Chancen zur Entwicklung dessen, was Piaget (1932/1973) kooperative Moral genannt hat und als deren Ort er die Gruppe der Gleichaltrigen gesehen hat, einer Moral der Gegenseitigkeit, die die einseitige Abhängigkeit, die im Kind-Eltern-Verhältnis vorgegeben ist, hinter sich läßt. Diese konstruktive Sicht der Geschwistererziehung ist mir sympathisch; das hat wohl mit einer optimistischen Lebenseinstellung zu tun, und diese wiederum mag bedingt sein durch glückliche Gene, aber vielleicht auch dadurch, daß ich in herausfordernden Geschwisterbeziehungen aufgewachsen bin.

LITERATUR

Bernfeld, S.: Sisyphus oder die Grenzen der Erziehung (1925). Frankfurt 1967.

Buber, M.: Über das Erzieherische (1925). In: Ders.: Reden über Erziehung. Heidelberg 1953.

Du Bois-Reymond, M. u.a.: Kinderleben. Modernisierung von Kindheit im interkulturellen Vergleich. Opladen 1994.

Grimm, J.: Rede auf Wilhelm Grimm (1860). In: Ders.: Sprache, Wissenschaft, Leben. Stuttgart 1956.

Hanika, A. u.a. (Hg.): Kinder – (k)ein Wert. Wien 1989.

Krappmann, L.: Sozialisation in der Gruppe der Gleichaltrigen. In: Neues Handbuch der Sozialisationsforschung, hg. von K. Hurrelmann und D. Ulich, Weinheim 1991, S. 355–375.

Macha, H./Mauermann, L. (Hg.): Brennpunkte der Familienerziehung. Weinheim 1997.

Mollenhauer, K./Brumlik, M./Wudtke, H.: Die Familienerziehung. München 1975.

Mutschler, S.: Ländliche Kindheit in Lebenserinnerungen. Tübingen 1985.

Paetzold, B./Fried, L. (Hg.): Einführung in die Familienpädagogik. Weinheim 1989.

Piaget, J.: Das moralische Urteil beim Kinde (1932). Frankfurt 1973.

Salinger, J.D.: Der Fänger im Roggen. Köln 1962.

Schleiermacher, F.: Die Vorlesungen aus dem Jahre 1826. In: Ders.: Pädagogische Schriften, hg. von E. Weniger, Band 1, Düsseldorf 1957.

Schütze, Y.: Geschwisterbeziehungen, in: Nave-Herz, R./Markefka, M. (Hg.): Handbuch der Familien- und Jugendforschung, Band I: Familienforschung, Neuwied 1989, S. 311–324.

Schwarz, K.: In welchen Fällen wachsen die Kinder und Jugendlichen in Deutschland auf?, in: Zeitschrift für Bevölkerungswissenschaft, 20. Jg. 1995, S. 271–292.

Tietze, W./Roßbach, H.G.: Die Betreuung von Kindern im vorschulischen Alter. In: Zeitschrift für Pädagogik, 37. Jg., 1991, 555–579.

III. Phantasierte Geschwister und „Geschwister im Geiste": tiefenpsychologische, theologische und ethische Aspekte

Geschwisterphantasien – Phantasiegeschwister

von Reinhard Fatke

„Geschwister sind Realität, sind Phantasie, sind Metapher" (Ley 1995, S. 7). – Im Mittelpunkt des üblichen Interesses sowohl von Eltern und Erziehern als auch von Psychologen, Psychiatern und Therapeuten steht vorrangig die *Realität* von Geschwistern und dabei in der überwiegenden Zahl der Fälle – in der alltäglichen erzieherischen und therapeutischen Praxis wie auch in der entsprechenden Fachliteratur – die *Rivalität* unter ihnen (siehe z.b. Endres 1984; Franzen/Penth 1992; Kasten 1998; Petri 1994)[1].

Geschwister als *Phantasie* (wie auch als Metapher) findet man als Thema der Fachliteratur jedoch eher selten – wenn man einmal von den klinischen Fallberichten absieht. In ihrer hauptsächlichen Ausrichtung konzentriert sich die Kinderforschung, die sich mit der Humanentwicklung beschäftigt, in der Regel auf das, was operationalisierbar ist, mit empirischen Instrumenten erfaßbar, im Experiment evozierbar, in der Wirkung unmittelbar nachweisbar sowie, insbesondere im schulischen Bereich, lehrbar ist. Alles andere jedoch – und dazu gehören vor allem Phänomene der Phantasietätigkeit – gehört normalerweise nicht zum Themenspektrum der empirischen Erforschung des Kinderlebens (siehe dazu z.b. Fatke 1997).

Doch fragen wir genauer, was das heißen soll: Geschwister als Phantasie. Sind damit fiktive Darstellungen von Geschwisterbeziehungen gemeint, wie wir sie in Romanen, Novellen, Gedichten, Dramen und Opern, aber auch in Volkserzählungen, Mythen und Märchen finden? Ja, auch dabei handelt es sich um Geschwisterphantasien; aber damit beschäftigt sich der vorliegende Beitrag nicht. Statt dessen geht es hier um Geschwister, die Kinder in ihrer Phantasie erfinden und die dann – zumindest für eine gewisse Zeit – Teil ihrer psychischen Realität werden. Genauer gesagt, soll im folgenden der Frage nachgegangen werden, wie Kinder imaginäre Figuren schaffen und gestalten, die in ihrem Erleben die Bedeutung von Geschwistern haben, und ferner gefragt werden, welche Funktion und Bedeutung diese Geschwisterphantasien bzw. phantasierten Geschwister als solche für die Lebenswelt der Kinder, genauer: für ihre Selbstwerdung

haben. Ich will also nicht die Unterschiede zwischen realen und phantasierten Geschwistern untersuchen, sondern vielmehr versuchen – und das
ist die These und der vorweggenommene Ertrag der folgenden Ausführungen –, folgendes plausibel zu machen:

*Geschwisterphantasien sind, trotz aller Irrealität, für Kinder ein reales
Potential, das sie eigenaktiv erschaffen und nutzen, um ihre Lebensthemen
zu bearbeiten und so ihre Selbstwerdung zu befördern.*[2]

Es gibt durchaus unterschiedliche Gestaltungsformen von Geschwisterphantasien, die Kinder hervorbringen und die schon als solche die Vielfäl-
tigkeit und die Reichhaltigkeit kindlicher Ausdrucksformen deutlich machen. Ich will mich hier auf drei Formen kindlicher Geschwisterphantasien
beschränken: (1) auf Phantasien, die um reale Geschwister herum gewo-
ben werden, (2) auf Phantasiegeschichten, die die Geschwisterbeziehung
zum Thema haben und in denen reale Geschwister auf den ersten Blick gar
nicht erkennbar sind, und (3) auf imaginäre Geschwisterfiguren.

Phantasien um reale Geschwister

Kinder können in Tagträumen – und in Nachtträumen ohnehin – oder in
selbsterfundenen Geschichten ihre realen Geschwister in imaginäre Ge-
schehnisse einbetten, in denen vor allem – wie es vorrangiges Merkmal der
Phantasiebetätigung ist – eigene Themen gestaltet werden (siehe Fatke
1983). Zur Veranschaulichung dient das folgende Beispiel von der siebenjährigen Meike:

> Es war einmal ein kleines Mädchen. Es hatte eine saublöde Schwester. Die
> Schwester war in einen verknallt, in einen Jungen, der Thorsten hieß. Und er
> liebte sie auch sehr, und plumps, gab sie ihm einen Kuß. – Sie gingen beide in eine
> Rockerstube, und dann sagte der Thorsten: ‚Hier hast ’ne Zigarette.‘ Und dann
> gab schnell die Stefanie ihm noch einen Kuß und bedankte sich. Thorsten aber
> rutschte auf dem Stuhl herum und dachte: ‚Soll ich sie heiraten oder nicht?‘ Und
> dann kam ihm ein großer Gedanke entgegen. Und wie hieß wohl der Gedanke?
> Und schnell gab er der Stefanie wieder einen Kuß. Und dann dachte er wieder:
> ‚Ich geh mal aufs Männerklo mit ihr.‘ Und dann brachte er Stefanie bei, wie die
> Männer scheißen. Und dann sagte er zur Stefanie: ‚Ich habe dich so lieb, daß du
> jetzt immer mit mir kommen mußt. Du mußt mir natürlich zugucken, wie ich ins
> Klo scheiße. Jeden Tag um fünf Uhr bringe ich dir richtig bei, wie die Jungen ins
> Klo scheißen.‘ – Dann gingen sie wieder raus und gaben sich schnell noch einen
> Kuß, bevor sie ins Wirtschaftszimmer kamen. Dann fing die ganze Wirtschaft
> plötzlich an zu lachen, weil die Türe halb offen stand. Und dann hatten sie gese-
> hen, daß sie sich einen Kuß gegeben haben. […]

Das Thema dieser Geschichte ist bestimmt von den beim Kind Unruhe auslösenden Beziehungen ihrer Schwester zu einem Freund und von den Sorgen der Eltern darüber, daß mit der Tochter in sexueller Hinsicht etwas „passieren" könnte. Was „passieren" kann, ist dem erzählenden Kind noch verborgen, aber es weiß, daß es mit etwas zu tun hat, das so sehr „privat" und „heimlich" ist, wie es für das Kind nur die Ausscheidungsvorgänge auf der Toilette sind. Also macht es sich auf seine Weise einen „Reim" auf die Beziehungen zwischen seiner Schwester und deren Freund.

Hineingemischt in diese Thematik ist eine offen zutage liegende Spannung zwischen den beiden Schwestern. Tägliche Auseinandersetzungen sind offenbar aggraviert worden dadurch, daß die Schwester jetzt einen Freund hat und damit der Geschwisterbeziehung spürbar entwächst. Trauer, Verlassenheitsangst, Rivalität, Neid, Enttäuschung und Wut mischen sich miteinander. Deshalb ist die Schwester in der Geschichte „saublöd", deshalb muß sie mit aufs Männerklo (was als eine Demütigung anzusehen ist), deshalb geht es dort auf der Toilette nicht um Erotisches oder Sexuelles, sondern drastisch ums „Scheißen". Und deshalb, gleichsam als Höhepunkt, wird sie am Schluß von der ganzen Wirtschaft auch noch ausgelacht – interessanterweise aber, etwas abgemildert von der Erzählerin, nicht für die Unanständigkeit der Demonstration, sondern dafür, daß die beiden sich geküßt haben.

Thematisierung der Geschwisterbeziehung in Phantasiegeschichten

Der häufigere Fall der Gestaltungsformen von Geschwisterphantasien, insbesondere bei jüngeren Kindern, ist der, daß die realen Personen aus der Lebenswelt des Kindes ins Symbolische transformiert werden und dann, ähnlich wie im Märchen, als Tiere oder belebte Gegenstände in einer Phantasiegeschichte wiederkehren. Da hier die Verfremdung durch das Medium des Symbolischen noch stärker ist, ist es zugleich auch, psychologisch betrachtet, ungefährlicher für das Kind. Zur Veranschaulichung kann das folgende Beispiel vom sechsjährigen Arnold dienen:

> Da war einmal ein Affe, da war da ein Bär auch noch. Der hat Bananen gesucht. Und der Affe hat auch Bananen gesucht, und dann haben beide sich immer getroffen. Und wenn sie Bananen gesehen haben, haben sie sich gestritten. Dann ist da noch ein Affe gekommen und hat ihnen die Bananen weggenommen. Und dann war das größte Geschrei los. Dann haben sie gestritten, und dann sind sie

wieder auseinandergegangen. Und dann haben sie wieder Bananen gesehen. Und dann haben sie sich wieder gestritten. Und dann war das immer so. Und dann waren sie auf einmal ganz wütend gegen den Affen. Und dann haben sie sich als Feinde gestellt gegen den großen Affen. Und dann hat der Gorilla sie gelegt, und dann ist auf einmal der eine Affe auch ein Gorilla geworden. Und dann hat der eine Affe, der Gorilla geworden ist, der hat die Bananen von dem anderen Gorilla geholt. Und dann haben sie ein schönes Fest gemacht. Und dann war's aus.

In dieser Geschichte bearbeitet Arnold die seelischen Kränkungen, die ihm in der täglichen Auseinadersetzung mit seinem zwei Jahre älteren und stärkeren Bruder zugefügt werden. Vordergründig geht es um den Besitz von etwas – wie im Alltag der Kinder auch. Hintergründig jedoch geht es um die Stillung eines Grundbedürfnisses, wobei die Nahrung hier durchaus symbolisch im Sinne von Zuwendung verstanden werden kann. In den rivalisierenden Streit um diese Zuwendung ist auch noch ein Dritter, noch Größerer und Stärkerer verwickelt, unschwer erkennbar als der Vater. Arnold nun rettet sich aus seinem ödipalen Konflikt durch die Gestaltung einer möglichen Lösung des Problems in symbolischer Form, und zwar indem er zusammen mit dem Bruder einträchtig gegen die größere Bedrohung vorgeht. Einstweilen jedoch kann diese größere Bedrohung noch nicht abgewehrt werden. So wird ein – freilich auf magische Weise zustandekommendes – Größer- und Stärkerwerden und damit ein Ebenbürtig-Sein gleichsam antizipatorisch entworfen, wodurch die zuvor überlegene Macht ausgeschaltet wird. Obendrein wird dieser Sieg noch gebührend gefeiert.

Für diesen Typus von Geschwisterphantasie in erfundenen Geschichten sei noch ein weiteres Beispiel herangezogen; es stammt von einem siebenjährigen Mädchen:

> Es war einmal eine Mutter, die hatte zweihundert Kinder. Die eine Hälfte war lieb, die andere bös. Die Mutter hatte die bösen Kinder viel lieber als die lieben. Sie jagte die hundert lieben weg und schickte sie in den Wald, Beeren zu sammeln. Den anderen hundert Kindern gab sie Geld, daß sie sich etwas Süßes kaufen konnten. Die lieben Kinder kamen wieder nach Hause und mußten in die Schule gehen. Die bösen Kinder durften daheim bleiben. Sie durften morgens länger schlafen. Die lieben Kinder mußten Kaffee kochen.

Diese Geschichte behandelt das Menschheitsthema von Gut und Böse, und zwar in einer Weise, die sehr direkt ist, durch groteske Elemente (200 Kinder!) auch witzig, vor allem aber durch die unerwartete Umwertung gängiger Werte verblüffend. Man spürt förmlich, wie leid das Mädchen die ständigen Belehrungen darüber ist, wie ein gutes Kind sich zu verhalten habe, und vor allem, wie sehr ihr das ständige Ausgespielt-Werden gegen die offenbar liebere, d. h. von den Eltern bevorzugte Schwester zusetzt. Dem setzt sie nun einfach das genaue Gegenteil entgegen. Jetzt sind es die bösen Kinder, die eine liebevolle Zuwendung erfahren. Auf diese Weise kann in der Phantasie Rache genommen werden an der bei den Eltern beliebteren Schwester, kann der Wunsch nach liebender Zuwendung seitens der Mutter halluzinatorisch erfüllt und kann erkundet werden, wie es wäre, wenn alles einmal ganz anders wäre, als gewohnt: nämlich wenn Gut und Böse, die Grundantinomie unserer Kultur, vertauscht wären; und es kann in der Erkundung ahnend begriffen werden, was es mit diesen Grundwerten überhaupt auf sich hat.

Imaginäre Geschwisterfiguren

Die dritte Gestaltungsform von Geschwisterphantasien, die im folgenden ausführlicher behandelt werden soll, sind die imaginären Geschwisterfiguren bzw. die Phantasiegefährten. Viele Erwachsene erinnern sich noch an diese imaginären Gestalten, die sie viele Kinderjahre hindurch begleitet haben. So findet man denn auch in der autobiographischen Literatur viele Beispiele dieser Art. Und in Beschreibungen (und Deutungen) des Kinderlebens tauchen imaginäre Gefährten ebenfalls häufig auf, oft als menschliche (meist ganz kleine) Figuren, aber häufig auch als Tiere (beispielsweise Löwen, Tiger oder andere starke, wilde, mächtige Tiere). Schließlich verwundert es nicht, daß etliche Kinderbücher dies Motiv aufgegriffen und gestaltet haben (das vielleicht bekannteste unter ihnen dürfte „Karlsson vom Dach" von Astrid Lindgren sein).

Bevor ich näher auf dies Phänomen der Phantasiegefährten eingehe, versuche ich zunächst, eine phänomenologische Bestimmung vorzunehmen: Phantasiegefährten sind imaginäre menschliche oder vermenschlichte Wesen, die über eine längere Zeitspanne hinweg in zusammenhängenden Episoden (Spielen, Geschichten, Tagträumen) so zur Anschauung gebracht werden, daß sie in jeder neuen Episode als dieselben wiedererkannt werden (vgl. auch Weis 1990).

In dieser Bestimmung ist noch nichts über die Bedeutung der imaginären Gefährten für diejenigen, die sie hervorbringen, gesagt. Kliniker denken häufig recht unvermittelt an eine kompensierende Bedeutung, die diese Gestalten für einsame, enttäuschte, gekränkte oder sonstwie seelisch verletzte Kinder haben kann. Und natürlich gibt es aus dem klinischen Bereich genügend Fallgeschichten, die eine solche Sichtweise nahelegen.

Aber dennoch ist diese Sicht einseitig, weil sie nicht die imaginären Gefährten und ganz generell die Phantasien von klinisch nicht auffälligen Kindern gebührend berücksichtigt. Teilweise findet sich diese Sicht übrigens auch in den besorgten Auffassungen von Eltern wieder, die befürchten, ihr phantasierendes Kind könne den Kontakt zur Realität verlieren und würde anfangen zu „spinnen" (wie sie dann sagen), und die dann pädagogisch-psychologischen Rat suchen.

Wenn man das Phänomen bei sog. ganz normalen Kindern untersucht, stellt man fest, daß es eine weitverbreitete Erscheinung ist, die nicht Anzeichen von gesteigerter Unsicherheit oder psychischer Gestörtheit darstellt, sondern, wie wir noch sehen werden, für die Entwicklung und Selbstwerdung des Kindes förderlich ist und deshalb auch pädagogisch gefördert werden sollte.

Im folgenden möchte ich anhand eines Fallbeispiels die Thematik vertiefen[3]. Es handelt sich um einen Jungen, der mit knapp drei Jahren einen regelrechten Phantasiebruder erfindet und diesen über einen Zeitraum von anderthalb Jahren beibehält. Der Junge, ich nenne ihn Christian, ist ein Einzelkind und lebt zusammen mit seinen Eltern in einer Wohnsiedlung am Rande einer schwäbischen Kleinstadt. Der Vater ist Hauptschullehrer, die Mutter Hausfrau, beide sind Mitte dreißig. Es gibt durchaus Anzeichen für eine Überbehütung des Kindes und eine ambivalente Stellung der Eltern gegenüber den Phantasiebetätigungen des Jungen. Die Eltern berichten, der Junge habe Schwierigkeiten, auf andere Kinder zuzugehen und sich durchzusetzen. Ferner teilen die Eltern – genauso wie die Kindergartenerzieherin – mit, daß Christian häufig von jemandem spricht, den er „mein kleiner Bub" nennt. Zum ersten Mal geschah dies kurz vor seinem dritten Geburtstag. Die Eltern sind zunächst etwas irritiert. Sie sagen: „Wir waren uns ja nicht ganz sicher, worauf das ganze hinausläuft. Und deshalb hielten wir es für das beste, es zu übergehen. Also nicht etwa verbieten oder es ihm ausreden; aber wir wollten von unserer Seite auch nichts dazu tun, es zu verstärken."

„Der kleine Bub" ist offensichtlich ein sehr kleiner, unbeholfener und hilfsbedürftiger Junge. Bei Tisch bückt sich Christian nach ihm und sagt: „Komm, kleiner Bub, ich heb dich hoch". Dann setzt er ihn, wie in einer Pantomime, auf einen freien Stuhl neben sich. Diesen Stuhl möchte Christian stets für seinen „kleinen Bub" freigehalten wissen.

Die Hilfsbedürftgkeit, die Unbeholfenheit und die Schwäche sind aber nur die eine Seite. Auf der anderen Seite kommen auch ganz gegensätzliche Merkmale zum Vorschein, etwa wenn Christian ihn als besonders

klug ausgibt. So mischt sich Christian mit Hinweis auf seinen „kleinen
Bub" in die Gespräche der Eltern ein und sagt z.b.: „Das sagt mein kleiner
Bub auch." Oder wenn die Mutter ihn über irgend etwas belehren möchte,
läßt er sie gleichsam „abfahren" mit der Bemerkung: „Das weiß ich schon
vom kleinen Bub." Wenn die Eltern ihn fragen, woher er dieses oder jenes
Wort, z.b. einen etwas unflätigen Ausdruck, habe, antwortet er: „Das hat
mir mein kleiner Bub erzählt."

Gelegentlich kommt es auch vor, daß Christian seinen „kleinen Bub" als
Vorwand oder als Ausrede ins Feld führt. So kam er eines Morgens, nachdem er gerade einige Tage in den Kindergarten gegangen war, zur Mutter
gelaufen, um ihr mit ernster Miene zu vermelden, daß er heute nicht in den
Kindergarten gehen könne, denn sein „kleiner Bub" sei krank und wolle mit
ihm spielen. Die Mutter ging auf seinen Wunsch ein, schickte ihn aber ins
Kinderzimmer zurück. Bald darauf kam Christian erneut zu ihr und bat die
Mutter nun, mit ihm zu spielen. Als die Mutter sich weigerte und vorschlug,
statt dessen in den Kindergarten zu gehen, wo er doch spielen könne,
willigte Christian schließlich, wenn auch nach einigem Lamentieren, ein.

Auch strategisch wird der „kleine Bub" eingesetzt, um Erziehungs-
maßnahmen der Eltern zu unterlaufen. Die Mutter hatte Christian gebe-
ten, die im Kinderzimmer verstreut umherliegenden Spielsachen aufzu-
räumen, und ließ ihn allein im Kinderzimmer zurück. Als sie einige Zeit
danach wieder ins Zimmer kam, sah sie ihn sehr ins Spiel vertieft, ohne daß
er aufgeräumt hätte. Als die Mutter ihn leicht verärgert daran erinnerte,
antwortete er: „Mein kleiner Bub will aber, daß ich alles liegenlasse."[4] –
Süßigkeiten, die Christian hin und wieder erhält, verlangt er stets in einer
nochmaligen Portion für seinen „kleinen Bub".

Brechen wir hier unsere Schilderung von einzelnen Begebenheiten ab
und stellen uns die Frage, wie diese Phantasiegestalt zu verstehen ist und
was sie für Christian bedeuten mag. Zunächst weist die von ihm gefundene
Bezeichnung „mein kleiner Bub" darauf hin, daß es sich um einen phantasierten Bruder handeln muß, denn so wie er von seinen Eltern angeredet
wird, so wird mit derselben Bezeichnung jetzt die phantasierte Gestalt in
die gleiche Position gerückt. Auszuschließen ist, daß Christian hier etwa
ein eigenes Kind phantasiert. Vielmehr ist es komplizierter: Christian stat-
tet den „kleinen Bub" mit den gleichen Merkmalen aus, die seine Eltern
ihm zuschreiben: klein, unbeholfen, hilfsbedürftig; beide sind also gleich
und gehören – wie Geschwister – zusammen.

Gewiß, Christian ist ein Einzelkind und hat in seinem häuslichen Bereich sonst niemanden, mit dem er auf gleicher Stufe interagieren kann.

Aber es wäre verfehlt, diesen phantasierten Bruder jetzt nur als einen Ersatz anzusehen, mit dem er seine Situation als Einzelkind psychisch kompensieren würde. Eine solche Sichtweise würde den Umstand vernachlässigen, daß ein Großteil der Episoden in Gegenwart der Eltern stattfindet. Dabei sind die Eltern Ansprechpartner, zumindest Zuhörer von Christians Äußerungen, so z.B. wenn er seinen „kleinen Bub" für bestimmte Zwecke einsetzt, etwa um seine Vergeßlichkeit zu vertuschen oder nicht in den Kindergarten gehen zu müssen. Bei einem anderen Teil der Episoden lenkt Christian mithilfe seines imaginierten Bruders die Aufmerksamkeit auf sich, etwa wenn er sich mit dem Verweis auf seinen „kleinen Bub" in das Gespräch der Eltern einschaltet. Zu zweit jedenfalls kann man einen stärkeren Widerpart gegen die Eltern bilden – wie reale Geschwister dies auch häufig tun und geradezu zu tun genötigt sind. – Überhaupt ist das Thema der *Verbündung* und des Zusammenschlusses in Geschwisterphantasien (wie auch in realen Geschwisterbeziehungen) mindestens so häufig wie das – viel stärker wahrgenommene und öfter diskutierte – Thema der *Rivalität* (siehe Sohni 1995).

Da Christian als Einzelkind – und das ist die andere Seite seiner Situation – ohnehin im Mittelpunkt seiner Familie steht und jede nur erdenkliche Zuwendung und Fürsorge erhält, wäre es verfehlt, anzunehmen, daß der „kleine Bub" nur dazu dienen soll, noch mehr Aufmerksamkeit von den Eltern zu erhalten. Vielmehr verweist eine Gesamtdeutung des Phänomens in diesem Fall darauf, daß der „kleine Bub" Christian gleichzeitig als Annäherungsversuch und als Ablösungsversuch dient. Bei den Episoden, in denen das Kleinsein des Phantasiegefährten im Vordergrund steht, läßt sich Christians Wunsch, selbst klein zu sein, erkennen: ‚Ich möchte noch getragen und bei Tisch hochgehoben werden, ich möchte noch nicht in den Kindergarten und will lieber zu Hause bei meiner Mutter bleiben, ich will nicht aufräumen müssen usw.' – So könnte der „kleine Bub" für Christian Ausdruck einer Ahnung davon sein, daß mit zunehmendem Alter die Privilegien der frühen Kindheit schwinden, daß ihm, Christian, mehr unangenehme Aufgaben übertragen werden, daß ihm zunehmend mehr abverlangt wird und er sich dadurch immer mehr von seiner Mutter losgelöst sieht. Mit dem „kleinen Bub" dagegen kann sich Christian der Nähe, der Zuwendung und der Liebe der Mutter bzw. der Eltern vergewissern, zumindest noch eine Weile.

Ganz sicher haben diese Wünsche auch einen regressiven Charakter, die einem Streben nach Groß- und Selbständig-Werden, entgegenstehen. Aber regressive Tendenzen solcher Art sind ja noch nicht problematisch, sondern werden es erst dann, wenn sie persistieren. Aber indem Christian diesen seinen eigenen Wunsch nun an den „kleinen Bub" delegiert, erhält dieser nicht nur eine regressive, sondern auch eine kompensatorische Komponente. Mit seinem „kleinen Bub" inszeniert er gewissermaßen seine Lebenssituation: So wie mit ihm umgegangen wird, so geht er mit seinem „kleinen Bub" um – was ihm gleichzeitig hilft, sich aus dem regressiven Sog zu befreien.

Das vollständige Grundthema wird in seiner Tragweite sichtbar, wenn man im Phantasiegefährten, im imaginierten Geschwister über die regressiven Tendenzen hinaus ein Streben verwirklicht sieht, das darauf gerichtet ist, sich von der elterlichen Abhängigkeit zu befreien. Im vorliegenden Fall sticht eine solche nach vorn weisende Tendenz des Phänomens nicht so sehr ins Auge wie in anderen Fällen, wo der Phantasiegefährte ganz deutlich ein Ich-Ideal repräsentiert. Das liegt in diesem Fall daran, daß hier der Phantasiebruder gewissermaßen eine Steigerung von Christians eigener Abhängigkeit und Unbeholfenheit darstellt. Dies wird z.B. deutlich in der Tisch-Szene, die so zu deuten ist, daß Christian seinem „kleinen Bub" noch auf den Stuhl helfen muß, er selber aber schon allein hinaufklettern kann; oder beim Spaziergang, der so zu verstehen ist, daß der „kleine Bub" schon müde ist und getragen werden muß, Christian selbst aber noch gehen kann.

Die Existenz des „kleinen Bub" führt zu einer Aufwertung Christians. Seine familiäre Situation als schwächstes Familienmitglied ist durch den „kleinen Bub" verändert. Zugleich gibt er Christian einen Orientierungspunkt und einen Vergleichsmaßstab vor, wie er für das Selbstwerden unverzichtbar ist: Durch den „kleinen Bub" kann sich Christian auf symbolische Weise von den engen Fesseln der elterlichen Fürsorge und Abhängigkeit lösen und sich selber so verstehen: ‚Ich bin ja gar nicht mehr so klein und hilfsbedürftig, wie ihr denkt. Es gibt da jemanden, der ist noch kleiner, noch langsamer, noch müder usw.'.

Wenn man Christians Versuch, mit seinem „kleinen Bub" die Aufmerksamkeit auf sich zu lenken, zugleich als Botschaft an die Eltern versteht, erhalten einige seiner Äußerungen eine provokative Bedeutung, so, als ob er symbolisch gegen die Bevormundung seitens der Eltern aufbegehrt: ‚So, wie ich meinen kleinen Bub behandle, so behandelt ihr mich, als Euren Besitz und Eigentum. Ihr laßt mich nicht los, Ihr traut mir nichts zu, Ihr macht mich absichtlich hilflos und klein.' Und bezogen auf die Episoden, in denen Christian seinen „kleinen Bub" als „klug" ausgibt, lautet sein Selbst-Verständnis folgendermaßen: ‚Ich weiß auch schon etwas. Ich brauche nicht ständig von Euch belehrt zu werden.'

Daraus ergibt sich folgendes Bild: In der Gestaltung eines Phantasie-
bruders versucht Christian, sich und seine Situation innerhalb der Familie
zu begreifen. Auf der einen Seite will er Privilegien aus der Vergangenheit
und die gewohnte Fürsorge beibehalten und dem Wunsch der Mutter nach
Nähe und kleinkindhafter Abhängigkeit nachkommen. Auf der anderen
Seite versucht er, sich von der Überbehütung und elterlichen Abhängigkeit zu lösen und Kontakt mit anderen Kindern, vorerst in Form eines
phantasierten Geschwisters, aufzunehmen. Zusammen ergibt das einen
Grundkonflikt, den er im Phantasiebruder und in den auf ihn bezogenen
Episoden symbolisch zu äußern und zu bewältigen versucht.

Aus dem Gesagten wird nochmals ersichtlich, daß Phantasien – auch und
gerade solche, die eine Geschwisterthematik enthalten – ganz normale ent-
wicklungsbezogene Themen, Probleme, Konflikte im Medium des Symbolischen so gestalten, daß sie dem Kind dazu dienen, die Aufgaben seiner
Selbstwerdung zu bewältigen, und zwar indem in der symbolischen Gestaltung diese Themen bearbeitet werden. Dies geschieht zwar nicht rational-
kognitiv, aber auch nicht rein emotional, sondern in einem Bereich, in dem
Primär- und Sekundärvorgänge sich verbinden – somit gleichsam ahnend
und künftige Entwicklungsschritte antizipierend. In diesem Sinne habe ich
die Phantasien von Kindern auch „Erkundungsfahrten in die Möglichkeit"
genannt – in eine Möglichkeit, die aufgrund dessen, was auf dieser Fahrt
erfahren wird, zur Wirklichkeit werden kann (Fatke 1990).

Insofern als die Phantasieäußerungen des Kindes um Belange seiner eigenen Person kreisen, ist es im vollem Wortsinne „bei sich". So gesehen,
kommt die Phantasie nicht so sehr als eine Form der Bewußtwerdung in
den Blick, sondern als eine Form der Selbstbesinnung bzw. der Selbstvergewisserung. Gerade dadurch, daß sich das Kind, wenn es phantasiert,
ein Stück weit von den aktuellen Erfordernissen (wozu auch das Erzogen-
Werden) frei macht, ja frei machen muß, ist die Chance zur Selbstbesinnung auf symbolischer Ebene gegeben.

In diesem Sinne haben die Phantasiegestalten einen Projektionswert
zuallererst für das phantasierende Kind selbst (und nicht nur für den Therapeuten oder die Therapeutin!). Die Gestaltung des seelischen Themas in
symbolischer Form stellt eben nicht nur ein Verschleiern von psychischen
Wahrheiten dar, wie dies in der Tiefenpsychologie manchmal gern verstanden wird, sondern das Kind verschafft sich dadurch selbst eine Möglichkeit, Themen, Probleme, auch Konflikte, die es mit dem Intellekt noch
nicht begreifen kann, auf die ihm gemäße Weise zu bearbeiten und in die
Erfahrungswelt zu integrieren.

Indem das Kind phantasiert, setzt es sich mit Teilen seines Seins auseinander, die eine bestimmte symbolische Gesalt annehmen und dadurch überhaupt erst für das Kind auf geeignete Weise erfahrbar werden. Indem das Kind phantasiert, bringt es Teile von sich und damit letztlich sich selbst zur Gestaltung. Dadurch ist es dem, was es zuvor war, ein Stück weit entwachsen, wie unbedeutend und klein die Veränderung auch immer erscheinen mag. So kann das, was in der Phantasie zur Gestaltung gebracht wird, eine symbolische Lösung für persönliche oder entwicklungsbedingte Herausforderungen, Aufgaben und Probleme enthalten.

Für die Selbstwerdung des Kindes ist die Nähe und Distanz zum Phantasiegefährten gleichermaßen wichtig. Aus der Beziehung, die zwischen einem Kind und seinem Phantasiegefährten besteht, sind auch die Selbstgestaltungstendenzen des Kindes zu erkennen. So ist ein dem Kind überlegener Phantasiegefährte für dieses nicht nur geeignet, reale Enttäuschungen zu kompensieren, sondern ist zugleich auch gestalteter Ausdruck eines Strebens in Richtung Selbständigkeit und Unabhängigkeit. Bildlich gesprochen, materialisiert sich in einem Phantasiegefährten dieses Typs eine Zugkraft in Richtung Erwachsen-Werden. Anhand eines solchen Phantasiegefährten kann sich ein Kind den Weg aufzeigen, den es zu gehen wünscht, kann es sich an Aufgaben und Zielen ausrichten, die seine eigene Selbstwerdung betreffen.

Ausdruck einer auf Erwachsen-Werden ausgerichteten Selbstgestaltungstendenz kann aber auch ein dem Kind unterlegener Phantasiegefährte sein – dann nämlich, wenn sich das Kind von ihm abzugrenzen sucht. Der Abstand zwischen sich und dem Phantasiegefährten kann dem Kind helfen, sich des eigenen Entwicklungsstandes zu vergewissern und eigene Entwicklungsfortschritte bewußt zu machen. Allerdings kann ein Phantasiegefährte dieses Typs immer zugleich den Wunsch repräsentieren, Privilegien aus der Vergangenheit zu erhalten, oder dem Kind dazu dienen, Verantwortung (z.B. für eigenes Fehlverhalten) abzuwehren und auf den Phantasiegefährten abzuwälzen. In dieser Wendung repräsentiert der Phantasiegefährte regressive Tendenzen. Solche Tendenzen können im Sinne der Selbstvergewisserung – oder, bildlich gesprochen, im Sinne des Ausruhens und Kräfte-Sammelns vor einer Bewährungsprobe – für ein Kind durchaus hilfreich sein. Es ist, als wenn das Kind nur zurückgeht (regrediert), um Anlauf zu nehmen, damit der Sprung nach vorn besser und weiter gelingt. Nur dann, wenn die im Phantasiegefährten eben auch enthaltenen regressiven Tendenzen die Oberhand gewinnen oder sich verfestigen, stehen sie dem Erwachsen-Werden des Kindes wirklich entgegen.

Es lohnt sich also, beim Betrachten von Phantasiegestalten, die Kinder hervorbringen, nicht primär auf solche Funktionen wie Kompensation realer Enttäuschungen das Augenmerk zu richten, sondern diese Phantasietätigkeit als einen fortwährenden Prozeß der Selbstverständigung und Verselbständigung anzusehen. Das heißt mit anderen Worten: Die sich in den Phantasien artikulierenden symbolischen Selbstgestaltungstendenzen sind jeweils daraufhin zu untersuchen, inwiefern sie dem Kind ermöglichen, sich selbst zu begreifen, über seine aktuelle Lebenssituation hinauszugreifen und seiner Selbstwerdung vorzugreifen; ob sie Ansatzpunkte dafür enthalten, daß sich das Kind von seiner natürlichen Hilflosigkeit und elterlichen Abhängigkeit befreien und somit insgesamt einen Schritt vorwärts in Richtung Erwachsen-Werden und psychische Autonomie tun kann.

Kehren wir zum Schluß noch einmal explizit zur Geschwisterthematik zurück, und halten wir fest: Phantasierte Geschwister können vielerlei Gestalt annehmen. Sogenannte imaginäre Gefährten werden vor allem dann gebildet, wenn reale Geschwister nicht vorhanden oder altersmäßig und damit auch psychologisch zu weit weg sind. Sind aber altersnahe Geschwister vorhanden, werden vorrangig tagtraumartige Phantasien in Form von Geschichten gebildet, in denen erlebte Geschwisterbeziehungen thematisiert werden. In beiden Fällen werden seelische Themen im Medium des Symbolischen bearbeitet, und das dient der psychischen Bewältigung dieser Themen genauso wie der notwendigen Selbstwerdung des Kindes. Insofern haben die Geschwisterphantasien eine besondere Bedeutung für die kindliche Entwicklung, die durch reale Geschwister (oder Spielkameraden) nicht ersetzt werden kann – und umgekehrt.

ANMERKUNGEN

1   Deshalb ist es auch durchaus folgerichtig, daß ein großer Teil der Beiträge in diesem Band sich mit realen Geschwistern und deren komplexen Beziehungen zueinander, zu den Eltern und sonstigen Bezugspersonen befaßt.

2   Die Materialien, auf die ich mich weitgehend stützen werde, entstammen einem größeren Forschungszusammenhang, in dem ich die Entwicklung der kindlichen Phantasie untersucht habe und an dem zeitweilig auch einer meiner Doktoranden, Thomas Weis, mit einer eigenen Studie über Phantasiegefährten teilgenommen hat (vgl. Fatke 1983; Weis 1990).

3   Es entstammt der bereits in Fußnote 1 genannten Untersuchung von Weis 1990.

4   Wer dächte hier nicht an das oben bereits erwähnte Kinderbuch „Karlsson vom Dach" von Astrid Lindgren!

LITERATUR

Endres, W.: Geschwister ... haben sich zum Streiten gern. Weinheim/Basel 5. Aufl. 1984.

Fatke, R.: Die Phantasie beim Kinde. Theoretische Studien und eine Pilot-Untersuchung. Habilitationsschrift Universität Tübingen 1983.

Fatke, R.: Kinder erfinden Geschichten. Erkundungsfahrten in die Phantasie. In: L. Duncker/F. Maurer/G.E. Schäfer (Hrsg.): Kindliche Phantasie und ästhetische Erfahrung. Wirklichkeiten zwischen Ich und Welt. Langenau-Ulm 1990, S. 47–62.

Fatke, R. (Hrsg.): Was macht ihr für Geschichten? Ausdrucksformen des Kinder-Lebens. München 1997, S. 11–28.

Franzen, G./Penth, B. (Hrsg.): Hüten und Hassen. Geschwister-Geschichten. München 1992.

Kasten, H.: Geschwister – Vorbilder, Rivalen, Vertraute. München 2. Aufl. 1998.

Ley, K.: Einleitung. In: K. Ley (Hrsg.): Geschwisterliches. Jenseits der Rivalität. Tübingen 1995, S. 7–18.

Petri, H.: Geschwister – Liebe und Rivalität. Die längste Beziehung unseres Lebens. Zürich 1994.

Sohni, H.: Horizontale und Vertikale – Die Bedeutung der Geschwisterbeziehung für Individuation und Familie. In: K. Ley (Hrsg.): Geschwisterliches. Jenseits der Rivalität. Tübingen 1995, S. 19–44.

Weis, Th.: Phantasiegefährten im Kindesalter. Studien zur Einführung in die pädagogische Kinderforschung. Dissertation Universität Tübingen 1990.

Geschwisterlichkeit: Vom Brudermord zur Versöhnung im Geist

Biblische Szenarien – theologische Rätsel – praktische Konsequenzen

von Karl-Josef Kuschel

Literarisch gesehen ist die Bibel ist ein Warn- und Erinnerungsbuch, ein Gedächtnisspeicher der Menschheit. In ihr sind die Erfahrungs- und Konfliktgeschichten von Menschen aufbewahrt; in ihr ist gespeichert, was es an Glanz und Elend unter Menschen gibt, an Gelingen und Versagen, an überwältigendem Glück und miserablem Scheitern. Die Bibel – sie sagt das Höchste über den Menschen, was man sagen kann: „Und Gott schuf den Menschen nach seinem Bilde, nach dem Bilde Gottes schuf er ihn" (Gen 1,27). Und sie weist den Menschen ernüchternd darauf hin, daß er gerade nicht wie Gott ist, vielmehr sterblich, vergänglich und flüchtig:

> Was ist der Mensch, daß du seiner dich annimmst!
> Das Menschenkind, daß du seiner gedenkst!
> Es gleicht der Mensch dem Hauch der Luft,
> Wie Schatten gehen dahin seine Tage. (Psalm 144, 3f)

Diese und andere Texte machen klar, daß die Bibel keine illusionäre Anthropologie vertritt, sondern eine nüchterne, oft desillusionierende. Und was könnte desillusionierender sein als die Geschichte vom Fall und vom Fluch schon zu Beginn der Schöpfung? Adam und Eva, Kain und Abel – solche Figuren sind nicht einem naiven Menschenbild entsprungen; sie kommen aus einer Anthropologie, die um die Schwäche und Verführbarkeit des Menschen weiß. Schon auf den ersten Seiten der Bibel ist der Mensch ein aus dem Paradies Vertriebener, ist menschliche Existenz auf Erden eine Existenz im Exil! Menschliches Leben? Es steht, kaum ist es geschaffen, schon unter dem Fluch des Schöpfers. Menschliche Existenz – sie wird schon in den ersten Kapiteln als gefallene, exilierte, gezeichnete Existenz beschrieben ...

Sich biblischer Figurationen erinnern, heißt dabei, eine universalgeschichtliche Archetypik rekonstruieren, ist doch das abendländisch-kulturelle Gedächtnis ohne dieses narrative Erbe und ohne diese figuralen Konstellationen kaum denkbar. Das kollektive Gedächtnis ist voll von solchen Geschichten; sie halten sich über die Jahrhunderte; durchdringen die Zeiten; verbreiten sich über Kulturen und Völker. Sie prägen Mentalitäten, Grundhaltungen und seelische Dispositionen.

Im Sinne dieses literaturwissenschaftlichen, universalgeschichtlichen Verständnisses von Archetypik will ich einige Schlüsselszenen zum Thema Geschwisterlichkeit ausleuchten – im Blick auf die theologische und ökumenisch-religionstheologische Problematik heute. Denn es ist geradezu auffällig, daß uns heute abgründig erscheinende Geschichten schon des ersten Buches Mose mit diesem Problem zusammenhängen. Seltsam zu denken: in allen großen Erzählkomplexen der Genesis geht es im Rahmen von Familiengeschichten auch um radikale Geschwisterkonflikte:

– Kain und Abel: es ist die Geschichte vom Geschwistermord;
– Isaak und Ismael: es ist die Geschichte von der gewaltsamen Geschwistertrennung;
– Esau und Jakob: es ist eine Geschichte vom Geschwisterbetrug;
– Joseph und seine Brüder: es ist die Geschichte vom Geschwisterhaß und der Geschwisterversöhnung.

Kain und Abel: die Geschichte von Geschwistermord

Theologisch und anthropologisch haben wir uns wohl zu wenig klargemacht, daß die Anfänge jüdisch-christlichen Gottesglaubens mit abgründigen Geschwisterkonstellationen zu tun haben. Jahrhundertelang ist denn auch etwa die *Kain-Abel-Geschichte* von Theologen nie als Problem gelesen worden, nie jedenfalls als Stolperstein für weiteres Theologie-Treiben. Man hatte sich zufrieden gegeben mit der biblischen Auskunft: „Der Herr schaute auf Abel und sein Opfer, aber auf Kain und sein Opfer schaute er nicht." (Gen 4,4f.)

Bei einem Schriftsteller unserer Zeit, *Wolfgang Hildesheimer,* stieß ich auf einen anderen Ausleger dieser Geschichte, einen Leser, der Bibelexegese im Modus des bohrenden Fragens betreibt. In seinem Roman „Tynset" von 1965 findet sich die Meditation eines Helden über Kain und Abel. Von der Absurdität der Welt generell überzeugt, wird ihm diese Geschichte zum Anfang aller Rätsel: die Geschichte vom Mord am eigenen Bruder, in die Gott mitverwickelt ist:

> Warum erhörte Gott es (Kains Gebet) nicht? Dieses Rätsel ließ mich lange nicht ruhen. Ich habe nie so recht über es hinweggehört oder hinweggelesen. Und

unerwartet leuchtet es noch heute mitunter rot zwischen den Zeilen eines x-beliebigen Buches oder einer Zeitung auf. Es war das erste Rätsel, das mir entgegentrat, es ließ mich stolpern und hinfallen. Ich stand mühsam auf, verletzt und erstaunt, ich hatte kein Rätsel erwartet, zumindest nicht gerade hier, so nah am Anfang und nicht so früh, ich ging weiter, ein wenig langsamer als zuvor, ein wenig hinkend, aber mein leichtes Hinken nach Möglichkeit verbergend, mich seiner schämend, ich blickte auf das Rätsel zurück, da sah ich, wie es mich angrinste, offensichtlich hatte es schon manchen anderen zu Fall gebracht und freute sich jedesmal über den Fall. Es grinst noch heute unter all den grinsenden Rätseln, aber es war das erste, der Anfang aller Rätsel. Es ist aber auch der Anfang allen Unrechts, Anfang der Schuld Gottes, der aus keinem Grund Kain nicht gnädig ansah und sein Opfer aus Früchten des Feldes verschmähte, es in schwarzen rauchenden Schwaden am Boden schwelen ließ, so daß es den Opfernden zum Husten brachte, ihn beinahe erstickte, während Er Abels Opfer, dampfendes Fleisch und Blut von ihm selbst zum Ruhme Gottes geschlachteter Tiere, Gedärm und Innereien und alles, zu sich aufsteigen ließ, genüßlich und in wohlgefälliger Betrachtung des Opfernden, der seinen Gott erkannt hatte und ihm die Wünsche vom Gesicht ablas, Gott wollte Fleisch. So war es, nicht anders. Diese Willkür, diese verletzende Laune Gottes glaubte Kain nicht ertragen zu können, er hatte seinen Schöpfer ernst genommen, hatte Ihn geliebt, vergöttert und in furchtbarer Enttäuschung erschlug er dessen Günstling, den eigenen Bruder, ja, so war es, und wurde darauf für immer und ewig von Ihm verdammt.

In Hildesheimers Nacht-Gestalt tritt ein Bibelleser auf, der nicht länger über solche Geschichten hinweggeht, sondern irritiert ist, wie früh in der Grundschrift großer Religionen wie Judentum und Christentum die Geschichte Gottes und der Menschheit mit einem Brudermord verknüpft ist. Rätselhaft das ganze. Das Wort Rätsel folgt denn auch sechsmal im Text kurz hintereinander, was die strategische Absicht des Erzählers nur verstärkt: Sein Gegen-Text will die scheinbar abgesicherte Gottesordnung mit verstörenden Fragen unterlaufen – nach der Devise: Eine solche Ordnung nehme ich dem Schöpfer nicht länger ab. Ja, diese Infragestellung gipfelt in einer unerhörten *Umkehr der klassischen Theodizee-Lösung.* Denn Kains Ablehnung durch Gott wird nicht länger durch dessen Schuld gerechtfertigt (wo sollte sie auch so kurz nach der Schöpfung herkommen – mit nicht mehr als vier Menschen auf der Erde?), sondern Gott als Schuld angelastet. Das „schreiende Unrecht" – es ist von Gott begangen worden. Gott „behagte" es offensichtlich, Kain zu verderben. Umso schlimmer für Gott.

Was wir hier literarisch vor uns haben, ist eine Bibelexegese aus der Perspektive des verdammten Bruders. Und aus dieser Perspektive erscheint Gott als ein *launischer Willkürgott,* der durch seine Bevorzugung des einen Bruders dem anderen erst den Grund für den Geschwistermord liefert. Von diesem Gott wird auch noch ein Täter verdammt, der im Grunde dessen Opfer ist. „Schlechtes Licht" fällt plötzlich auf diesen Gott. Gerade darin sieht ja der Erzähler das grinsende Rätsel, das bis heute nicht verschwunden sei. Unter all den grinsenden Rätseln sei es das dauerhafteste, das hartnäckigste, und schon früh ist damit alle Harmlosigkeit im Verhältnis Gott – Mensch verschwunden. Es ist Gott, der plötzlich das Kainsmal „auf der Stirn" trägt. Was den Analogieschluß nahelegen soll: Der Mensch hüte sich, mit einem solchen Gott Umgang zu haben. Teufelsgrinsen blitzt auf, angesichts der offensichtlich unabweisbaren Tatsache, daß die Schöpfung von Anfang an alles andere als gelungen ist.

An der Figur des Kain kann Hildesheimer sich deshalb „den Anfang allen Unrechts" klarmachen. Zu früh in der Schöpfung ist dies alles passiert, als daß man dem Satz noch vertrauensvoll zustimmen könnte: „Siehe, es war alles sehr gut". Zu früh nach dem Schöpfungsoptimismus schon die Sündenverfallenheit; zu früh nach der Schöpfungsharmonie die Ursünde, der Abfall, der Fluch. Woraus für einen heutigen Leser – die biblischen Geschichten wie Hildesheimer gegen den Strich lesend – folgt:

(1) Menschen werden durch die Bibel von Anfang an mit der Fähigkeit dargestellt, die ursprünglich gute Schöpfungsordnung zu pervertieren, ja lassen in sich monströse Potentiale erkennen, diese Erde zu einem Schauplatz des Brudermords zu machen.

(2) Von Anfang an ist Gott nicht Teil der Lösung, sondern Teil des Problems. Daß die Welt so ist, wie sie ist, bleibt Gottes Verantwortung, ja Gottes Schuld.

Isaak und Ismael: die Geschichte von der Geschwistertrennung

Nicht weniger abgründig sind die Erzählungen von *Isaak und Ismael*: die Geschichte von einer gewaltsamen Geschwistertrennung. Im Blick auf das jüdisch-christlich-muslimische Gespräch heute sind ja diese Texte bekanntlich von universalreligiöser Bedeutung. Ismael, der Sohn Abrahams mit der Sklavin Hagar, ist der Stammvater Mohammeds, über den der Islam sich mit Stolz auf seine Abraham-Abstammung beruft. Isaak, der Sohn Abrahams mit der Ehefrau Sara, ist einer der Stammväter des Judentums und damit auch des Christentums. Die Trennungsgeschichte der beiden

Geschwister Isaak und Ismael ist also zugleich die archetypische Trennungsgeschichte, die durch die drei großen prophetischen Religionen der Menschheit geht.

Die theologische Abgründigkeit zeigt sich in den zwei Vertreibungsgeschichten, die wir von Ismael überliefert haben (Genesis 16 und 21). Die theologische Pointe ist in beiden Fällen, daß *Ismaels Überleben* unter Gottes besonderem Schutz steht. Das mag man im Fall der ersten Verstoßung (16, 7–15) theologisch noch nachvollziehen, als die eifersüchtige Ehefrau Sara ihre aufgrund der bevorstehenden Geburt von Ismael stolz gewordene Sklavin Hagar buchstäblich in die Wüste schickt, wo diese aber von einem Engel Gottes gerettet und nach Hause zurückgesandt wird. Denn hier wird die Geschichte nach dem einfachen Schema erzählt: Gott verhindert einen üblen Plan des Menschen. Gott läßt denn auch durch seinen Engel Hagar ausrichten: „Deine Nachkommen will ich so zahlreich machen, daß man sie nicht zählen kann" (16,10). Die theologische Pointe diese Szene ist denn auch: Daß Ismael überhaupt auf die Welt kommen kann, ist ausdrücklich nicht des Menschen (der Eltern), sondern Gottes Wille.

Unheimlich dagegen – auch theologisch – ist die zweite Verstoßungsszene (21,9–21), und zwar wegen Gottes Verhalten selber. Denn einerseits ist es hier Gott selbst (kein Engel mehr!), der Abraham ausdrücklich ermutigt, seinen anfänglichen „Verdruß" über die Verstoßung Hagars und Ismaels hintanzustellen und seiner Frau Sara nachzugeben. Wer aber hier einen heilsgeschichtlichen Triumphalismus am Werke sieht und bereits hinnehmen will (nach dem Motto: Gott erwählt nun einmal, wen er will, und verstößt, wen er will), wird gleich durch den nächsten Satz von Gott selbst überrascht. Denn derselbe Gott, der soeben die Verstoßung von Hagar und Ismael ermutigte, erklärt dem Abraham, auch Ismael, den Sohn der Magd, wolle er „zu einem großen Volk machen". Warum? Weil auch er, Ismael, Abrahams „Nachkomme" sei! Und verwirrt steht man als Leser diese Szene vor einem Rätsel: Wie kann dieser Gott beides zugleich tun? Hagars und Ismaels Verstoß mitbetreiben und zugleich mit beiden noch große Zukunftspläne verbinden?

Nicht weniger ambivalent ist das Verhalten Abrahams an dieser Stelle. Bekommen wir doch eine Abschiedsszene zwischen Abraham und Hagar erzählt, die merkwürdig doppelbödig ist. Einerseits steht der Entschluß Abrahams fest, Hagar und Ismael zu verstoßen, von Gott sogar dazu ermutigt, andererseits wird Abrahams „Verdruß" über diesen von Sara ausgehenden Plan nicht verschwiegen, hatte sich doch Abraham offensichtlich noch ein Bewußtsein davon bewahrt, daß es sich bei Ismael schließlich doch „um seinen Sohn" handelt. Vielleicht erklärt sich von daher, warum diese Abschiedsszene uns wie verlangsamt bis in alle Einzelheiten hinein erzählt wird, was nicht ohne suggestive Wirkung bleiben kann: Abraham persönlich steht am Morgen auf, nimmt Brot und einen Schlauch mit Wasser, übergibt beides Hagar, legt ihr alles auf die Schulter, übergibt ihr das Kind – und entläßt sie. Ein Wort über Gottes Rettungsabsicht ihr gegenüber verliert er nicht.

Auch hier bleibt man als Leser mit einem zwiespältigen Gefühl zurück. Wie kann Abraham beides zugleich tun: fürsorglich den Abschied inszenieren und zugleich die Frau und seinen Sohn in die Wüste schicken, ohne der Frau auch nur mit einem Wort anzudeuten, was er ja schon weiß: daß sie und ihr Sohn nicht zugrunde gehen werden. Hagar und Ismael werden denn auch ein zweites Mal durch Gottes Engel gerettet. Auch hier lautet die überraschende theologische Pointe: Daß es Ismael, den Stammvater des Islam, trotz aller Beseitigungspläne von Sara und Abraham gibt, ist Ausdruck von Gottes Willen. Ismael: der Sohn der Wüste, verstoßen von seinem Vater, ausgeschlossen aus der spezifischen Bundesgeschichte – und doch des Segens teilhaftig, von Gott offenkundig geliebt, anders geliebt freilich als der im Lande gebliebene Sohn Isaak.

Übersieht man die weiteren Jahrhunderte, so berührt es einen seltsam, daß sich Judentum und Christentum stets schwertaten, die Nachkommen Ismaels mit ihrem dann gewonnenen sehr eigenen Glaubensprofil zu akzeptieren. Zunächst schienen diese Ismael-Kinder wie alle anderen „Ungläubigen" und „Heiden" zu sein. Und doch sind sie über Abraham mit der biblischen Glaubensgeschichte unabweisbar verknüpft. Seltsam zu denken daher: Die offenkundige theologische Verlegenheit schon der Genesis, wie man Gottes Absicht mit diesem besonderen Sohn und Bruder verstehen müsse, spiegelt sich bis heute in der Verlegenheit von Judentum und Christentum, daß es „den Islam" der Ismael-Söhne überhaupt gibt, geben muß, nachdem doch durch Tora und Evangelium mit Gott und der Welt alles klar zu sein schien …

Esau und Jakob: die Geschichte vom Geschwisterbetrug

Von nicht geringerer theologischer Rätselhaftigkeit ist die Geschichte der Isaak-Söhne *Esau und Jakob*. Denn allzu rasch hat das allgemeine jüdisch-christliche Glaubensbewußtsein verdrängt, daß Israels Gottes-Geschichte mit einem *Bruderbetrug* beginnt, einen Betrug, für den Gott selbst in Anspruch genommen wird. Man mache sich noch einmal klar: Als Isaak alt und blind geworden war, will er kurz vor seinem Tod sein Erbe bestellen. Er fordert seinen ältesten Sohn Esau auf, ihm ein Mahl zu bereiten, damit er ihm anschließend den üblichen Segen für den Erstgeborenen und Erbsohn erteilen könne. Isaaks Frau Rebecca aber hat andere Pläne. Sie will den in der Zwillingsgeburt mit Esau zweitgeborenen Sohn Jakob zum Erbsohn machen. Also spinnt sie eine Intrige: Sie läßt Jakob das bestellte Essen zubereiten, gibt ihm die Festtagskleider von Esau und manipuliert alles so, damit der blinde Isaak in Jakob seinen Erstgeborenen erkennt. Jakob seinerseits durchschaut sogar den Betrug und fürchtet ihn, aber seine Mutter ist in ihrem Ehrgeiz sogar bereit, den, so wörtlich, „Fluch" Gottes (27,13) auf sich zu nehmen.

Und so kommt es zu einer einzigartigen Szene in der gesamten jüdisch-christlichen Überlieferung, von großen Malern wie Rembrandt in ergreifender Weise szenisch imaginiert: Dem alten, blinden, betrogenen Stammvater Isaak wird der Segen abgeschwindelt, und zwar durch einen Bruder, der um die Intrige und den Betrug weiß. Und so hat uns die Genesis in ihrem Realismus nicht nur das Gotteszittern des Vaters aufbewahrt (27,33), als dieser begreift, welch übles Spiel man mit ihm gespielt hatte, sondern auch den Gottesschrei des betrogenen Geschwisterteils:

> Als Esau die Worte seines Vaters hörte, schrie er heftig auf, aufs äußerste verbittert, und sagte zu seinem Vater: Segne auch mich, Vater! Er entgegnete: Dein Bruder ist mit List gekommen und hat dir den Segen weggenommen. Da sagte Esau: Hat man ihn nicht Jakob (Betrüger) genannt? Er hat mich jetzt schon zweimal betrogen: mein Erstgeburtsrecht hat er mir genommen, jetzt nimmt er mir auch noch den Segen. Dann sagte er: Hast du mir keinen Segen aufgehoben? (27,34–36)

Joseph und seine Brüder: die Geschichte von der Geschwisterversöhnung

Den Geschichten vom Geschwistermord, von der Geschwistertrennung, vom Geschwisterbetrug steht in der Genesis eine Erzählung gegenüber, die noch einmal tragisch beginnt, dann aber im Bild der großen Versöhnung endet: der Versöhnung der Geschwister, die fähig sind, sich neu zu erkennen und einander in die Arme zu fallen. Die Genesis endet ja bekanntlich mit dem großen Erzählkomplex von *Joseph und seinen Brüdern*. Es ist die Geschichte von einem Geschwisterkonflikt, ausgebrochen unter den Söhnen verschiedener Mütter. Jakob, der durch einen Segenschwindel einst bevorzugte Sohn, ist jetzt der Betroffene. Da sind auf der einen Seite die Söhne, die Jakob mit Lea und deren Magd Silpa hat; dem steht der einzige Sohn gegenüber, den Jakob mit Rachel, der Schwester Leas, einst zeugte: Joseph. Joseph aber hat von vornherein gegenüber seinen Halbbrüdern eine Sonderstellung, da er – als der Spätgeborene – der besondere Liebling des Vaters ist. Eifersucht kommt hoch, ein Geschwisterkonflikt, wie er „klassischer" nicht sein könnte. Die Brüder beschließen, Joseph umzubringen. Der Plan wird nur dadurch abgemildert, daß Joseph in eine Zisterne geworfen wird, um anschließend von seinen Brüdern als Sklave nach Ägypten verkauft zu werden.

In Ägypten erlebt Joseph zunächst einen Aufstieg, bevor er einen zweiten Absturz durchmachen muß – nach der Denunziation durch eine Frau wegen angeblicher sexueller Verführung. Joseph muß ins Gefängnis, aus dem er freilich durch Betreiben eines hohen Beamten am Hof des Pharao, dem er im Gefängnis einst die Träume erfolgreich gedeutet hatte, herauszukommen weiß. Der Aufstieg anschließend könnte nicht größer sein: Joseph wird eine Art Vizekönig, dem es durch geschickte Verteilungspolitik gelingt, Ägypten vor einer großen wirtschaftlichen Katastrophe, einer Hungersnot, zu bewahren.

Im Zuge der Hungersnot kommen auch Josephs Halbbrüder nach Ägypten. Und in der Begegnung mit Joseph beginnt ein raffiniert inszeniertes Spiel zwischen den Geschwistern, das seinen Höhepunkt darin findet, daß Joseph sich am Ende seinen Brüdern zu erkennen gibt. Genesis 45 hat diese einzigartige Szene festgehalten, in der das archetypische Bild einer gelingenden Geschwisterversöhnung festgehalten ist:

> Joseph vermochte sich vor all den Leuten, die um ihn standen, nicht mehr zu halten und rief: Schafft mir alle Leute hinaus! So stand niemand bei Joseph, als er sich seinen Brüdern zu erkennen gab. Er begann so laut zu weinen, daß es die Ägypter hörten; auch am Hof des Pharao hörte man davon. Joseph sagte zu seinen Brüdern: Ich bin Joseph. Ist mein Vater noch am Leben? Seine Brüder waren zu keiner Antwort fähig, weil sie fassungslos vor ihm standen. (45,1–3)

Geschwisterlichkeit im Geist

Diese Linie von der Geschwisterversöhnung ist auch in die Überlieferungen eingegangen, die wir die des *Neuen Testamentes* nennen. Ja, in diesem Überlieferungskomplex ist ein Motiv verstärkt, das man die *spirituelle*

Transformation biologischer Geschwisterlichkeits-Muster nennen kann. In neutestamentlichen Texten steht auffälligerweise nicht mehr die Familie als Blutsgemeinschaft im Vordergrund. Im Vordergrund steht vielmehr die Möglichkeit, durch Glauben, d.h. durch einen neuen Geist, durch eine Umwandlung der Herzen die Macht biologischer Muster zu brechen und neue Familien zu etablieren: Familien nicht des Blutes, sondern des Geistes. Die neutestamentlichen Texte lassen die Kraft der Religion erkennen, biologische Lebensmuster zu transzendieren.

Ich greife zwei Aspekte heraus: die Verkündigung Jesu und die Verkündigung Jesu als des Christus. Denn schon auf der Ebene des geschichtlichen Jesus ist auffällig, wie sehr seine ganze Lebenshaltung eine einzige Kritik an Familiarität und Geschwisterlichkeit im biologischen Sinne ist. Sie bildet einen Grundzug der ursprünglichen Jesusverkündigung, der so ganz im Gegensatz steht zu jeder Familienideologie, die bürgerliche Christlichkeit vor allem im 19. Jahrhundert in das Neue Testament hineinprojizierte. Von der Verklärung einer „heiligen Familie" ist im Neuen Testament gerade nicht die Rede. Im Gegenteil.

Auffällig ist schon, daß Jesus in den Evangelientexten gezielt als der Geschwisterlose porträtiert wird, der Sohn ohne Bruder und Schwestern. Und selbst wenn dies eine theologische Fiktion ist, so fällt doch auf, daß die eigene biologische Familie bei Jesus kaum eine Rolle spielt. Als faktisch Geschwisterloser ist er denn auch in der Lage, neue Familien zu gründen, Familien im Geist, und eine Geschwisterlichkeit zu propagieren, die die physischen Familienbande transzendiert. Schon der älteste Evangelist, Markus, hat diese Geschichte überliefert:

> Da kamen seine Mutter und seine Brüder; sie blieben vor dem Haus stehen und ließen ihn herausrufen. Es saßen viele Leute um ihn herum, und man sagte zu ihm: Deine Mutter und Deine Brüder stehen draußen und fragen nach Dir. Er erwiderte: Wer ist meine Mutter, und wer sind meiner Brüder? Und er blickt auf die Menschen, die im Kreis um ihn herumsaßen, und sagte: Das hier sind meine Mutter und meine Brüder. Wer den Willen Gottes erfüllt, der ist für mich Bruder und Schwester und Mutter. (Mk 3,31–35; vgl. Mt 12,46–50; Lk 8,19–21)

In diesem Geist konnte dann auch die Verkündigung im Namen Jesu ausgerichtet werden. Denn im Geiste des auferweckten, lebenden Christus bilden sich jetzt konkret in zahlreichen Städten Palästinas neue, geistige Familien; stellt sich spirituelle Geschwisterlichkeit her. Es ist der Heidenapostel Paulus, der im Rahmen seiner Geisttheologie dieses Motiv für die christliche Existenz starkmacht. So heißt es etwa in seinem Brief an die Gemeinde von Galatien:

Ihr seid alle durch den Glauben Söhne Gottes in Christus Jesus. Denn ihr alle, die ihr auf Christus getauft seid, habt Christus (als Gewand) angelegt. Es gibt nicht mehr Juden und Griechen, nicht Sklaven und Freie, nicht Mann und Frau; denn ihr alle seid ‚einer' in Christus Jesus. Wenn ihr aber zu Christus gehört, dann seid ihr Abrahams Nachkommen, Erben Kraft der Verheißung. (2,26–29; vgl. 4,4–7)

Dieser Gedanke der Geschwisterlichkeit im Geist ist insbesondere für eine Religionstheologie folgenreich, die das Miteinander von Menschen verschiedener Religionen begründen will – angesichts eine jahrhundertelangen Geschichte der Trennung, der Abspaltung, der Ausgrenzung und der aggressiven Bekämpfung anderer Religionen. Insbesondere das Verhältnis von Juden, Christen und Muslimen wäre unter diesem Aspekt neu zu bestimmen, eingedenk einer Gewaltgeschichte geschwisterlichen Hasses, in der alle „biblischen Muster" sich geschichtlich reproduzierten: Geschwistermord, Geschwistertrennung und Geschwisterbetrug. Es ist an der Zeit, daß Juden, Christen und Muslime die Traditionen der Geschwisterversöhnung stark machen – im Interesse einer Dialektik von Weltfrieden und Religionsfrieden.

Denn da alle in Abraham den Vater ihres Glaubens erkennen, sind alle auch gleichzeitig Kinder Abrahams im Geist. Ich habe dafür das Wort abrahamische Ökumene geprägt, abrahamische Geschwisterlichkeit. Ich habe dies so definiert: Juden, die sich in ihrem konkreten Leben nach Mose, ihrem Lehrer, richten, Christen, die sich im konkreten Leben an Jesus, ihren Christus, orientieren, Muslime, die ihr Leben konkret nach der Botschaft ihres Propheten, niedergelegt im Koran, ausrichten, erkennen ihre besondere Verbindung miteinander, Achtung voreinander und Verantwortung füreinander, weil sie ihren gemeinsamen geschichtlichen Ursprung ernstnehmen: Abraham, Hagar und Sara, die Stammeltern ihres Glaubens. Wer ökumenisch im Geiste des Urvaters und der Urmütter denkt, hört auf, allein an das Wohl der Synagoge, der Kirche oder der Umma zu denken. Dem ist es nicht gleichgültig, wie es um das Schicksal der anderen „Geschwister" bestellt ist. Der praktiziert echte Geschwisterlichkeit im besten Sinne des Wortes.

Gewiß: Die Familienmetapher sollte gerade unter den Weltreligionen nicht allzu idealistisch strapaziert werden, gehören doch zu einer „gesunden" Familie ohnehin Eigenprofil, Rivalität, Distanz, unter Umständen auch Streit und Exodus. Juden, Christen und Muslime haben ja auch von dieser Freiheit in der Vergangenheit reichlich Gebrauch gemacht. Doch ein unverzichtbarer Gedanke ist mit der Metapher „Geschwisterlichkeit" verbunden: Bei aller Respektierung der jeweiligen Eigenständigkeit doch ein Bewußtsein der Zusammengehörigkeit, der Verantwortlichkeit, ja der Sorge füreinander und Solidarität miteinander.

In ihren besten Traditionen also sind Religionen fähig, statt der gnadenlosen Rechthaberei solche Dimensionen stark zu machen, in denen sie sich gegenseitig als Verdankte und Dankende erleben. Dem „normalen" Wahnsinn der Religionstragödien wird so das Gegenbild versöhnter Verschiedenheit entgegengehalten. Gegen ein ausgrenzendes Denken, das Lebenstragödien erzeugt, werden Denkmuster aktiviert, die eine Theologie der Religionen in Kategorien von Beziehung denken läßt. So dürfte es möglich sein, gegen den Ungeist der Überhebung einer Religion über andere die Abhängigkeit aller Glaubenden voneinander herauszustellen zum gegenseitigen Wohl – als glückhafte Führung und Fügung. Wo das gelingt, hat Geschwisterlichkeit im Geist Durchbruch erfahren.

GRUNDLAGE DIESES KLEINEN ESSAYS BILDEN MEINE STUDIEN:

K.-J. Kuschel, Streit um Abraham. Was Juden, Christen und Muslime trennt – und was sie eint, München 1994 (Serie Piper 2288)

ders., Im Spiegel der Dichter. Mensch, Gott und Jesus in der Literatur des 20. Jahrhunderts, Düsseldorf 1997.

ders., Vom Streit zum Wettstreit der Religionen. Lessing und die Herausforderung des Islam, Düsseldorf 1998.

Artifizielle Ver- und Entschwisterung

Ethische Probleme der selektiven genetischen Diagnostik und des Klonens

von Dietmar Mieth

Die bedrohte Menschenwürde in der biomedizinischen Entwicklung

Die neue Behindertenfeindlichkeit

Die Behindertenfeindlichkeit hat eine lange Tradition in der Gesellschaftsgeschichte. Es gibt sie in den Naturvölkern und in der griechischen Antike ebenso wie im Humanismus und in der Aufklärung. Unter den behindertenfeindlichen Geistesgrößen findet man große Namen wie den Stoiker Seneca, den Heiligen Thomas Morus, Robert Bacon, den Humanisten Erasmus von Rotterdam und Martin Luther.[1] Mit dem Aufkommen des Sozialdarwinismus und des Kollekivutilitarismus, welche das gesellschaftliche Wohl als eine Nutzungssumme betrachteten, erhielt die Behindertenfeindlichkeit eine erhebliche Verschärfung. Die Biologisten dachten, „das Prinzip der Auslese, das in der Natur herrsche, müsse auch in der menschlichen Gesellschaft durchgesetzt werden, d.h. die Gesellschaft müsse sich der Geisteskranken und der neugeborenen, verkrüppelten Kinder entledigen".[2] Rassenhygieniker schlugen vor, die Individualhygiene der Gesundheit der Gattung unterzuordnen. Der Kollektivutilitarismus spielte nicht nur im nationalsozialistischen Kollektivismus eine entscheidende Rolle. Peinliche Aufrechnungen der buchhalterischen Kosten des Lebens und der Versorgung von Behinderten führten schon vorher zu dem Ergebnis: „die Nichtexistenz der Behinderten käme dem Staat um ein Millionenfaches billiger".[3]

Die *neue* Behindertenfeindlichkeit findet sich z.B. bei dem evangelischen Theologen John Fletcher, der 1972 eine Reihe von „Indikatoren der Humanität" zusammengestellt hat.[4] Danach gilt als Mensch, wer minimale Intelligenz, Selbstbewußtsein, Sinn für Zukunft wie für Vergangenheit, Beziehungsfähigkeit, Fürsorglichkeit, Gleichgewicht zwischen Rationalität und Gefühl und anderes ausweisen kann. In der säkularen Bioethik haben nicht nur der Utilitarist Peter Singer, sondern auch der Deontologe

(Pflichtethiker) Tristram Engelhardt[5] das moralische Subjekt im Vollsinne auf „Personen" begrenzt. Embryonen, Säuglinge, und auch Kleinkinder gelten noch nicht als Personen. Durch Alter, Unfälle oder Krankheiten stark Geschädigte fallen aus dem Personbegriff ebenfalls heraus. Klaus Steigleder hat diese Tendenz auf den Begriff gebracht: „Der moralische Fundamentalbegriff ist nicht der „Mensch" und eine entsprechende Gattungszugehörigkeit, sondern der einer Person im strikten Sinne. Nicht alle Menschen sind Personen, und möglicherweise sind auch nicht alle Personen Menschen."[6] Peter Singers Thesen zur Früheuthanasie haben besonders in Deutschland großes Aufsehen erregt. Eine seiner viel diskutierten Thesen sei noch einmal erinnert: „Sofern der Tod eines geschädigten Säuglings zur Geburt eines anderen Kindes mit besseren Aussichten auf ein glückliches Leben führt, dann ist die Gesamtsumme des Glückes größer, wenn der behinderte Säugling getötet wird. Der Verlust eines glücklichen Lebens für den ersten Säugling wird durch den Gewinn eines glücklicheren Lebens für den zweiten aufgewogen."[7] Alfons Auer skizziert für die „zunehmende Behindertenfeindlichkeit" eine Reihe von divergierenden Tendenzen[8]: erstens, die Erfahrungen aus dem dritten Reich seien weithin verdrängt; zweitens, es sei eine Tatsache, daß sich die Scheu, ein vorgegebenes und zugewiesenes Schicksal anzutasten (Eingriffstabu), weithin aufgelöst habe. Robert Spämann spricht von einer „erhöhten Sensibilität gegenüber Situationen individueller Frustrationen und Bedrängnis".[9] In einem solchen Zusammenhang werden z.B. in einer neueren Diskussion die „unbewußten Tötungsabsichten" bzw. „unbewußten Todeswünsche" gegenüber Behinderten thematisiert. Ich will hier nicht auf die Diskussion über die sogenannte aktive Euthanasie eingehen, aber sie zeigt ebenfalls auf, daß vielerseits von den Grenzen der Belastbarkeit bei sich selbst und bei anderen her argumentiert wird. Eine solche Diskussion erinnert mich oft an eine Geschichte von Gregor von Rezzori, in welcher ein armer Bettler bei einem reichen Mann durch die Darstellung seines Elends soviel Mitleid erregt, daß dieser sagt: „werft ihn hinaus, er bricht mir das Herz!"

Der Tübinger Philosoph Tadashi Otsuru, der selbst spastisch gelähmt ist und sich als „Philosoph des Andersseins" bezeichnet, gibt dem Behindert-Sein eine philosophische Bedeutung, die das herkömmliche Verständnis von Integration irritiert. Der behinderte Mensch wird nicht an seinen Leistungsdefiziten gegenüber dem Nichtbehinderten gemessen und angehalten, diese auszugleichen, also möglichst gut zu funktionieren. Vielmehr bietet seine Gegenwart den anderen und ihm selbst die Möglichkeit der „Übung", deren Ziel es ist, Anderssein auszuhalten und zu verstehen,

„wobei das Anderssein nie weggewischt, sondern gerade als Anderssein getragen wird – als dasjenige, das notwendig zu dem Ganzen gehört".[10]

Alfons Auer weist auch darauf hin, daß Behindertenfeindlichkeit auf Irritationen beruhen kann: „Immer mehr Menschen erfahren einen beträchtlichen Widerspruch zwischen den wissenschaftlich-technischen Fortschritten, die zu einer Steigerung der Lebenserwartung (und zu einer Verlängerung der Lebenserhaltung) geführt haben, und der resignativen gesellschaftlichen Grundstimmung, in der viele den Sinn dieser Fortschritte anzuzweifeln begonnen haben."[11]

In-Vitro-Fertilisation: von der Reproduktionsmedizin zur Gendiagnostik

Zwischen dem Wunsch, überhaupt ein Kind zu bekommen, und dem Wunsch, makellose Kinder zu bekommen, liegt scheinbar eine große Distanz. Doch die Entfernung hat begonnen sich zu verringern. Im Kontext der Reproduktionsmedizin ist die In-Vitro-Fertilisation (IVF) mit Embryo-Transfer (ET) eine Substitutionstherapie für bestimmte Formen der Sterilität oder der Subfertilität, bei denen andere Behandlungsmethoden versagt haben oder aussichtslos sind. Dieser letzte Rettungsanker ist also subsidiär, steht unter der Beweislast des Mangels an Alternativen und richtet sich eher auf eine kleine Patientinnengruppe. Auch angesichts einer relativ geringen Erfolgsrate von 14–20 % erfüllter Kinderwünsche sind dieser Methode gewisse Grenzen gesetzt, auch wenn durch die Einbeziehung andrologischer Indikationen („Subfertilität", inzwischen 18 %) und durch die Herabsetzung der Voraussetzung unfruchtbarer Zeit auf ein Jahr sowie durch Methodenverbesserungen Ausweitungen möglich sind.

Aber nicht nur im Hinblick auf eine Verbesserung der Erfolgsrate, wie beteiligte ForscherInnen erhoffen, sondern im Hinblick auf ein neues Zuwachsfeld der In-Vitro-Gendiagnostik (PID), u.U. auch der Gentherapie eröffnen sich neue Perspektiven, angesichts derer der französische Experte J.F. Mattei die Frage stellt: „Müssen wir akzeptieren, daß die In-Vitro-Fertilisation eine der verbindlichen Methoden der Gendiagnostik wird?" Offensichtlich ist diese Akzeptanz (unter bestimmten Einschränkungen) in Großbritannien und Belgien sowie durch neue Gesetze in Frankreich und Schweden (1994) bereits eingetreten, bevor der neue Verwendungszusammenhang der In-Vitro-Fertilisation in eine technisch ausgereifte und klinisch anwendbare Phase getreten ist. Angesichts der Fragen, die der zitierte französische Experte stellt, mag dies auf den ersten Blick erstaunen: Schon die Idee einer Embryonen-Produktion, um einen oder zwei Embryonen vor der Einpflanzung zurückzuhalten, setzt nach seiner Ansicht immer eine offensichtlich „eugenische" Einstellung voraus, und, einen Embryo nur wegen seiner genetischen Merkmale zu vernichten, könne eine Reduktion des menschlichen Lebens auf seine genetische Summe bedeuten. Mattei fragt: „Gibt es angesichts eines molekularen Urteils über unser Leben keine Appellationsinstanz? Wird man die Diagnose monogenetischer Erbkrankheiten nicht bald auf genetische Prädispositionen für multifaktorielle Krankheiten ausdehnen? Muß man nicht, weil Medizin nicht aufgrund von Diagnosen vernichten sondern heilen will, die Keimbahnzellentherapie anstreben?" (Unveröffentlichter Diskussionsbeitrag für die Nationale Ethik-Kommission in Frankreich)

Die mögliche Ausweitung der genetischen Diagnostik in Verbindung mit der In-Vitro-Fertilisation kann die Zugangsbedingungen zur IVF und damit diese selbst grundlegend verändern. Die Beratergruppe der Europäischen Kommission „Ethische Implikationen der Biotechnologie" wies in ihrer Stellungnahme zur „Pränatalen Diagnostik" vom 20.2.1996 darauf hin, daß die Präimplantationsdiagnostik (PID) wegen ihrer Verbindung zur IVF zusätzliche ethische Probleme stelle (Nr. 1.2). Die Probleme werden also von beiden Seiten her gesichtet: von der Seite des Einbezugs humangenetischer Techniken in die IVF und von der Seite der möglichen Belastung der Gendiagnostik mit der IVF-Methode und ihren Problemen.

Meine These lautet: die Tendenz, PID, neben anderen Gründen (die eigens zu untersuchen wären, wie z.B. die Prävention genetisch indizierter Schwangerschaftsabbrüche) aufgrund der eingeführten ethisch-rechtlichen Akzeptanz der IVF zu legitimieren, muß infrage gestellt werden,

a) weil der weitere Verwendungszusammenhang der IVF problematisch ist,
b) weil dadurch die schon bisher bestehenden und aufgrund neuerer Erkenntnisse verschärften Probleme der IVF sichtbarer und dringlicher werden.

Der weitere Verwendungszusammenhang bezieht sich zunächst einmal auf die selektiven und/oder therapeutischen Aussichten. Was den Einpflanzungsverzicht nach IVF und einer belastenden Gendiagnostik betrifft, so ist der Vergleich mit dem Schwangerschaftsabbruch in abstracto bisher bereits diskutiert worden. Dabei geht es um eine Abwägung der Belastung durch IVF einerseits und der Belastung durch den Abbruch (möglicherweise zu einem ziemlich späten Zeitpunkt der Schwangerschaft) andererseits. Solange eine PID noch durch eine zusätzliche PND (Pränataldiagnostik) nach Embryotransfer überprüft werden muß, um ihr Ergebnis zu sichern, stellt sich diese Frage nicht, weil eine PID in dieser Phase der Technik kaum ethischen Abwägungen genügen kann. Aber diese Frage wird in Zukunft weiter diskutiert werden müssen. Dabei darf eine Perspektive nicht außer Auge gelassen werden: mindestens theoretisch stellt sich nach PND noch einmal die Frage nach einem möglichen Austragen auch eines genetisch belasteten Fötus. Im Zusammenhang mit der IVF wird sich schon angesichts der vorhergehenden Belastungen die Frage der Einpflanzung erbkranker früher Embryonen nicht mehr stellen. Dies erniedrigt die Schwelle zur Selektion bis zum Nullpunkt. Man mag solche Überlegungen angesichts der PND Praxis mit Schwangerschaftsabbruch für pragmatisch gegenstandslos halten, aber dann muß man sich überlegen, welche Kriterien man damit außer Kraft setzt.

Die Sicherheit der mit der PID verbundenen Micromanipulation, ausgehend von einer Zelle im frühen Stadium des Embryos, bedarf wegen möglicher irreversibler Folgen ebenfalls der Reflexion und der Überprüfung. Auch bei Keimbahnzellentherapieversuchen stellen der Weg (Embryonenversuche) und die Folgen (Irreversibilität, Austausch mit veränderbaren Umwelten, Grenzen der erreichbaren Präzision) erhebliche Bedenken dar, die den abstrakten Überlegungen entgegenstehen, wonach eine allseits „saubere" Keimbahnzellentherapie „in sich" moralisch wünschenswert sein könnte. Aber wird die Realität jemals diesen abstrakten Überlegungen entsprechen, oder haben diese nur eine strategische Bedeutung zur Akzeptanzbeschaffung?

Die Frage des moralischen Status frühen menschlichen Lebens in seiner biologischen, sozialen und personalen Zuordnung ist weiterhin philosophisch kontrovers und klärungsbedürftig. Ähnliches gilt für die fortschreitende Rationalisierung (Zunahme von Planung und Entscheidung) des reproduktiven Verhaltens, in welche immer mehr Elemente der Lebensqualifizierung einrücken. Auch diese Frage zwischen Lebensqualität und Lebensrecht ist eine Frage allgemeiner ethischer Debatte, die über IVF und PID-Probleme hinausreicht. Damit zusammen ist die Frage nach den Distinktionen zwischen Krankheit, Prädisposition für eine multifaktorielle Krankheit und Verbesserungswünschen („enhancement"), die nicht mehr mit Gesundheitsrisiken erklärt werden können, zu stellen.

Was die Signifikanz der IVF-Probleme betrifft, so hängt sie zunächst einmal mit der schwachen Erfolgsbilanz und mit den Risiken zusammen. Die Aborte sind mit 15–25 % doppelt so hoch wie in vivo; das Problem der Mehrlingsschwangerschaften ist noch nicht zufriedenstellend gelöst.

Will man aber über technische Fortschritte solche Probleme mehr und mehr einschränken, stellt sich wiederum die Frage der Embryonenversuche zur Verbesserung der IVF, über deren Erforderlichkeit man freilich unterschiedliche Aussagen hören kann.

Einige moralrelevante Probleme der IVF gehören eher in den reproduktiven Kontext: das Präventionsproblem, gekoppelt mit dem Ursachenproblem; individual- und sozialpsychologische Faktoren, homologe und heterologe Anwendungsbereiche; Grenzfälle des Kinderwunsches. Unbestritten ist, das psychische Faktoren grundsätzlich eine Rolle spielen und daß, um ein Beispiel zu nennen, die Zunahme der relativen Subfertilität durch das Hinausschieben eines Kinderwunsches bedingt sein kann. Mit inneren Widersprüchen der beteiligten Personen muß ebenso gerechnet werden wie mit überhöhten Kinderwünschen ohne eine Spur von ambivalenten Gefühlen und Gedanken.

Wenn man die komplexe Problemlage von IVF, PID und ET untersuchen will, dann bedarf man erneut des internationalen disziplinären und interdisziplinären Austausches. Ethische Kriterien werden nur in durchleuchteten Realitäten praktisch einschlägig und signifikant. Deshalb gibt es keine konkrete Ethik ohne Beteiligung der einschlägigen Fachwissenschaften, Folgenabschätzungen und Expertisen über Kontexte und Konnotationen. Verlangte noch ein Beschluß des Europa-Parlamentes vom 16.3.1989 das Verbot aller genetischen Untersuchungen außerhalb des Mutterleibes wegen der damit verbundenen Selektionsgefahr, so zeichnet sich jetzt eine Tendenz ab, wonach es eine Frage des Zeitpunktes und eine Frage der Indikation bzw. Korrekturabsicht ist, ob man von der Selektion des Menschen sprechen kann. An solchen Kontinuitätsbrüchen zeigt sich der erhöhte Klärungsbedarf, zu dem eine Ethikberatung Wesentliches beitragen kann.

Fragwürdige Ethik-Strategien am Beispiel der Debatte über Klon-Techniken

Die ethische Politikberatung soll dazu dienen, rechtliche Rahmenwerke zu entwerfen, die die Bedingungen feststellen, unter denen geforscht und unter denen Forschung angewandt werden kann. Nun geschieht diese Politikberatung auf verschiedenen Ebenen. Die erste Ebene ist, die man ins Auge fassen muß, ist die Ebene der UNESCO.

Auf der Ebene der UNESCO hat die Internationale Bioethik Kommission (IBC) 1994–1997 einen Text vorbereitet, der im November 1997 von der UNESCO Versammlung angenommen worden ist. Dieser Text ist eine „Deklaration zum Schutz des menschlichen Genoms."

Zu beachten ist ferner die Ebene des Europarates. Die Ethikberatergruppe des Europarates ist der Lenkungsausschuß für Bioethik (Steering Comittee). Er hat die Entwürfe zur „Europäischen Menschenrechtskonvention zur Biomedizin" erarbeitet. Auf der UNESCO-Ebene handelt es sich um eine Deklaration, also um einen Apell, dessen Verpflichtungscharakter begrenzt ist. Hier gibt es höchstens die Sanktion einer moralischen Diskriminierung. Auf der Ebene des Europarates (40 Länder) ist dagegen ein Vertrags-Rahmenwerk entstanden, das dann in Geltung tritt, wenn die einzelnen Mitglieder nicht nur unterzeichnet, sondern auch ratifiziert haben.[12] Bisher (Anfang 1999) haben 23 Mitglieder unterzeichnet, aber nur zwei (Slowakei, San Marino) ratifiziert.

Eine neue Ebene stellt die Europäische Union der 15 Länder dar, die, im Übergang zu einem Bundesstaat ein Parlament und eine Regierung besitzt hat, die Europäische Kommission. Sie verfügt über eine schon erwähnte Beratergruppe die Group of Advisors Ethical Implications of Biotechnology, (1992–1997), seit 1.1.98 über das daraus hervorgegangene zwölfköpfige Nachfolgegremium „European Group on Ethics". Diese Beratergruppe hat im Auftrag der Europäischen Kommission verschiedene Stellungnahmen abgegeben, die z.B. bei der Frage der Patentierung, bei der Frage der Klonierung oder bei der Frage der Etikettierung von Nahrungsmitteln wichtig wurden.

Daneben gibt es Beratergruppen auf der Ebene der Weltgesundheitsorganisation (WHO). Auch da ist eine Stellungnahme zum Klonen am Menschen erarbeitet worden. Beratergruppen gibt es selbstverständlich auch auf der nationalen Ebene. Alle haben sich zum Thema des Klonens auf die eine oder die andere Weise geäußert. Deshalb läßt sich an diesem Beispiel einiges aufzeigen.

Die Dolly-Sensation, die erfolgreiche Erzeugung einer Schaf-„Kopie" aus einem Stammzellenembryo, ist seit dem Februar des Jahres 1997 bekannt. Das gemeinsame Wort für diese Art von Klontechniken lautet: „Stammzellen"-Klonen. Wir wissen nicht, inwieweit der Versuch auf den Menschen anwendbar ist. Aber das ändert nichts daran, daß Stammzellklonen als Technik bereits für den Menschen vorgeschlagen wird. So haben sich etwa 22 berühmte Wissenschaftler der Welt für eine Anwendung dieser Technik am Menschen eingesetzt. Der amerikanische Biophysiker Richard

Seed hat durch den Vorschlag, die Klontechnik dieser Art einzusetzen, um unfruchtbaren Männern zu Kindern zu verhelfen, Aufsehen erregt. Schon ist die Rede von der Möglichkeit, eine Schwangerschaft im Männerkörper zu bewerkstelligen.

Die Technik, Stammzellen zu klonen, hat zudem große öffentliche Aufregung verursacht, weil man an die Kopien von existierenden Menschen gedacht hat. Um eine totale genetische Identität kann es sich freilich schon deswegen nicht handeln, – weil sich eine ganze Reihe von Faktoren der Umwelt auf die Entwicklung auswirken. Schon aus genetischer Sicht, wäre es falsch, anzunehmen, alle „Kopien", die geklont worden seien, sähen bei Tieren gleich aus. Sie haben nicht einmal unbedingt die Flecken an derselben Stelle oder die gleichen physiologischen Formen.

Bereits 1993 hat es in Pittsburgh Versuche gegeben, Embryonen durch Aufteilung zu verdoppeln. Man hat freilich diese Embryonen hinterher nicht eingepflanzt und auf diesem Wege keine Zwillingsbildungen „in vivo" hervorgebracht. Wenn heute von Klonen die Rede ist, wird das Embryonen-Splitting stets mit thematisiert. Bei Klontechniken in-vitro, wie sie für embryonale Stammzellen bedeutsam geworden sind, wurden freilich inzwischen durch allerlei Mischtechniken Embryonen „kreiert".

Man muß unterscheiden zwischen Klontechniken mit der Absicht zu einer in-vivo-Entwicklung, d.h. Menschen zu kopieren, und Klontechniken, die sich auf die in-vitro Phase beschränken, auf Embryonenversuch vor der Einpflanzung. Indem man diese Klone in Zellkulturen verwandelt, verfolgt man bestimmte Absichten, z.B. im Zusammenhang mit der Therapie von Immunabwehr bei Transplantationen, aber auch im Zusammenhang mit der Entwicklung von Frühformen menschlicher Organe.

Diese Optionen sind im Grunde noch Science Fiction, d.h. bei aller Erwartung künftiger Erfolge derzeit noch ungedeckte Schecks. Aber es handelt sich um künftige Situationen, zu denen eine Gesellschaft mit Hilfe heute schon von ethischen Überlegungen Stellung beziehen muß, bevor die Technik als solche ausgebreitet wird.

Verschiedene Beratergruppen wurden 1997 beauftragt, Expertisen vorzulegen, um zu einer ethischen Normierung für das Klonen zu gelangen: die sog. Clinton-Kommission in den USA, die erwähnte Beratergruppe der europäischen Kommission, die am 20. Mai 1997, also unter hohem Zeitdruck, ihre „Opinion" fertigstellte, und die Beratergruppe des Wissenschaftsministers in Deutschland, an der die Präsidenten der verschiedenen Forschungsgesellschaften teilgenommen haben.[13] Was das Klonen von Menschen anbetrifft, so wurde in der EU Beratergruppe und in der

US-Kommission eine Unterscheidung zwischen dem sogenannten „reproduktiven" und „nicht-reproduktiven" Klonen eingeführt. Es ging darum, die Situation des Klonens in-vivo von der Situation in-vitro zu unterscheiden. Unsere Sprache ist nicht geeignet, alle neuen Phänomene sofort zu erfassen, deswegen ist zunächst alles mißverständlich, was man an Begriffen wählen kann, und das kann man vielleicht auch zugunsten der Unterscheidung von „reproduktiven" (in-vivo) und „nicht-reproduktiven" (in-vitro) Klonen anführen. Mit „reproduktiv" gemeint ist, der Klon wird eingepflanzt, und es entsteht ein Mensch daraus. Man setzt die Situation in-vitro mit der Option der „in-vivo"—Einpflanzung voraus. Denn in-vitro ist noch nicht entschieden, ob ein früher Embryo, der entsprechend manipuliert worden ist, eingepflanzt wird oder nicht. Und wenn er nicht eingepflanzt wird, aber an ihm Versuche mit bestimmten therapeutischen Fernzielen durchgeführt werden, dann gilt das als „nicht-reproduktives" Klonen oder wie eine Expertise in Großbritannien formulierte, als Klonen „für therapeutischen Gebrauch".

Die Beratergruppe der EU kam nun zu dem Ergebnis, daß „reproduktives" Klonieren verboten werden muß. Die Clinton-Kommission war mit der gleichen Terminologie insofern liberaler, als sie nur ein Moratorium zum gegenwärtigen Zeitpunkt, verlangte. Die Formel „at the present time and in .the present social context" ist nicht in das Ergebnis der Europäischen Beratergruppe eingegangen. Mit dieser Einschränkung setzt man nämlich voraus, daß man das Verbot vermutlich überholen wird. Daß alle Gebote, die wir unter gegenwärtigen Bedingungen formulieren, geschichtlich überholbar sind, ist eine Selbstverständlichkeit. Wer das dennoch zum Ausdruck bringen will, hat Hintergedanken, die dann aber auf den Tisch gelegt werden müssen. Insofern kann man sagen, die Clinton-Kommission hat sich eher für ein Moratorium ausgesprochen und die Europäische Beratergruppe für ein begrenztes, aber striktes Verbot. Dieses strikte Verbot umfaßt aber nur den sogenannten „reproduktiven" Bereich. Zum „nicht-reproduktiven" Bereich, also bei einer Kultivierung von geklonten Embryonen in Zellkulturen in-vitro sollte in Ländern, in denen Embryonenversuche erlaubt sind (wie z.B. in Belgien oder in Großbritannien) auch das Klonen in-vitro nicht verboten sein, unter der Voraussetzung, daß es sich um hochrangige (therapeutische) Zwecke handelt, ferner unter der Voraussetzung, daß ein „licensing body", eine Ethikkommission, befürwortet, und schließlich unter der Voraussetzung, daß die manipulierten Embryonen nicht eingepflanzt werden, um dann zu selbständigen Menschen zu werden.

Diese Unterscheidung von „reproduktivem" und „nicht-reprodukti-vem" Klonieren ist freilich nicht von der *Sache* her getroffen worden, son-dern sie war von der *Absicht* bestimmt, damit einen Unterschied in der Behandlung von „Embryonen" und von „Menschen" zu erreichen. In ei-ner Erklärung des Ministerrates des Europarates (das Europa der 40 Staa-ten) zu humanen Gewebebanken, war 1992 für diesen Bereich definiert worden, was unter „reproduktiv" und „nicht-reproduktiv" zu verstehen sei. Dort wurden als „reproduktiv" erachtet: Eizellen, Samenzellen und Embryonen. Eben deswegen sollte ihre Verwendung als Gewebe verboten sein, weil sie „reproduktiv" seien, d.h. weil aus ihnen sich menschliche Lebewesen entwickeln können. Der Ausdruck „reproduktiv" ist also ab-sichtlich von den Ethik-Beratergruppen im praktischen Interesse auf ein-gepflanzte Embryonen eingeschränkt worden. Das nenne ich *Sprachpolitik*. Diese Politik war nicht ohne Vorbild. Denn diese Differenz zwischen „re-produktiv" und „nicht-reproduktiv" hat schon einmal eine amerikanische Beratergruppe für die In-vitro-Fertilisation einzuführen versucht. Über den „nicht-reproduktiven" Bereich sollte man sich keine Gedanken ma-chen.

Das sog. nicht-reproduktive Klonen wird, und das ist ebenfalls Sprach-politik, auch „therapeutisches Klonen" genannt. Die Begriffe „Therapie" und „Gesundheit" (human health) spielen in der Sprachpolitik eine ganz zentrale Rolle. Ich möchte das an einem Beispiel aus der Menschenrechts-konvention des Europarates zur Biomedizin (1997) erläutern. In der Kon-vention heißt es im Artikel 18,2, es sei verboten, „Embryonen zu For-schungszwecken" zu erzeugen. Im Artikel 12 geht es implizit darum, an Embryonen zu forschen, obwohl explizit nur um die Möglichkeit von „sex selection", also um Geschlechtswahl, geht. Dort wird gesagt, so etwas sei nur möglich, wenn es Gesundheitszwecken („health purposes") diene. Als Beispiel für Gesundheitszwecke wird die Geschlechtswahl bei Erb-krankheit genannt. Eine Erbkrankheit kann mit einem bestimmtem Ge-schlecht verbunden sein. Abtreibung nach Pränataldiagnose, Selektion im Embryostadium vor dem Mutterleib, eventuell auch Geschlechtswahl durch Samenschleuder: nicht geklärt ist im Text, um welche Methode es geht. Zugleich steht in diesem Artikel 12, daß diese Gesundheitszwecke auch die Forschung zu Gesundheitszwecken einschließen: „research on health purposes". Nun fragt man sich: was ist im Artikel 18,2 mit dem Verbot gemeint, Embryonen nicht zu Forschungszwecken zu erzeugen? Sind damit Forschungszwecke zu Gesundheitszwecken, die andernorts bejaht werden, ausgeschlossen? Wenn das der Fall wäre, dann würde

Forschungszwecke in Art. 18,2 wenig besagen, weil man jeden Forschung-zweck in diesem Bereich der Intention nach zum therapeutischen Zweck erklären kann.

Ich möchte damit verdeutlichen, daß die Konvention des Europarates durch solche Sprachpolitik bestimmte Probleme, ohne sie zu lösen, vor sich herschiebt. Dieses Problem, läßt sich mit anderen Beispielen vertiefen. Die europäische Konvention und auch ihr Zusatzprotokoll zum Klonen, das im Januar 1998 unterzeichnet worden ist, überläßt die Feststellung dessen, was ein menschliches Wesen ist, den Nationalstaaten. In einem Interview hat die Präsidentin der EC-Beratergruppe und der Internationalen Bioethik-Kommission der UNESCO, Noëlle Lenoir, erklärt: wann ein Mensch beginnt, bestimmen die Nationalstaaten. Man kann sich vorstellen, daß bei der Suche nach einem gültigem europäischen Konsens die Offenheit dieser Frage dazu führt, daß jeder Konsens im Einzelfall unklar bleibt. Nach Noëlle Lenoir halten die Deutschen einen frühen Embryo nach der Keimverschmelzung für einen Menschen, andere Länder sehen individuelle Menschen erst von der Geburt an. In der Menschenrechtskonvention zur Biomedizin steht nicht fest, was ein „human being", ein menschliches Wesen, ist. Für das Klonieren am Menschen hat das aber eine besondere Bedeutung. Dies be-trifft das Zusatzprotokoll zur Konvention. Darin steht im ersten Paragra-phen, daß es verboten sei, einen Menschen mit der Absicht zu schaffen, ihn mit einem vorherigen lebenden oder verstorbenen Menschen identisch zu machen. Der englische Ausdruck ist, „to create a human being". Wer das unvoreingenommen liest, der meint, *jedes* Klonen am Menschen sei verbo-ten. Aber so einfach ist die Sache nicht. Die irreführende Sprachpolitik wird dadurch noch verstärkt, daß im zweiten Paragraphen steht, dieses Verbot sei so strikt, daß es davon keine Ausnahme gäbe. Wenn man aber die offiziellen *Erläuterungen* heranzieht, sieht es anders aus.

In den Erläuterungen steht, daß man drei Ebenen des Klonens unterschei-den muß: Erstens, das Klonen von Zellen überhaupt; das gilt als moralisch unproblematisch, da es sich nicht um Lebewesen mit einem eigenständigen Schicksal handelt. Zweitens, das Klonen „in-vitro", da wird vorsichtig von „Embryonenzellen" gesprochen. Aber hinter „Embryonenzellen" im toti-potenten oder später im pluri-potenten Zustand verbergen sich Embryo-nen. Drittens, das Klonen von „Menschen". Das heißt, das Klonen von „Menschen" wird abgesetzt vom Klonen von Embryonenzellen, und dann wird ausdrücklich darauf hingewiesen, daß dieses Zusatzprotokoll sich nur auf das Klonen von „Menschen" (human being) beziehe. Im Sinne der vorherigen sprachpolitischen Erörterung bedeutet dies: obwohl der

Ausdruck „nicht-reproduktives" Klonen hier nicht benutzt wird, ist klar, daß die sachliche Unterscheidung, die damit gemeint ist, – Klonierung in-vivo nein, und in-vitro, ja, – von der Menschenrechtskonvention für Biomedizin übernommen worden ist. Freilich wird dies nur bei genauerem Lesen der Erläuterungen kenntlich. Nun sagen einige Interpreten der Menschenrechtskonvention zur Biomedizin, das sei nicht gravierend, weil in dem erwähnten Artikel 18,2 stehe, daß man Embryonen nicht zum Zwecke der Forschung erzeugen dürfe, und damit sei es ausgeschlossen, daß man Stammzellen nehme, um Embryonen zu schaffen. Demgegenüber ist darauf aufmerksam zu machen, daß der Begriff zu „Forschungszwecken" noch nicht geklärt sei. Ist damit die Forschung zu Gesundheitszwecken wirklich ausgeschlossen? Darüber werden sich dann später die Gerichtshöfe zu verständigen suchen, weil das bisher nach dem Wortlaut nicht klar ist. Deswegen kann man nicht davon ausgehen, daß es ein Totalverbot des menschlichen Klonierens in der Menschenrechtskonvention zur Biomedizin und ihrem Zusatzprotokoll gibt. Das EU-Parlament hat versucht, in einer eigenen Interpretation diese Lücke zu schließen (s.u.). Schon gar nicht gibt es ein solches Verbot im Rahmen der UNESCO-Deklaration, denn in der UNESCO-Deklaration wird nur das „reproduktive" Klonieren verboten. Die UNESCO-Deklaration hat diesen Ausdruck von der EU-Beratergruppe übernommen.

Wie wichtig diese „Sprachpolitik" ist, wird daran deutlich, das sich der Vertreter des Vatikans in der Beratung der UNESCO-Deklaration für dieses Verbot des „reproduktiven" Klonieren engagiert haben soll, ohne zu wissen, daß es nur ein Teilverbot beinhaltet. Das ganze Sprachspiel kann von Ethikern nicht sofort eingesehen werden, insofern sie sich nicht ständig mit dieser Materie beschäftigen müssen.

Diese Unterscheidung spielt auch eine Rolle bei dem Klonverbot, wie es von der Weltgesundheitsorganisation verlangt wird. Fast mit den gleichen Worten wird dort verboten, einen Mensch nach Kopie eines anderen zu schaffen, „to create", und dabei ist immer an „in-vivo" gedacht. Nur das EU-Parlament hat wie erwähnt, seine Position strikter markiert. In einer Entschließung zu den Menschenrechten vom 15. Januar 1998 heißt es: „besorgt über die Ankündigung eines amerikanischen Forschers, er wolle Menschen klonen, in der Erwägung, daß das Klonen eines Menschen definiert wird als die Erzeugung von menschlichen Embryonen mit demselben Erbgut wie ein bestimmter lebender oder bereits verstorbener Mensch in seiner gesamten Entwicklung, von der Befruchtung an, ohne Unterscheidung nach angewandter Methode, bekräftigt das Parlament erneut, daß jeder Einzelne das Recht auf eine genetische Identität hat und daß das Klonen von Menschen verboten sein muß, ohne jede Ausnahme". Das heißt, das europäische Parlament hat im Bewußtsein dieser Sprachpolitik alles getan, um ein totales Klonverbot wenigstens auf EU Ebene durchzusetzten, und das ist nicht ohne Bedeutung, da die europäische Union zu Übereinstimmung mit dem Parlament Forschungsgelder verwaltet. Das Europäische Parlament will auch in Zukunft die Grundlagen für die Genehmigung für Forschungsgelder in der Europäischen Union bestimmen.

Wie begründet man nun das Verbot des menschlichen Klonens „in-vivo"? Es gibt offensichtlich in weiten Kreisen, auch auf den Ebenen der UNESCO, auch in der Clinton-Kommission, trotz ihres schwächeren Einspruches, und auch in der Europäischen Union, sowie auf der Ebene des Europarates in der Menschenrechtskonvention für Biomedizin eine Einigung darüber, daß in-vivo nicht geklont werden soll. Kein Klonen soll mit dem Resultat erlaubt sein, daß Menschen als individuelle Kopien entstehen. Diese Art des Klonens wird nichtsdestoweniger von Wissenschaftlern weiter angestrebt. Da ist z.B. der Vorschlag, die Unfruchtbarkeit des Mannes übergehen, indem eine Stammzelle des Mannes benutzt wird, um auf diese Weise mit der Eizelle der Frau doch noch zu Kindern für ein Ehepaar zu kommen. Seed hat dies als eine Erweiterung der bisherigen Fruchtbarkeitsmedizin vertreten. Eine andere Option ist, daß ein Elternpaar, welches ein Kind durch einen Verkehrsunfall verloren hat und nun „Ersatz" wünscht über eine Zelle dieses Kindes ein anderes klonen läßt, das den Eltern die Freude der Wiederholung bringen soll. Diese Option ist rein technisch schon problematisch, aber auch psychologisch bedenklich. Solche Absichten wurden nichtsdestotrotz von Ethikern in den Kommissionen, die ich kenne, mit größtem Ernst vorgetragen, als seien sie ethisch nicht widerlegbar. Ein drittes Beispiel stammt von Phillip Kitcher, der einen philosophischen Beitrag über Methoden der Gentechnik verfaßt hat. Ein Kind hat z.B. ein Nierenproblem, und die Eltern züchten ein weiteres Kind heran, um eine zweite Niere zu haben, die dann keine Abstoßungsprobleme mit sich bringt. Das Stammzellenklonen könnte eine Methode sein, um zu dieser Gleichartigkeit der Organe zu gelangen.

Die Begründung, warum solche Optionen verboten sein sollen, ist auf allen Politikberatungsebenen bisher gleich. Das ethische Prinzip ist die „Nichtinstrumentalisierung" des Menschen. Das Prinzip der Menschenwürde nach Kant lautet: handle so, das du den anderen niemals bloß als Mittel, sondern immer auch als Zweck an sich selbst behandelst. Der Mensch, mit dem wir umgehen, soll immer auch Zweck an sich selbst sein.

Das ist kein Satz gegen *jede* Art von Instrumentalisierung überhaupt, sondern gegen eine Instrumentalisierung des Daseins *und* des Soseins der ganzen Person, ein Satz für die Option, daß die grundsätzliche Selbstzwecklichkeit des Menschen erhalten bleiben soll. Das heißt, ein Mensch, der sich als Kopie eines zweiten auf Wunsch eines dritten verstehen müßte, wäre als solcher für den Wunsch dieses dritten instrumentalisiert, und genau das würde für alle drei Beispiele zutreffen, die ich aufgeführt habe. Der Wunsch des dritten, z.B. im Falle der Eltern, bezieht sich dabei nicht nur, und das ist wichtig, auf das *Dasein*. Es geht nicht nur darum, daß ein Mensch im Sinne des Wunsches nach einem eigenen Kind ins Dasein tritt, sondern es geht um das *Design*; es geht um das *Sosein* dieses Menschen. Es wird in das Sosein eines künftigen Menschen so eingegriffen, daß es den Zwecken genügt, die von außen her gesetzt werden.

Auf den ersten Blick scheint diese Argumentation gerade in unserer Tradition sehr einleuchtend zu sein. Man darf aber nicht verhehlen, daß es starke Gegenargumente gibt. Auch sie anerkennen das Prinzip von Kant: Handle so, daß du den anderen niemals bloß als Mittel, sondern immer auch als Zweck an sich selbst betrachtest. Behauptet wird jedoch, es handle sich nicht um eine totale Instrumentalisierung, wenn man ein zweites Kind zum Zwecke der Organtransplantation erzeugen würde, weil dieses Kind in dem, was eigentlich die Personwürde ausmache, nämlich in der *Moralfähigkeit*, ja nicht eingeschränkt sei. Dieses zweite Kind sei als solches ja durchaus frei, handlungsfähig und moralfähig, und solange ja die Handlungsfähigkeit bzw. die Moralfähigkeit eines künftigen lebenden Wesens nicht eingeschränkt sei, könne man nur von einer Instrumentalisierung sprechen, die mit der Menschenwürde verträglich sei.

Das Argument übersieht, daß es problematisch ist, wenn man die anthropologischen Qualitäten, die für Moralfähigkeit erforderlich sind, gleichzeitig zu den anthropologischen Qualitäten macht, die erforderlich sind, um Rücksicht auf andere Menschen zu nehmen. Ich halte es für einen „ethizistischen" Fehlschluß wenn man von den anthropologischen Reduktionen, die wir brauchen, um Moral zu begründen, – Handlungsfähigkeit, Moralfähigkeit, Freiheit usw. sind solche Reduktionen, denn so ist der Mensch nicht zu jederzeit und nicht im Ganzen – auch benutzen, um Moral *anzuwenden*. Wenn wir von *Menschen* sprechen, die Gegenstand unserer Anerkennung und unserer Rücksicht sind, dürfen wir nicht den Rechtfertigungsgrund dieser Anerkennung auch zum *praktischen* Grund dieser Anerkennung im einzelnen machen. Sonst leiden immer diejenigen Menschen darunter, die in ihrer Freiheits-, Handlungs- und Moralfähigkeit in irgendeiner Weise defekt oder noch nicht soweit sind. Der Umkehrschluß von den anthropologischen Notwendigkeiter einer Moral*begründung* auf die anthropologisch bedingte *Anwendung* der Moral scheint mir nicht richtig zu sein.

Dies läßt sich freilich weiter diskutieren. Denn, so sagen die Vertreter eines gehaltvollen Ansatzes der deontologischen Moralbegründung, der Anerkennungsgrund – z.B. die Implikationen der Handlungsfähigkeit, sich Ziele zu setzen und dabei Ziele anderer Handelnder respektieren zu müssen – müsse den moralischen Status strikt kennzeichnen, wenn die Anerkennung nicht bloß formal bleibe, wobei man letztlich nicht wisse, wer zu den anzuerkennenden Personen gehöre und wen die Anerkennung in welcher Weise betreffe. Demgegenüber kann darauf verwiesen werden, daß ein moralischer Status im strikten Sinne keineswegs exklusiv formuliert werden müsse, daß er auch vielmehr nichthandlungsfähige Menschen oder frühe menschliche Lebewesen wegen ihrer kontinuierlichen und körperlichen Zusammengehörigkeit mit Menschsein im moralischen Status ebenfalls auf indirekte Weise beinhalte.

Das Prinzip der Nicht-Instrumentalisierung betrifft also:

a) nicht nur Menschen mit strikten moralischem Status (pflichtenfähige Rechtsträger),

b) da es um das gesamte Sosein des Menschen in seiner genetischen Präfiguration geht, diesen Menschen zentral und nicht nur peripher,

c) die Handlungsseite des Klonens und nicht die Erleidensseite – der geklonte Mensch verliert seine Würde ebensowenig wie der versklavte Mensch, aber die *Handlung*, die ihm mindestens psychologisch und lebensgeschichtlich in seiner Identität absichtlich festlegt und belastet, ist ethisch falsch.

In diesem Sinne halte ich an dem Prinzip der Nichtinstrumentalisierung des Menschen fest, und bin der Meinung, daß es richtig – wenn auch, wie angedeutet, nicht zureichend – ist, das Klonen des Menschen in-vivo zu verurteilen. Weltweit bestand 1997 eine einmalige Chance, aufgrund des allgemeinen Erschreckens zu einem solchen Verbot zu gelangen. Sie wurde immerhin „at present" genutzt.

Dieses Verbot ist freilich nicht total. Es ist ein In-vivo-Verbot. Es schließt nicht das In-vitro-Verbot ein, und damit stellt sich die Frage, inwieweit das Argument der Nichtinstrumentalisierung *in-vitro* anwendbar ist. Was die Politikberatung anbetrifft, so ist das Zusatzprotokoll zum Embryonenschutz für die Menschenrechtskonvention zur Biomedizin des Europarates erst noch anzufertigen. Auch in dem Zusatzprotokoll zum Klonen wird auf dieses fehlende Zusatzprotokoll zum Embryonenschutz verwiesen. Vor allem die deutschsprachige Diskussion über die Menschenrechtskonvention zur Biomedizin, die sich ja nicht nur mit diesen Problem beschäftigt, hängt weiterhin davon ab. Diese Diskussion spricht gelegentlich von einer Ethik der Interessen artikulationsfähiger Individuen im Gegensatz zu einer Ethik der Menschenwürde, welche auch die Nicht-arikulationsfähigen umgreift und der Selbstbestimmung des Individuums darin Grenzen setzt, daß es selbst nicht seine eigene Würde voll begreifen und daher diese auch nicht instrumentell definieren kann.

Ethik der Interessen?

In der Medizinethik wird oft das belastende Einzelschicksal von interessefähigen Menschen in den Vordergrund gestellt. Dies ist eine berechtigte Perspektive, die zu weitreichenden Abwägungen führen kann. Diese treten freilich häufig nur in verkürzter Form auf. So wird z.B. bei der pränatalen oder bei der präimplantatorischen Gendiagnostik auf die mögliche Entlastung gesehen, und dabei werden die jeweiligen spezifischen Belastungen – durch fortschreitende Rationalisierung der Schwangerschaft und der Reproduktion, durch sozialen Druck und durch die Ausweitung von Testindikationen oder die Methode der In-Vitro Fertilisation – gleichsam ausgeblendet. Während aber dieses Problem, zumindest theoretisch, auf der Ebene individualethischer Rücksichten angegangen werden kann, ist sozialethisch darüber hinaus der Effekt für die Abwehr von Belastungen und Behinderungen und der damit möglicherweise verbundene Solidaritätsverfall zu prüfen. Haltungsethik, heute gern im engeren Sinne „Ethik" genannt, normative Ethik, heute gern im engeren Sinn als „Moral" bezeichnet, und Institutionenethik, heute immer noch ungenügend profiliert und meist unter Fragen der sozialen Gerechtigkeit thematisiert, lassen sich nicht aufeinander reduzieren. Sie müssen miteinander bedacht werden, d.h. das gleiche Problem muß aus verschiedenen Richtungen thematisiert werden können. Mit einer rein individualethischen Sicht – wer hat das Recht zu entscheiden? – kann z.B. die moralische Überprüfung des in sich problematischen *Angebotes* für eine Entscheidung verdrängt werden. Das moralische Subjekt kann dann auf das zustimmungsfähige Subjekt beschränkt werden. Die individuelle Option kann als Legitimation für den Umgang mit moralisch strittig bleibenden Entscheidungen eingesetzt werden. Etwas ist dann weder geboten noch verboten, aber toleriert, wobei die Toleranz des Legalen leicht zum legalen Anspruch werden kann, weil das Rechtsverständnis nur einen binären Code kennt und Toleranz mit Erlaubnis, diese aber mit Legalität assoziiert. Individualethische Optionen greifen dann ungeprüft auf die Sozialethik über, in welcher es doch um die gerechten Bedingungen für solche Optionen geht. Wenn in ethischen Ansätzen z.b. die Autonomie im Sinne von Legitimation durch Selbstbestimmung den Vorrang vor einer Menschenwürde erhält, die dann nur noch sehr reduktiv als Pietät für nicht-interessensfähige menschliche Lebewesen verstanden wird, dann ist eine Sozialethik der Menschenwürde, welche von der grundsätzlichen Nichtevaluierbarkeit menschlicher Lebewesen ausgeht, nicht mehr möglich.

So ist jeweils zu klären, ob sich unterschiedliche Perspektiven ideologisch absolut zu setzen versuchen. Dies wäre z.B. auch der Fall, wenn eine kollektive Nutzenserwägung an die Stelle der Anerkennungsbeziehungen von Personen treten würde. Es gibt Formulierungen in den Bioethiktexten, die eine solche Option zumindest nicht ausschließen. (z.B. das menschliche Genom als „Erbe der Menschheit" in der UNESCO-Deklaration). Dies wäre auch der Fall, wenn die moralische Forderung des „equal access" zu den Grundgütern des menschlichen Lebens (ideellen und materiellen) dazu gebraucht würde, Menschen fragwürdige oder zweitrangige Güter aufzureden oder sie zu Handlungen unter nicht aufhebbaren Ungleichheitsbedingungen zu veranlassen. Solche Insinuationen sind im Verhältnis von Industrienationen zu Drittweltländern nicht unüblich. Was nützt diesen jedoch ein Zugang zu Hochtechnologien, etwa durch entsprechende Kreditvergabe, wenn sie nachher dafür zurückzahlen müssen und wenn sie dafür die primären Güter in ihrem Lande, materielle wie immaterielle, vernachlässigen?

An diesen Beispielen ist zu sehen, wie sehr mangelnde Distinktionen in der Ethik zu persuasiven Strategien genützt werden können. Je weniger die Ethik korrekt angewandt wird, um so mehr kann sie zum Schmiermittel ethisch problematischer Interessen werden.

Argumente mit Natur- und Lebenswelt[14]

Im Zusammenhang mit dem Klonen des Menschen werden zusätzlich zum Menschenwürde-Argument (s.o.) auch folgende Argumente diskutiert: das Argument mit der Natur (1), das Argument mit der Lebenswelt (2).

(1) Beginnen wir mit dem Argument, das die Natur betrifft. Christen begreifen die Natur im Glauben als Schöpfung. Doch wenn sie den Begriff Schöpfung in öffentlichen Diskussionen verwenden, müssen sie ihn in eine normale, kommunikable menschliche Sprache übersetzen. Sie können sich nicht mit theologischen Worten, deren Bedeutung nicht für andere erklärbar wäre, in bloße Deklamationen retten. „Schöpfung" meint theologisch nicht Natur im Status quo. Sie meint auch nicht einfach eine göttliche Starthilfe zur Welt, sondern den „liber creaturarum", gleichsam ein sich immer neu schreibendes Buch, in welchem doch Linien zeichenhafter Kontinuität zu erkennen sind. Außerdem meint „Schöpfung" Endlichkeit und Abhängigkeit der Kreaturen in ihrem Dasein und Sosein. Die Anerkennung von Linien zwischenhafter Kontinuität, von Endlichkeit und wechselseitiger Angewiesenheit kann auch ohne das theologische Motiv kommunikabel sein.

Was heißt verantwortlicher, ethischer Umgang mit der Natur als „Schöpfung" wobei Schöpfung als säkularer Begriff im Sinne kommunikabler Gehalte verstanden wird? Es ist auf der einen Seite klar, daß der Mensch immer schon die Natur gestaltet und manipuliert hat. Unsere Kultur baut darauf auf, daß wir die Natur gestalten, daß wir sie verändern, daß wir sie manipulieren. Das Wort „manipulieren" hat übrigens im Hebräischen wie auch im Englischen oder Französischen keineswegs die negative Bedeutung wie im Deutschen. Die Hand (manus) des Menschen kann auch schonend, sie muß nicht zerstörerisch wirken. Naturgestaltung entspricht der Schöpfungsverantwortung.

Wir alle haben dafür ein Empfinden, daß das Wort „Natur", hinter dem das Wort „Schöpfung" steht, etwas verbirgt, was in irgendeiner Weise Gegenstand unserer Verantwortung sein könnte. Nicht in der Weise, daß wir von einem geheiligten Rest sprechen, in den wir noch nicht eingegriffen haben. Es ist vielleicht eher die Form oder Struktur, in der sich uns die Natur oder die Schöpfung gibt: Wir brauchen sie, um durch sie gestaltend mit ihr leben zu können.

Überall dort, wo unser Wissen und unser Können zunimmt, wo wir mehr machen können als früher, nimmt zugleich unsere Einsicht in das Nichtwissen, das Nichtkönnen, in das Nichtmachbare zu. Nichts anderes ist gemeint, wenn wir ethisch sagen, daß wir „Respekt" vor dieser Struktur der Wirklichkeit haben, die wir Natur nennen, oder wenn wir theologisch sagen, daß wir Respekt vor der Schöpfung haben. Die Einsicht in die genetischen Strukturen, auch in die weiteren Strukturen von Zellen, ist ungeheuer schwierig. Wir sind nicht imstande, kausal und rational die einfachen Formen des Lebens in einer Art Simulacrum, in einer Art Wiederholung der Struktur darzustellen. Etwas in einer einzelnen Wirkung beschreiben zu können, heißt noch lange nicht, die gesamte Funktionsweise zu kennen. Die kausalen Abläufe molekularbiologischer Technik sind Reaktionsweisen, die man im Griff zu haben glaubt. Wir sollten uns also keine Illusionen machen: Der Zuwachs an genetischem Wissen bedeutet gleichzeitig einen Zuwachs an Wissen über genetisches Nichtwissen. Wir werden zugleich gelehrter über das, was wir nicht wissen und was wir nicht können. Diese Widerständigkeit der Wirklichkeit unserem Forschen und Erkennen gegenüber bleibt bei aller Eingriffstiefe, die dieses Forschen und Erkennen inzwischen angenommen hat, erhalten.

In einer kontemplativ angelegten Biologie, wie ich sie in meiner Schulzeit mit Anschauungsunterricht über Pflanzen und Tiere erlebt habe, ist dieser Vorbehalt vielleicht leichter zu respektieren. In einer technisch-aktiven Biologie hingegen können die genannten Grenzerfahrungen durch die Anwendungen des technischen Könnens überschritten. Aus guten Gründen handelt es sich bei Eingriffen am menschlichen Genom um lang angelegte Forschungsprozesse, die mit Geduld und Umsicht zu betreiben sind und bei der zugleich der Zuwachs an wissendem Nichtwissen zu beachten bleibt.

Der Respekt vor der Natur ist ein Respekt vor der Struktur unserer Wirklichkeit, und darin steckt sozusagen der Übergang zu der religiösen Grenzerfahrung, die Christen als „Schöpfung" bezeichnen. Man kann diese Grenzerfahrung auch Endlichkeit des Menschen nennen. Wo hier die Endlichkeit des Menschen liegt, hat der französische Strukturalist Michel Foucault einmal folgendermaßen beschrieben: Wenn sich der Mensch total verobjektivieren würde, wenn er sich also in einen bloßen Gegenstand der Forschung auflösen würde, dann wäre er als Subjekt nicht mehr vorhanden. Denn auf der Seite dessen, der die Fragen stellt und der die Objektivierung vornimmt, wäre niemand mehr. Er wäre ja total objektiviert.

Soweit ist das Naturargument als Hinweis relevant. Doch nur als Indikator, nicht als direkter Beweis kommt dieses Naturargument in der Frage des Klonens zum Tragen. Ich spreche dabei vom „aktiven" Klonen, von der technischen Handlung, die wir als Klonen bezeichnen und nur insoweit, als sie, über das Klonen von Zellen hinaus, menschliche Lebewesen betrifft. Wir müssen uns fragen, inwieweit uns das Klonen in Probleme hineinführt, die den Respekt vor dieser Struktur betreffen: den Respekt vor der natürlichen Vielfalt (Biodiversität) oder vor der natürlichen Lotterie, die unser Sosein dem endlichen Zufall beläßt.

(2) Unsere Lebenswelt ist unsere Kultur, in der wir beispielsweise Geburt, Sexualität und Tod in bestimmter Weise gestalten. Diese Knotenpunkte menschlichen Daseins sind kulturell gestaltet und tief in unserer sozialen Assimilation verankert. So haben wir bei der Geburt eines Menschen die Vorstellung, daß dieser Mensch mit seinen biologischen Eltern als Familie zusammenleben soll. Wir haben für den Bereich von Reproduktion und Geburt eine Kultur der Ehe und Familie geschaffen. Ein Jurist schlug vor, angesichts des Klonens müßte man einen Paragraphen in das deutsche Embryonenschutzgesetz einfügen, daß sich jedes entstehende Kind einer Ei- und Samenzelle von geschlechtsverschiedenen Eltern, die das Kind gemeinsam betreuen wollen, verdanken sollte. Denn so ist bislang unsere kulturelle Norm, selbst wenn sie begrenzte Ausnahmen zuläßt. Wenn wir das Alleinerziehen als ein Manko betrachten, warum sollten wir diese und andere Situationen technisch vermehren? Auch wenn wir technisch die biologische Elternschaft, die erotische Homologie und die kindliche Nestwärme trennen können, warum sollten wir es tun, unsere kulturellen Standards gefährden, und spezifische Sozialfälle schaffen, die wir sonst zu kompensieren versuchen, indem wir uns Spaltungen dessen fügen, was zu einer integrierten Kultur gehört?

Solche normativen Muster gehören zu unserer Lebenswelt. Wir haben diese Kultur geschaffen, angesichts der Zeichen in der Natur und angesichts unserer Gestaltungsverantwortung. Aber sie hat auch uns mitgeschaffen, und nicht immer haben wir sie bewußt gestaltet. In der Geschichte hat sich auch verschiedenes entwickelt, ohne daß der Mensch es geplant hat. Aber er hat sich mit seiner Geschichte und mit seinen Gestaltungsnormen identifiziert.

Das Problem, dem wir uns stellen müssen, ist folgendes: Welche Lebenswelt wollen wir in der Zukunft haben? Fast jeder biologische, nachdenkliche Artikel, den ich in dieser Sache lese, schließt mit dieser Frage: Was wollen wir eigentlich? Besteht diese Zukunft z.B. darin, daß wir die totale Emanzipation der Frau erreichen, weil die Männer die Kästen mit den Embryonen unter ihren Röcken tragen und sie ausbrüten? Dergleichen Brutpflege soll es bei männlichen Albatrossen geben.

Welche Lebenswelt wollen wir haben? Wollen wir, daß die Sexualität immer mehr ins Hirn wandert? Dann brauchen wir im Grunde jene erotischen Prozesse, die damit verbunden sind, nicht mehr unbedingt. Das Ende der Liebeslyrik ist auch das Ende der Geborgenheit der Kinder in der Liebe ihrer Eltern. Wir können sie durch Arbeiten im Labor ersetzen. Vielleicht geht es ja auch einmal ohne den unwillkürlichen Lustgewinn des

Mannes. Schon die Mönche der christlichen Frühzeit haben ja danach ge-
strebt; Augustinus zum Beispiel war der Meinung, daß die neuen Menschen am besten dadurch entstehen würden, daß sich die Eltern mit dem
Ellenbogen berühren, und zwar ohne Lust.

Aber wollen wir, daß die sinnlich-erotische Sexualität der Hauterfahrung mit der Reproduktion des Menschen verbunden bleibt? Bestehen wir
darauf, daß sie in Kontinuität und Intensität der Liebesbindung eingebettet ist? Wer immer darauf besteht, daß in Fortpflanzung, Geburt und Tod
kulturelle Errungenschaften stecken, die unsere Idee vom guten Leben
und unserer Lebenswelt bedingen, der wirkt *wertkonservativ*. Wertkonservativ sein bedeutet nicht, daß man nicht strukturprogressiv handeln
kann. Wertkonservative wollen in Zukunft nicht auf die Einbettung der
Reproduktion in eine Kultur der Liebe als Hauterfahrung verzichten, die
uns eine solche Menge von ästhetischer Produktion in der Vergangenheit,
von Bildern, von Poesie geschenkt hat.

Hinsichtlich der Frage nach der Lebenswelt, die wir in Zukunft wollen,
hat Jürgen Habermas darauf aufmerksam gemacht, daß die Entwicklung
des Rechts mit davon abhängt, welche Werte die Menschen in ihrer Lebenswelt befürworten.[15] Wenn das so ist, dann müssen wir diese Werte kulti-
vieren und befragen. Das heißt keineswegs, jeden Fortschritt abzulehnen.
Vielmehr ist zu untersuchen, ob sich der Fortschritt mit erhaltenswerten
Kulturwerten verträglich gestalten läßt. Die Entscheidung über den Er-
haltenswert von Kulturwerten und Kulturnormen fällt freilich erst in der
Entfaltung des Argumentes mit der Menschenwürde. (s.o.) Moralische
Kultur und moralische Rekonstruktion stehen in einem Wechselwirkungs-
verhältnis.

Theologische Argumente zur sog. „Bioethik"

Wenn man das Modell einer autonomen Moral im Kontext der christlichen Ethik akzeptiert, wie dies viele deutschsprachige Moraltheologen
tun (J. Fuchs, A. Auer, F. Böckle u.a.), dann bedeutet dies noch keine
Entscheidung für eine bestimmte philosophische Denkform in der Ethik,
wohl aber die Einsicht, daß die Urteilsbegründung mit philosophischen
Mitteln erfolgt. Der Theologie wird nicht primär der Begründungszusam-
menhang, sondern der Entdeckungszusammenhang der ethischen Werte
und Verpflichtungen zugesprochen. Ferner kann die Theologie zur ethischen Motivation bzw. zur Motivation zur Ethik Erhebliches beitragen.

Schließlich ist der theologische Umgang mit der Ethik – man denke nur an die Gnaden- und Rechtfertigungslehre – sehr spezifisch zu sehen.

Theologie, um es noch einmal zusagen, ist relevant für die Entdeckung ethischer Probleme, für die Sensibilisierung zur Moral, für die moralische Motivation und für die Relativierung der Moral in der Beurteilung von Menschen. Im Unterschied zu Kant ist nicht die Moralfähigkeit die Spitze des Menschseins, sondern die Heilsbedürftigkeit, das „Gefühl schlecht-hinniger Abhängigkeit", um mit Schleiermacher Kants Anthropologie er-gänzen. Glück, Freiheit und Gott sind nicht nur philosophischen Postulate, sondern spezifische religiöse Erfahrungen.

Dies vorausgesetzt, ist in der biomedizinischen und biotechnischen De-batte im allgemeinen sowie in der humangenetischen Debatte im besonde-ren nicht zu erwarten, daß die Glaubenswissenschaft ethische Argumente ersetzt, umgeht oder verändert. Dies sei an einem Beispiel erläutert. In der Debatte um den Embryonenschutz wird von kirchlichen Dokumenten betont, der Mensch sei von Anfang an Gottes Ebenbild und damit vor Gott ein Träger der Würde bzw. des Personseins (Person und menschliche Würde sind in kirchlichen Texten austauschbar). Diese Lehre erspart uns jedoch nicht die philosophische Reflexion, in welcher wir erst begründen müssen, welche lebendige Entität gemeint ist, wenn wir von Gottes Eben-bild sprechen. Diese Reflexion dürfen wir weder mit einem falschen Biblizismus oder einem falschen Lehrpositivismus – das erstere ist die protestantische, das zweite die katholische Gefahr – zu ersetzen suchen. Dabei könnten abstruse Spekulationen einsetzen. Auf der biblischen Linie würde das z.B. bedeuten, daß das Wort des Psalmisten „Du hast mich aus meiner Mutter Leib gezogen, du bist mein Gott von meiner Mutter Schoß an" (22,10.11) als Gottebenbildlichkeit von Geburt an verstanden würde. Oder daß das Wort Ps 51,7 „meine Mutter hat mich in Sünden empfan-gen" biologistisch als Personbeginn bei der Empfängnis verstanden wür-de. Die Bibel kann nicht zu Fragestellungen herangezogen werden, die sie nicht hatte. Eher kann schon die Art des Diskurses bei strittigen Problemlösun-gen als Muster dienen.

Auch ein Lehrpositivismus, der nur aus Sicherheitsgründen (sog. Tutoris-mus) die befruchtete Eizelle als Person betrachtet, würde nicht weiterhelfen. Wohl aber kann er sich aus philosophischen Argumenten für die Kontinuität des Menschlichen von Anfang an stützen lassen.[16] Aber jedes philosophische Argument bleibt angreifbar und hypothetisch, nicht definitiv.

Wenn also ethische Richtigkeit bzw. ihre anthropologische Konditio-nierung nicht zum theologischen Depositium gehören (es sei denn in jener tautologischen Form, die Mord verbietet, wobei Mord per definitionem unsittlich ist), dann kann das theologische Argument „nur" kontextuell zur ethischen Einsicht sprechen. Es ist ethikrelevant, ohne die ethische Argumentation mit philosophischen Mitteln zu ersparen. Damit ist die Bedeutung der Theologie keineswegs verspielt oder zurückgenommen. Denn solchen kontextuellen Argumenten kann die Bedeutung zukommen, daß sie die gesamte Szenerie der Ethik verändern und damit den jeweiligen Stellenwert ethischer Argumente erheblich beeinflussen. Dies will ich im folgenden verdeutlichen.

Gefragt, ob es ein einschlägiges theologisches Argument gegen das Klonen von Menschen gäbe, habe ich, ohne die Rücksicht auf die vorhergehenden Ausführungen zu vernachlässigen, darauf hingewiesen, daß die Diversität des Menschen ein Schöpfungsgebot sei.[17] Dies ergebe sich aus den Untersuchungen Ellen van Woldes zu Gen 11. Die von Gott verhängte Vielsprachigkeit ist nicht aus Antwort auf eine menschliche Hybris zu verstehen, da Türme, die in den Himmel reichen, keineswegs als Himmelstürmerei ausgelegt wurden. (Dies ist den Orientalisten schon länger bekannt, weniger den Predigern!) Vielmehr mißfiel Gott die urbane Zentrierung der Menschen, ihr Hang zu Uniformität der Kultur (und Religion?). Daher erinnerte er an das Schöpfungsgebot, die ganze Erde zu erfüllen, und er verstreute die Menschen durch die Sprachverwirrung. Ähnliches wiederholte sich an Pfingsten: die Botschaft, in vielen Sprachen doch miteinander kommunikativ, verstreut sich über die Erde ...

Diversität, nicht Wiederholung des Gleichen, als theologisches Motiv kann freilich ethisch nur dann angewandt werden, wenn wir gute *ethische* Argumente dafür haben, und wir haben sie, wie ich oben zu zeigen versuchte. Wie die Gottebenbildlichkeit das Person- und Würdeargument in der Ethik nur inspiriert, aber nicht ersetzt, so ist auch der Diversitätsgedanke ein theologisches Stimulans, kein Begründungsersatz.

Solche theologische Impulse haben eine Reichweite über das Problem hinaus, für welches sie stimulierend wirken. Dies läßt sich an einem weiteren Theologoumenon mit ethischer Relevanz zeigen: an der Endlichkeit bzw. Kontingenz. Kontingenz ist selbstverständlich auch ein philosophischer Begriff. Freilich steht dieser Begriff der Theologie eher fern, wenn er mit „Zufall" zusammengebracht wird, etwa in Richard Rortys postmoderner Interpretation. Kontingenz in der klassischen Philosophie meint hingegen eher: abhängiges Dasein, Zeitlichkeit, Endlichkeit im Sinne des Endes durch den Tod, Fehlerfähigkeit, Imperfektheit alles Menschlichen. Genau dies ist auch mit dem Theologoumenon der Geschöpflichkeit des

Menschen – nicht Sein wie Gott – gemeint. Theologisch ebenso wie philosophisch gesehen – beide Sichtweisen sind z.B. bei Pascal vereint – würde der Mensch verspielen, was sein Menschsein ausmacht, wenn er über seine Endlichkeit hinaus wollte. Die Theologie drückt dies narrativ aus, in der Erzählung vom Sündenfall. Die Philosophie macht darauf aufmerksam, daß gerade die Leiblichkeit des Menschen (z.b. nach Merleau-Ponty) der Ort von Erfüllung und Entzug zugleich ist, die Endlichkeit die Form seiner Möglichkeit des Glückens.

Endlichkeit könnte ein Konvergenzbegriff zwischen Theologie und Philosophie sein. Er ist ethisch darin relevant, daß er das Rechnen mit der Perfektibilität des Menschen, mit der grundsätzlichen Machbarkeit und mit der Aufhebung aller Probleme, die durch Problemlösungen entstehen als Verfehlen des Menschseins interpretiert. Diese Interpretation verändert den Kontext der biomedizinischen und biotechnischen Debatte erheblich. Sie ist z.B. ein Stimulanz für die ethische Problemlösungsregel: man soll Probleme nicht so lösen, daß die Probleme, die durch die Problemlösung entstehen, nicht größer sind als die Probleme, die gelöst werden. Ich glaube nicht, daß das Fortschrittsparadigma der modernen Biotechnologie, inklusive der Humangenetik, sich an diese kontextuelle Einsicht hält. In der Biopolitik beobachte ich zudem, daß sich Kontinentaleuropäer, auch wenn sie Agnostiker sind, eher auf diese Einsicht hin ansprechen lassen als US-Amerikaner, auch wenn sie sich als Christen fühlen. Wie ist das möglich?

Abschließend möchte ich noch ein viertes theologisches Argument – nach der Gottebenbildlichkeit, dem Diversitätsgebot der Schöpfung und der Endlichkeit – einführen, das ich häufig als fehlenden Kontext der Reflexion schmerzlich erfahre: die Verletzlichkeit des Menschen. Analog zu der theologischen „Option für die Armen" läßt sich in unserem Handlungsbereich (Biotechnik, Humangenetik) eine Option für den Vorrang der verletzlichen Personen („vulnerable persons") formulieren. Hier stößt man leicht auf Unverständnis im säkularen Bereich. Gewiß wird der Durchschnittspragmatiker, der in Politikberatergruppen Ethik betreibt, anerkennen, daß man auch behinderte Menschen und nichtzustimmungsfähige Personen, ja auch (mehr oder weniger) Foeten und Embryonen respektieren muß. Aber er wird einem Theologoumenon wie „die Prophetie des behinderten Menschen" ziemlich verständnislos gegenüberstehen. Und dennoch läßt sich leicht auch für ihn erklären, was damit gemeint ist: das explizite Behindertsein erinnert uns daran, daß wir alle irgendwie behindert sind. Es erinnert uns an Endlichkeit.

Die Prophetie der behinderten Menschen[18]

Daß die Zukunft nicht nur auf Prognosen aufgebaut ist, kann man an behinderten Menschen lernen. Gerade Körperbehinderte erreichen oft im Rahmen ihrer Einschränkung eine Entfaltung, hinter der Nichtbehinderte oder weniger Behinderte weit zurückbleiben können. Zukunft ist oft nicht das, was wir errechnen, sondern das, was auf uns zukommt. Deshalb sollte es ja auch verboten sein, quantifizierbare Werte des menschlichen Daseins zu berechnen, wie es in den sogenannten „Qualies" als Einheiten von Lebensqualität in der Medizin zu geschehen droht. Hans Jonas hat sein Buch über das Prinzip Verantwortung gegen Ernst Blochs Buch Das Prinzip Hoffnung geschrieben. Er wollte sich damit keineswegs *gegen* die Hoffnung auf die Zukunft richten. Im Gegenteil: Es ging ihm mit seiner „Hermeneutik der Furcht" um die richtige *Basis* der Zukunftsgestaltung. Das Prinzip, von zwei Prognosen sich jeweils nach derjenigen zu richten, die mit mehr Negativität rechnet, ist ein gutes Prinzip prophetischer Tradition. Es entspricht aber auch der ethischen Regel: Man soll Probleme nicht so lösen, daß die Probleme, die durch die Problemlösung entstehen, größer sind als die Probleme, die gelöst werden.

Irène Häberle schreibt über „Die prophetische Aufgabe des behinderten Menschen": „Der Problemkreis um Leiden, Krankheit, Behinderung und Tod geht nicht einer ausgesonderten Minderheit unserer Gesellschaft, sondern jeden Menschen etwas an, und zwar nicht deshalb, weil jeder Mensch in der einen oder anderen Form mit diesen Tatsachen in seinem Leben in Berührung kommt, sondern weil Leiden, Krankheit, Behinderung und Tod zum *vollen Menschsein* gehören. Behinderte Menschen erinnern uns somit uns alle an unser eigenes Menschsein. Sie führen jedermann – ob gewollt oder ungewollt – die begrenzte Hinfälligkeit des Menschen vor Augen. Dies betrifft im besonderen Fall auch die Erfolgreichen, die Starken, die Gesunden, die Schönen und die Tüchtigen."[19] Die Prophetie des behinderten Menschen ist also die Erinnerung an die allgemeine Kontingenz des Menschseins: die Endlichkeit, die Angewiesenheit, die Abhängigkeit, die Begrenztheit und die Fehlerfähigkeit. Mit Recht stellt die Leiterin der Schweizerischen Ökomenischen Arbeitsgruppe „Menschenbild" fest: „Ein Leben in ständiger Verdrängung eigener Grenzen und Schwächen und in dauernder Angst voreinander ist tödlich. Wir brauchen das uneingeschränkte Eingeständnis unserer Unzulänglichkeiten, unseres Angewiesenseins auf andere, um überleben zu können, aber auch das Vertrauen, angenommen und geliebt zu sein, so wie wir sind.

Genau hier setzt die prophetische Aufgabe des behinderten Menschen an. Er kann darauf hinweisen, woraus wir Menschen eigentlich leben: nicht primär aus unserer Tüchtigkeit und Leistungsfähigkeit, sondern aus dem Vertrauen und der Mitmenschlichkeit. Ein Mensch mit sichtbaren Mängeln und Schwächen kann sich kaum – oder mindestens nicht so leicht wie scheinbar vollkommene Leute – über seine Grenzen hinwegmogeln und sich etwas vormachen. Die sichtbaren und fühlbaren Grenzen zwingen ihn, sich in seiner Hinfälligkeit und Schwäche unverhüllt zu sehen und sich mit den fundamentalen Werten des Menschseins auseinanderzusetzen." Vielleicht ist diese Beobachtung auch eine Grundlage dafür, daß die Prophetie der Behinderten sich so massiv und mit problematischen Mitteln gegen die Botschaft des philosophischen „Personizismus", d.h. der Bindung der Menschenwürde an personale Qualitäten statt an die Existenz des Menschen, richtet. Der behinderte Mensch erinnert uns an das Wesentliche des Menschseins, indem er die Gleichsetzung von Interessensfähigkeit und Zukunftsfähigkeit des Menschen ablehnt. Wir lernen gerade vom behinderten Menschen, auf die Hoffnung, die auf uns zukommt, und nicht auf die Prognose zu setzen. Ich kann verstehen, warum gerade die behinderten Menschen und ihre Vertreter den philosophischen, bioethischen Diskurs empfindlich stören: sie wollen nicht die postmoderne Beliebigkeit des Gespräches von allem über alles; sie erkennen, daß sich hinter manchem Tabubruch nichts anderes verbirgt, als die Aufgabe solidarischer Grundsätze, von denen unser ganzes gesellschaftliches Leben abhängt. Diese solidarischen Grundsätze sind in den christlichen Traditionen immer wieder formuliert, aber auch immer wieder verraten worden. So, wie in einer befreienden Theologie von der Prophetie der Armen gesprochen wird, so muß in biomedizinischen Fragen von der Prophetie der behinderten Menschen die Rede sein.

ANMERKUNGEN

[1]　Vgl. Auer, A., Die neue Behindertenfeindlichkeit. In: In Christus zum Leben befreit, Festschrift B. Häring, hg. v. J. Römelt u. B. Hidber, Freiburg i. Br. 1992, 225–249.

[2]　A.a.O. 226.

[3]　A.a.O. 229. Dort auch entsprechende Belege aus der Literatur.

[4]　Vgl. A. Auer, a.a.O. 230 und J. Fletcher, Indicators of Humanhood. In: Hastings Center Report 2 (1972)1–4.

[5]　The Foundation of Bioethics, New York / Oxford 1986.

[6] Die Abenteuer der Bioethik. In: J. P. Wils (Hg.), Ethik kontrovers = Ethik u. Unterricht 1992, 17–27.

[7] Praktische Ethik, Stuttgart 1984, 183.

[8] Vgl. A. Auer, a.a.O. 237f.

[9] Zit. n. A. Auer, a.a.O. 240.

[10] Manuskript bei mir.

[11] A.a.O. 240.

[12] Die Texte finden sich im „Jahrbuch für Wissenschaft und Ethik", hg. v. L. Honnefelder und C. Strasser, Bd. 2., Berlin-New York 1997, 285ff (mit Kommentaren).

[13] Diese und andere, auch später erwähnte Stellungnahmen finden sich im „Jahrbuch für Wissenschaft und Ethik, hg. v. L. Honnefelder u. C. Streffer, Bd. 2. Berlin 1997, 359–373, und im „Dossier", Bd. 3, Berlin 1998, 331–403. Fälschlicherweise wird mein Name, S. 346, mit dem EU Dokument verbunden, das ich nicht unterzeichnet habe.

[14] Vgl. Anm. 2. Vgl. zum Naturargument vor allem: B. Fraling (Hg.) Natur im ethischen Argument. Freiburg / Schw.-Freiburg i. Br. 1990. Darin meinen zusammenfassenden Beitrag: 129–141.

[15] Vgl. J. Habermas, Faktizität und Geltung. Beiträge zur Diskurstheorie des Rechts und des demokratischen Rechtsstaates. Frankfurt a. M. 1994.

[16] Vgl. etwa Maureen Junker Kenny, Der moralische Status des Embryos, in: Marcus Düwell/Dietmar Mieth (ed.), Ethik in der Humangenetik, Tübingen 1998, 302–326.

[17] Vgl. Publik-Forum, 30.1.1998, 6–8 (Interview).

[18] Eine ausführliche Darstellung der folgenden Gedanken findet in: Ch. Amrein/ G. Bless (Hg.), Heilpädagogik und ihre Nachbargebiete im wissenschaftstheoretischen Diskurs, Bern 1997, 89–106.

[19] In: Neue Wege 90 (1996) 245f.

LITERATUR

Hans-Rudolf Tinneberg, Christoph Ottmar (Hg.), Moderne Fortpflanzungsmedizin. Grundlagen, IVF, ethische und juristische Aspekte. Stuttgart-New York 1995.

Philip Kitcher. The Lives to Come, The Genetic Revolution and Human Possibilities, London 1996.

Elisabeth Hildt, Dietmar Mieth (Hg.), In Vitro Fertilisation in the 1990's. Towards a medical, social and ethical evaluation. Aldershot, GB 1998.

Marcus Düwell, Dietmar Mieth (Hg.), Ethik in der Humangenetik. Die neueren Entwicklungen der genetischen Frühdiagnostik aus ethischer Perspektive (Ethik in den Wissenschaften, Bd. 10) Tübingen 1998 (mit Dokumentation von Stellungnahmen, 447–499).

Johann S. Ach, Gerd Brudermüller, Christa Runtenberg (Hg.), Hello Dolly? Über das Klonen. Frankfurt a. Main 1998.

IV. Geschwisterbeziehungen: Allgemeine Aspekte und Forschungslage; Geschwisterbeziehungen in Ausnahmesituationen

Geschwisterbeziehungen: Allgemeine Aspekte und die besondere Situation in Trennungs- und Scheidungsfamilien

von MICHAEL KARLE, HARTMUT KLEEFELD und GUNTHER KLOSINSKI

Epidemiologische Daten

In Deutschland gab es 1995 22,4 Millionen Familien (Ehepaare ohne Kinder, Ehepaare mit Kindern sowie Alleinerziehende). In 13,4 Millionen Familien lebten ledige Kinder, darunter in 9,5 Millionen Familien minderjährige Kinder. Insgesamt hatten 50,3 % der Familien ein Kind, 37,9 % der Familien 2 Kinder und 11,8 % der Familien drei oder mehr Kinder. Dies bedeutet, daß von den Familien mit Kindern nur jede zweite (50,3 %) ein Kind und nur jede achte (11,8 %) drei oder mehr Kinder hatte.

Ausgehend von diesen Zahlen gibt es in der öffentlichen Diskussion bisweilen Alarmmeldungen, wonach immer mehr Kinder geschwisterlos aufwachsen und wonach heute bereits jedes zweite Kind ein Einzelkind sei. *Engstler* (1997) weist darauf hin, daß solche Meldungen auf Fehldeutungen der amtlichen Familienstatistik beruhen. Als Querschnittserhebung gibt der Mikrozensus nur Auskunft über die aktuellen Familienstrukturen, d.h. er liefert eine Aufnahme der momentanen Situation einer Familie im Prozeß ihrer Entwicklung.

Geht man davon aus, daß bei Kindern im Alter von 6–9 Jahren die meisten jüngeren Geschwister bereits geboren sind und die älteren Geschwister überwiegend noch zu Hause wohnen, gibt die Geschwisterzahl (im Haushalt) dieser Altersgruppe die Untergrenze der endgültigen Geschwisterzahlen an (vgl. Abb. 1).

Demnach sind in Deutschland höchstens 19 % der Kinder Einzelkinder. Die Hälfte der 6–9-Jährigen hat einen Bruder oder eine Schwester im Haushalt, 30 % leben mit 2 oder mehr Geschwistern zusammen. In den alten Bundesländern sind die Geschwisterzahlen höher als in den neuen Ländern und haben seit 1989 leicht zugenommen. Es gibt hier weiterhin einen Trend, daß Eltern bzw. Paare entweder verstärkt ganz auf Kinder verzichten oder zumindest 2 Kinder bekommen.

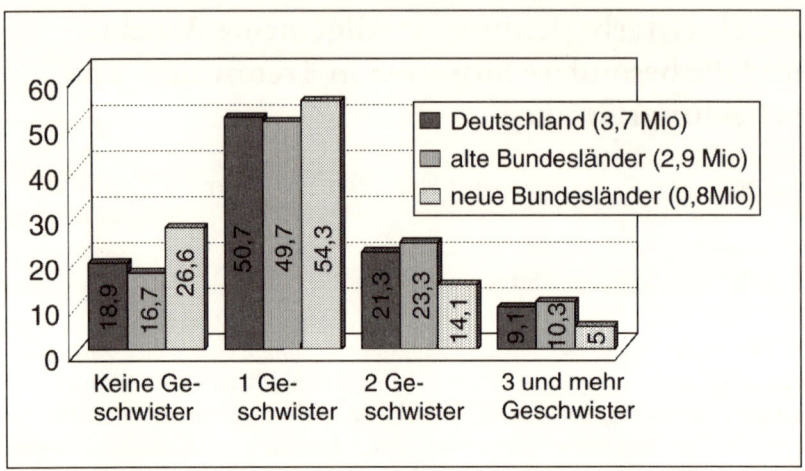

Abb. 1: Kinder im Alter von 6–9 Jahre nach Zahl der Geschwister im Haushalt, 1995 (in %) (nach Engstler 1997)

Allgemeine Aspekte

„Geschwister" nennt man Personen, die eine teilweise identische genetische Ausstattung haben, weil sie dieselben Eltern, bzw. dieselbe Mutter oder denselben Vater haben. Daneben bezeichnet man als Geschwister auch Personen mit spezifischen Verwandtschaftsverhältnissen, die in Abhängigkeit von der Kultur festgelegt werden. So werden in vielen Gesellschaften – abweichend von unserem Sprachgebrauch – auch Cousins und Cousinen der Kategorie „Geschwister" zugeordnet.

Treffers et al. (1990) unterscheiden 26 verschiedene „Geschwistertypen", wobei sie Halb-, Stief- und Adoptiv- und Pflegegeschwister mit einbeziehen und den Aufenthaltsort der Kinder berücksichtigen. Berücksichtigt man noch die durch artifizielle Ent- und Verschwisterung sich ergebenden weiteren Typen – ein Thema, mit dem sich *Mieth* in diesem Band auseinandersetzt –, so ergeben sich weitere unzählige Möglichkeiten von formalen geschwisterlichen Beziehungen. Aus diesem Grunde erfolgt hier eine Beschränkung auf die Situation leiblicher Geschwister, so interessant Fragen der Halb-, Stief- und Adoptiv-Geschwisterschaft auch wären.

Der Begriff „Geschwisterbeziehung" hat in der Umgangssprache eine feste Bedeutung. Diese geht von der Vorstellung aus, daß zwischen zwei oder mehr Geschwistern eine bestimmte, möglicherweise unterschiedlich gestaltete, im Einzelfall jedoch abgreifbare festgelegte Relation besteht. Es ergibt sich hier eine gewisse Affinität zu dem Begriff der Bindung, wie er in der Umgangssprache benutzt wird und der die relativ unveränderliche Qualität des Verhältnisses zwischen Geschwistern beschreibt. So gibt z.b. *Adams* (1982) ihrem Artikel die Überschrift „Geschwister: Die lebenslange Bindung". *Bank* und *Kahn* (1989, S. 21) nennen ihr Buch „Geschwister-Bindung" und definieren die Geschwisterbeziehung als „– intime wie öffentliche – Beziehung zwischen dem Selbst von zwei Geschwistern"; diese könne sowohl warm und positiv als auch negativ sein (vgl. *Bank* und *Kahn* 1975; 1982).

In der (wissenschaftlichen) Literatur wird immer wieder auf die Besonderheit der Geschwisterbeziehung hingewiesen. *Schneewind*, (1995, S. 160) zufolge stellt sie „einen Beziehungstypus besonderer Art dar, da sie in der Regel die am längsten während, unaufkündbare und annähernd egalitäre menschliche Beziehung ist, die auf einer gemeinsamen Vergangenheit beruht".

Ein weiteres Merkmal der Geschwisterbeziehung ist die Tatsache, daß sie wissenschaftlich wenig erforscht ist. *Schneewind* (1995) stellt die Hypothese auf, dies sei der Ausdruck eines allgemeinen kulturellen Desinteresses an Geschwisterbeziehungen. So finden sich beispielsweise keine der Ehepartner-Beziehung bzw. Eltern-Kind-Beziehung vergleichbaren gesetzlichen Vorschriften oder Rituale wie z.B. Eheschließung, Taufe, Konfirmation, Scheidung etc.

Man könnte auch die Vermutung aufstellen, daß es mit der Komplexität des Gegenstandes zusammenhängt: Geschwisterbeziehungen sind zum einen Teil des innerfamiliären Beziehungsgefüges (*Kasten* 1993, S. 9). Sie sind abzugrenzen von den Eltern-Kind-Beziehungen und der Paarbeziehung der Eltern. Zum anderen stellen sie einen Teil des Bereiches extrafamilialer Sozialbeziehungen, wie z.B. Peer-Beziehungen bzw. anderen Freundschafts- und Rivalitätsbeziehungen dar.

Zur Forschungslage

In der psychologischen Forschung über Geschwisterbeziehungen dominierten lange Zeit Untersuchungen über die Auswirkung der Geschwisterfolge. Anfang des 20. Jahrhunderts ist es vor allem *Adler* (1920/1928) gewesen, der – unter dem Aspekt der Geschwisterrivalität – auf die Bedeutung von Geschwisterkonstellationen für die Persönlichkeitsentwicklung hingewiesen hat. Diesen Gedanken hat *Toman* (1987) Mitte der 50er Jahre zu einer Theorie weiterentwickelt, in der Geschwisterkonstellationen und -konflikte nicht nur das innerfamiliäre Beziehungsgeschehen, sondern auch außerfamiliäre Beziehungen wie Freundschaften oder Partnerschaftswahl entscheidend beeinflussen. Diese Theorie ist als Geschwister-Replikations-Hypothese in die Literatur eingegangen.

Das Hauptaugenmerk der Forschung (vgl. *Papastefanou* 1992) galt in dieser Zeit strukturellen Merkmalen wie Geburtenrangplatz, Anzahl, Geschlecht und Altersabstand der Kinder, d.h. der Geschwisterkonstellation und ihrer Bedeutung für die individuelle Entwicklung. In neueren Ansätzen werden eher dynamische Aspekte der Geschwisterbeziehung wie z.B. typische Interaktionsmuster und deren altersbedingte Veränderungen untersucht. Dabei stellt sich u.a. die Frage, über welche Unterschiede im elterlichen Verhalten oder in der Interaktion der Kinder Strukturmerkmale vermittelt werden.

Furmann und *Buhrmester* (1985) haben die wichtigsten Determinanten der Geschwisterbeziehung zusammengestellt. Es handelt sich dabei um Variablen der Familienkonstellation, der Eltern-Kind-Beziehungen sowie Charakteristika der einzelnen Kinder. Zusammenfassend ergibt sich somit ein sehr komplexer Zusammenhang (vgl. Abb. 2).

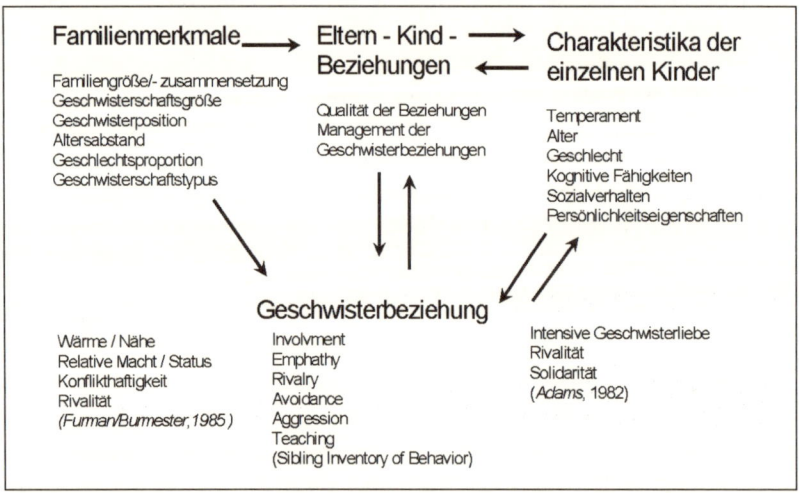

Abb. 2: Faktoren der Geschwisterbeziehung (mod. n. Furmann / Buhrmester 1985)

Zu berücksichtigen sind sowohl Faktoren, die auf die Geschwisterbeziehung einwirken, wie auch Effekte, die von der Geschwisterbeziehung auf das familiäre System bzw. den Einzelnen Einfluß nehmen und als sogenannte indirekte oder Zweite-Klasse-Effekte wieder auf die Geschwisterbeziehung zurückwirken.

Forschungen auf empirischer Grundlage finden sich erst seit Ende der 70er Jahre; interessanterweise in einer Zeit, in der die Zahl von Geschwisterkindern abnimmt und die Zahl von Ehescheidungen zunimmt. Zu nennen wären hier *Abramovitch* et al. (1979), *Cicirelli* (1973; 1989), *Dunn* & *Kendrick* (1981) und *Lamb* & *Sutton-Smith* (1982).

Geschwisterbeziehungen im Lebenslauf

Die Ergebnisse stimmen darin überein, daß Geschwisterbeziehungen bis ins hohe Lebensalter von Bedeutung sind (*Cicirelli*, 1985), und daß es Veränderungen in der Qualität der Beziehungen während der verschiedenen Entwicklungsstufen gibt. Kritisch könnte man anmerken, daß die allgemeinen Ergebnisse genauso unspezifisch bzw. vage sind wie die Einteilung in frühe, mittlere und späte Kindheit:

So schreibt beispielsweise *Papastefanou* (1992, S. 156): „Die ersten Jahre nach der Geburt eines zweiten Kindes lassen eine besonders dynamische Entwicklung erkennen. Die Anfangszeit stellt große Anforderungen an das ältere Kind, die es in vielen Fällen mit der Ausbildung problematischer Verhaltensmuster antworten lassen. Im Normalfall kommt es aber im weiteren Verlauf zu einer gewissen Stabilisierung, wobei sich positive und negative Qualitäten im Verhalten der Geschwister zueinander langfristig die Waage halten." *Kasten* (1993, S. 29) sieht die Geschwisterbeziehung in dieser Phase unter dem Aspekt des Effektes unterschiedlichen elterlichen Verhaltens und hält fest, „daß sich die Eltern im Verlaufe der ersten drei Lebensjahre des jüngeren Geschwisters zunehmend differenzierter auf die geschwisterlichen Interaktionen beziehen."

Im Vergleich dazu kommt es nach *Kasten* (1993, S. 42) in den folgenden drei Jahren „zu keinen wesentlichen neuen Vorgängen im Bereich der Geschwister-Interaktion. Festgehalten werden kann, daß zum Verständnis der Qualität der Geschwisterbeziehung sowohl die Persönlichkeitsfaktoren der Kinder, wie auch ihre Beziehungen zu anderen Familienmitgliedern, insbesondere zur Mutter, mit herangezogen werden müssen."

Aus der Sicht der Geschwister betont *Papastefanou* (1992, S. 159), „daß die mittlere Kindheit sich als eine Phase der zunehmenden Differenzierung und Elaborierung der Geschwisterinteraktion darstellt. Mit den wachsenden sozial-kognitiven Kompetenzen der Kinder steigen ihre Fähigkeiten, sich miteinander und mit den Eltern auseinanderzusetzen. Nun verfügen sie auch über die Möglichkeiten, ihre einzigartige Position in der Familie zu wählen und sich als vom Geschwister unabhängig zu definieren." Sie können Koalitionen aufbauen und – durch diese gestärkt – mit den Eltern verhandeln oder gegen diese ein Gegengewicht aufbauen.

In der weiteren Entwicklung kommt es nach *Kasten* (1993, S. 47) zu „einer sich zunehmend harmonisierenden und egalisierenden Geschwisterbeziehung". Insgesamt nimmt die Bedeutung von Geschwistern in dieser Phase ab (vgl. *Seiffge-Krenke* et al., 1996, S. 162). *Kasten* (1993, S. 49) weist daraufhin, daß recht wenig emprische Befunde vorliegen, was insbesondere für diese Phase gelte: „Ob in dieser Phase vermehrt Konflikte auftreten oder aber Rivalitätsprobleme dauerhaft gelöst werden, kann beim gegenwärtigen Kenntnisstand noch nicht eindeutig entschieden werden."

Statt einer allgemein gültigen Theorie von Geschwisterbeziehungen und deren Entwicklung können bislang nur punktuell – für bestimmte Altersbereiche bzw. Konstellationen – gesicherte Erkenntnisse erwähnt werden: So ist es z.B. bekannt, daß Kinder (*Waters*, 1987), insbesondere Vorschulkinder (*Dunn*, 1983), mehr Zeit miteinander verbringen als jedes Geschwisterkind mit seinen Eltern. Es ist weiter bekannt, daß in der frühen Entwicklungsphase ältere Geschwister eine Art von „Pionier-Funktion" für die jüngeren haben (*Schmidt-Denter*, 1993); dies gilt insbesondere für die inzwischen sprichwörtlich gewordene „ältere Schwester" (*Cicirelli*, 1985). Weiter kann konstatiert werden, daß die Nähe zwischen Geschwistern bis zur mittleren Lebensphase abnimmt, im späteren Erwachsenen- und Seniorenalter wieder zunimmt (*Bedford*, 1993, *Cicirelli*, 1985, 1994). „Die geschlechtsspezifischen Befunde, welche die größere Beziehungsfähigkeit der Mädchen im Sinne größerer Fürsorglichkeit, Verantwortung und Hilfeleistung im Vergleich zu dem größeren Macht- und Rivalitätsstreben der Jungen deutlich machen, bleiben – nach *Seiffge-Krenke* (1996, S. 161) – auch im Alter erhalten, wie die Lifespan-Forschung der Geschwisterbeziehung belegt (*Adams*, 1986; *Sutton-Smith* & *Rosenberg*, 1970)". Allerdings kommt *Scott* (1990). bei seiner Untersuchung von 82 Erwachsenen im Alter zwischen 55 und 95 Jahren zu einem anderen Ergebnis. Die von ihm gefunden 4 Typen von Geschwisterbeziehungen „loyal (41,5 %) … congenial (30,5 %) … intimate (23,2 %) apathetic (4,9 %)" (a.a.O., S. 95) zeigten keine Geschlechtsspezifität. Ebenfalls nicht bestätigt werden konnte in der Untersuchung die von *Gold* (1989) beschriebene feindselige Beziehung.

Geschwisterbeziehungen spielen nach dem bisherigen Forschungsstand auch eine wesentliche Rolle für die individuelle Entwicklung (*Dunn*, 1984). Diskutiert werden längerfristige Effekte in drei Bereichen: Kognition, Sozialverhalten und Persönlichkeitseigenschaften. *Kasten* (1993, S. 56) stellt die Ergebnisse allerdings prinzipiell in Frage, da sie – zumindest im Kindes- und Jugendalter – in der Regel mit Hilfe traditioneller Birth-order-Forschungsdesings erhoben worden seien.

Daß es so wenig leicht zu verallgemeinernde Forschungsergebnisse gibt, mag auch daran liegen, „daß Geschwister weitaus mehr Unterschiede als Ähnlichkeiten aufweisen, sowohl im kognitiven als auch im Persönlichkeitsbereich. Neuerdings werden die Ursachen dieser Unterschiedlichkeit zunehmend in innerfamilialen Bedingungen gesehen, die von einzelnen Kindern einer Familie unterschiedlich erlebt und verarbeitet werden. Die Bedeutung struktureller Aspekte wie der Geschwisterposition als klassischem Bedingungsfaktor hat sich gegenüber Prozeßmerkmalen des elterlichen Verhaltens und der Mutter-Kind-Beziehung erheblich relativiert" schreibt *Papastefanou* (1992, S. 163) Dabei muß berücksichtigt werden, daß die Eltern – entgegen ihrer elterlichen Überzeugung – ihre Kinder ungleich behandeln, daß es Unterschiede in der aktiven Aneignung objektiv gleicher Umweltgegebenheiten gibt und daß Geschwister mit verschiedenen Umwelten konfrontiert werden.

Geschwisterbeziehungen: Einteilung und Funktion

Ebensowenig wie es eine Theorie der Entwicklung von Geschwisterbeziehungen gibt, gibt es auch keine in der Literatur durchgängige Einteilung der Beziehungen. *Furman & Buhrmester* (1985, S. 458) nennen als Dimensionen der Geschwisterinteraktionen Wärme/Nähe, Relative Macht/Status, Konflikthaftigkeit und Rivalität.

Adams (1982) unterscheidet drei verschiedene Formen der Geschwisterbeziehung. Sie beschreibt zunächst die intensive Geschwisterliebe, die sie auch als „Hänsel-und-Gretel-Phänomen" in Anlehnung an *Bank* und *Kahn* (1989) nennt. Sie entsteht nur unter ganz bestimmten familiären Konstellationen wie emotionaler/tatsächlicher Abwesenheit der Eltern – und „schließt den irrationalen Prozeß einer blinden Liebe ein" (S. 24).

Die zweite Form ist die der Geschwisterrivalität, die konstruktiv oder destruktiv sein kann, in der Regel im Erwachsenenalter nachläßt, jedoch bis ins hohe Erwachsenenalter fortbestehen kann. Die dritte Form schließlich ist die der Geschwistersolidarität, „mit der ein Gefühl von Nähe gemeint ist, das auf gegenseitigem Vertrauen, Verstehen und Helfen beruht" (S. 23).

In dem Fragebogen „The Sibling Inventory of Behavior" (*Schaefer & Edgerton*, 1981) werden insgesamt sechs Dimensionen unterschieden: involvement, empathy, rivalry, avoidance, aggression und teaching.

Diese Uneinigkeit führt dann dazu, daß in bestimmten Studien nur Einzel-Aspekte der Geschwisterbeziehung berücksichtigt werden; so differenzieren z.B. *Conger & Conger* (1996) zwischen hostility and coercion und warmth and support.

Fragt man nicht nach den Dimensionen der Geschwisterbeziehung, sondern nach deren Funktion, so wird man bei psychoanalytischen Autoren fündig. Zunächst wäre darauf hinzuweisen, daß sich bereits bei *Adler* (1920, 1928) hier Hinweise finden.

Winnicott (1951) hat auf die Tatsache hingewiesen, daß Geschwister als „Übergangsobjekte" sich in der Phase der allmählichen Ablösung von der Mutter und Individuation gegenseitig unterstützen können.

Bei *Parens* (1988, S. 34ff.) findet sich eine systematische Zusammenstellung dieser Funktionen in der Kindheit. Im einzelnen sind dies (vgl. *Kasten*, 1993, S. 30):

– Geschwister als Objekte libidinöser Besetzung („Liebesobjekte");
– Geschwister als erotische Objekte (Verschiebung inzestuöser Phantasien auf Eltern, was insbes. bei Stiefgeschwistern nicht ungewöhnlich ist)
– Geschwister als Babyersatz (Mädchen in der ödipalen Entwicklungsphase)
– Geschwister als Rivalen (spontaner Neid/Eifersucht als Ausgangspunkt)
– Geschwister als Objekte der Verschiebung von Feindseligkeit und Aggression (Verschiebung aggressiver Impulse auf weniger gefährliche Objekte, wie sie jüngere und schwächere Geschwister darstellen, als wichtiger Abwehrmechanismus)
– Geschwister als instrumentalisierte Hilfen (ältere Geschwister werden von jüngeren eingesetzt, um etwas zu erreichen, was sie selbst nicht können)
– Geschwister als Helfer bei der Bewältigung von Sozialisationsschritten

Geschwisterbeziehungen in Trennungs- bzw. Scheidungssituationen

Als *Wallerstein & Kelly* (vgl. 1980) Mitte der 70er Jahre in Nord-Kalifornien mit ihrer Forschung begannen, gingen sie davon aus, daß die Scheidung eine zeitlich befristete Krise darstellt, während derer die Handlungsfähigkeit bei Eltern und Kindern beeinträchtigt ist.

Scheidung ist jedoch kein singuläres „kritisches" Lebensereignis (vgl. *Filipp*, 1990), sondern „ein komplexer, ganzheitlicher Prozeß, der auf sehr unterschiedlichen Ebenen und hier keineswegs immer zeitsynchron abläuft. „Scheidung ,geschieht'" schreiben *Schneewind et al.* (1995, S. 101) „jeweils in einem spezifischen historischen, ökonomischen und sozialen Kontext, der die Rahmenbedingungen sowohl für gesellschaftliche Bewertung als auch für individuelle Bewältigungsmöglichkeiten schafft". Die genannten Autoren unterscheiden eine Vor-Scheidungszeit, die sie als „emotionale Scheidung" bezeichnen von der eigentlichen Scheidungsphase, der „gesetzlichen Scheidung" und der Nach-Scheidungszeit, der „psychischen Scheidung", in der verschiedene Anpassungsprozesse vollzogen werden.

Fthenakis (1996) beschreibt drei Modelle von Ehescheidung: Dem Desorganisationsmodell zufolge löst sich das Familiensystem mit der Scheidung auf. Das Reorganisationsmodell beinhaltet, daß die innerfamiliären Beziehungen nicht aufgelöst, sondern neu organisiert werden. Das Transitionsmodell schließlich betrachtet Scheidung „(wie auch Wiederheirat) als eine Übergangsphase (Transition) im Familienentwicklungsprozeß" (a.a.O., S. 88).

Empirische Untersuchungen

Am Beginn der empirischen Erforschung der Geschwisterbeziehung steht die Frage nach ihrer Veränderung bei Scheidung der Eltern. Die zentrale Frage der meisten Untersuchungen lautet: Rücken Geschwister im Falle einer Trennung / Scheidung ihrer Eltern näher zusammen und bieten sie sich gegenseitig Schutz und Unterstützung, oder überträgt sich der elterliche Konflikt auch auf ihre Beziehung?

Diskutiert werden diese Hypothesen: als „sibling compensation approach" bzw. „Parent-Sibling-Congruity-approach" (vgl. *Conger & Conger*, 1996). Die letztgenannte Hypothese ist auch als „Family pathology hypothesis" (*Conger & Conger*, 1996) bekannt.

Es lassen sich nun für die „Richtigkeit" beider Hypothesen zahlreiche Untersuchungen anführen. Ohne Anspruch auf Vollständigkeit seien einige Autoren genannt: Eine Bestätigung der ersten Hypothese findet sich bei *Timberlake & Hamlin* (1982), *Wallerstein* (1984), *Eno* (1985), *Kaslow & Schwartz* (1987), *Combrinck-Graham* (1988), *Bank & Kahn* (1989), *Schmidt-Denter* et al. (1991), *Kier & Lewis* (1998). Eine Bestätigung der zweiten Hypothese findet sich beispielsweise bei *Berkowitz* (1983), *Hetherington* (1988), *Hetherington* et al. (1982), *MacKinnon* (1989), *Conger & Conger* (1996).

Die einzelnen Untersuchungen unterscheiden sich beträchtlich in der Auswahl und Größe der Stichproben, den angewandten Methoden, der Einbeziehung oder Nicht-Einbeziehung von Vergleichs- oder Kontrollgruppen und nicht zuletzt bezüglich der zugrundeliegenden hypothetischen Annahmen.

Die mit dieser empirischen Forschung verbundene Problematik soll an zwei Studien verdeutlicht werden: Der prospektiven Untersuchung von *Schmidt-Denter & Beelmann* (1995) und der repräsentativen Querschnittsstudie von *Simons* et al. (1996).

Die Studie von *Schmidt-Denter & Beelmann* „Familiäre Beziehungen nach Trennung und Scheidung: Veränderungsprozesse bei Müttern, Vätern und Kinder", ist besser bekannt als Kölner Scheidungsstudie. Die Autoren haben auf der Grundlage eines systemischen Ansatzes die Veränderungen der familialen Beziehungen nach Trennung/Scheidung untersucht. Es handelt sich dabei um eine prospektive Längsschnittuntersuchung, die – ausgehend von einem Drei-Phasen-Modell der Scheidung im Sinne eines Transitionsprozesses – Erhebungen zu drei Zeitpunkten vorgenommen hat.

Die Autoren haben dabei auf das von *Hetherington, Cox & Cox* (1979, 1982) postulierte 3-Phasen-Modell Bezug genommen: In der ersten, der akuten Phase werden die innerfamiliären Probleme so stark, daß es zur Trennung kommt. Nach 1–2 Jahren beginnt die zweite Phase, die sogenannte Übergangsphase, in der sich Eltern und Kinder mit den neuen innerfamiliären Beziehungen und Rollen auseinandersetzen müssen. In der dritten Phase schließlich, der Phase der Stabilität, kommt es zu einer Konsolidierung, der Normalisierung familiärer Beziehungen und der Ausbildung von Lebensperspektiven.

Die Stichprobe bildeten zum Zeitpunkt der ersten Erhebung 60 Familien bzw. 180 Probanden (Mutter, Vater, Zielkind). Vorgaben der Stichprobengewinnung waren u.a. die Bereitschaft aller Beteiligten (Vater, Mutter,

Zielkind) zur Mitarbeit an den drei Meßzeitpunkten sowie die Forderung, daß es sich um eine nicht klinische Stichprobe handeln sollte.

Die erste Untersuchung erfolgte im Durchschnitt 10 Monate nach der Trennung; die zweite und dritte Erhebung erfolgten jeweils 15 Monate später.

Durchschnittlich lebten in den Trennungsfamilien zwei Kinder, die bei der ersten Erhebung ihren Aufenthalt bei der Mutter hatten. Differenzierter betrachtet fanden sich in 26,7 % der Familien 1 Kind (n = 16), in 48,3 % der Familien 2 Kinder (n = 29), in 20,0 % 3 Kinder (n = 12) und in 5,0 % mehr als 3 Kinder (n = 3). Somit kamen in ca. 74 % der Familien Geschwister vor. Das durchschnittliche Alter der Zielkinder lag zu Beginn der Studie bei 7;2 Jahren (4;0 bis 10;10 Jahre). 56,7 % der Zielkinder waren Mädchen.

Im Rahmen der Studie wurden standardisierte Verfahren, wie das Familiendiagnostische Testsystem (FDTS) von Schneewind et al. (1985), die Marburger Verhaltensliste (MVL) von Ehlers et al. (1978), der Family Relations Test (FRT) von Bene & Anthony (1957; dt. Fassung von Flämig & Wörner, 1977) und der Kölner Fragebogen für Scheidungsfamilien (KFS) eingesetzt. Zusätzlich erfolge eine systematische Interaktionsbeobachtung (Video) von Mutter-Kind-Dyaden in standardisierten Situationen (nähere Literaturangaben bei *Schmidt-Denter & Beelmann* (1995).

Ziel der Untersuchung war es, verschiedene Lebensformen und Beziehungssysteme zu unterscheiden und differentiell Verlaufstypen zu ermitteln. Das zentrale „Erfolgskriterium" sollte es sein, die Bedingungen herauszufinden, die am ehesten die Wahrung des Kindeswohls gewähren bzw. kindlichen Leidensdruck und Entwicklungsstörungen minimalisieren. Mit anderen Worten: Scheidungsfamilien sollten nach günstigen bzw. ungünstigen Entwicklungsverläufen klassifiziert und voneinander unterschieden werden. Das Kriterium hierfür sollte die Problembelastung des Kindes sein.

Allgemein kamen *Schmidt-Denter & Beelmann* (1995) zu dem Ergebnis, daß die Untersuchungsergebnisse bezüglich des Auftretens kindlicher Verhaltensauffälligkeiten „ein beunruhigendes Bild" (S. 351) ergeben. Weiter schreiben sie, „die Symptombelastung der Trennungskinder liegt dramatisch über den Normwerten (MVL). Gleichzeitig jedoch weist sie eindeutig positive zeitliche Veränderungen auf. So beträgt in der ersten Erhebung die Zahl der auffälligen Kinder 54 % (Gesamtwert). In der zweiten Erhebung verringert sich dieser Prozentsatz auf 40 %, wobei jedoch der Unterschied zu Kindern aus vollständigen Familien immer noch hoch signifikant bleibt. In der dritten Erhebung liegt der Wert bei 30 % und verfehlt das Signifikanzniveau" (S. 351). Ihren theoretischen Vorüberlegungen entsprechend gingen die Autoren für die empirische Klassifikation der untersuchten Familien von den mittels der MVL registrierten Verhaltensauffälligkeiten der Kinder aus. Ihr Ziel war, „die Kinder der Gesamtstichprobe im Hinblick auf die über die Zeit hinweg festgestellten Symptombelastungen zu Subgruppen mit ähnlicher Verlaufsstruktur zusammenzufassen und näher zu beschreiben" *Schmidt-Denter/Beelmann* (1995, S. 327). Dazu führten sie eine Cluster-Analyse durch und erhielten drei unterschiedliche Verlaufstypen: „Hochbelastete" (das Ausmaß der registrierten Verhaltensauffälligkeiten befindet sich über den gesamten Untersuchungszeitraum hinweg unverändert auf einem sehr hohen Niveau), „Belastungsbewältiger" (kontinuierliche Abnahme kindlicher Verhaltensauffälligkeiten) bzw. „Geringbelastete" (die Kinder weisen nur in geringem Ausmaß Symptome auf, scheinen im Zusammenhang mit Trennung/Scheidung am wenigsten verwundbar zu sein) (a.a.O., S. 352).

Die Qualität der Geschwisterbeziehung wurde auf zwei verschiedene Arten erfaßt: mit dem Kölner Fragebogen für Scheidungsfamilien und mit dem Family-relation-test.

Der Kölner Fragebogen für Scheidungsfamilien enthält in getrennten Versionen für Väter und Mütter Items, welche die Qualität der Geschwisterbeziehung erfassen (vgl. Abb. 3).

Zunächst wäre anzumerken, daß die Einteilung für die Zeit vor der Trennung „mal liebevoll, mal feindselig", „feindselig" „eng liebevoll" und „kameradschaftlich" lautete; die beiden letzten Kategorien wurden zu der bei den weiteren Untersuchungen verwandten Kategorie „eher gut" zusammengefaßt. Demnach schätzen die Mütter die Beziehung der Geschwister vor der Trennung deutlich anders ein als die Väter. Es findet sich

	vor der Trennung		1. Untersuchungs-zeitpunkt		3. Untersuchungs-zeitpunkt	
	Mutter	Vater	Mutter	Vater	Mutter	Vater
eher gut	15	28	35	40	26	30
eher schlecht	1	0	6	4	8	2
abwechselnd	27	17	3	0	4	0

Abb. 3: Geschwisterbeziehungen nach Angabe der Eltern
   (Schmidt-Denter/Beelmann 1995)

jedoch bei beiden übereinstimmend eine Differenzierung der Geschwisterbeziehung hin zu einer eher positiven oder negativen Gefühlstönung. Ein weiteres Item fragt ab, ob bei den Geschwistern eine Rivalität um die Liebe der Mutter bzw. des Vaters vorliegt oder nicht. Dieses Item wird bei der ersten Untersuchung von 65,9 % der Mütter (n = 29) bejaht, von 34,1 % (n=15) verneint. In 16 von den 29 Fällen handelt es sich dabei um offene Auseinandersetzungen. 17 von 44 Vätern (38,6 %) bejahen das Vorliegen von Eifersucht, 27 (61,4 %) verneinen dies. Beim dritten Untersuchungszeitpunkt bestätigen 23 Mütter (60,5 %) und 10 Väter (31,3 %) das Vorhandensein von Rivalität; korrespondierend wird sie von 15 Müttern (39,5 %) und 17 Vätern (53,1 %) nicht wahrgenommen; 5 Vätern war es nicht möglich, diese Frage zu beantworten (15,6 %).

Der Family-Relation-Test ist ein halbprojektives Verfahren, welches sozial-emotionale Beziehungen erfaßt. Ermittelt werden die subjektiv vom Kind empfundenen Gefühle gegenüber Mitgliedern der Familie, die – vereinfacht dargestellt – vier Kategorien zugeordnet werden können: positive bzw. negative vom Kind ausgehende oder von ihm empfangene Gefühle. Darüber hinaus erlaubt der Test Rückschlüsse auf das Selbstbild bzw. auf das Vorhandensein von Abwehr. Die Gesamtzahl der zugeordneten Items (GZ) pro Person gibt einen Hinweis darauf, wie stark diese im Erleben präsent ist. Die Anzahl positiver (POS) bzw. negativer (NEG) Items läßt auf die Gefühlstönung schließen. *Schmidt-Denter & Beelmann* (1995) fanden folgende Ergebnisse (vgl. Abb. 4):

	alle Kinder	1. Cluster	2. Cluster	3. Cluster
1. Untersuchungs-zeitpunkt	∅	∅	∅	∅
2. Untersuchungs-zeitpunkt	intensiver (GZ, POS, NEG)	∅	weniger NEG	intensiver (GZ)
3. Untersuchungs-zeitpunkt	intensiver (GZ, NEG)	mehr POS	weniger POS	∅
			geringere Kinderzahl	Durch-schnittsalter höher

Abb. 4: Geschwisterbeziehungen nach Einschätzung der Kinder (Schmidt-Denter / Beelmann 1995)

Insgesamt teilten alle (38) Kinder unabhängig von der Cluster-Zugehörigkeit bei der zweiten und dritten Untersuchung ihren Geschwistern mehr Items zu als die Kinder der Normstichprobe.

- Die hochbelasteten Kinder erleben beim 3. Untersuchungszeitpunkt die Beziehung zu ihren Geschwistern positiver.
- Belastungsbewältiger geben bei der 2. bzw. 3. Erhebung weniger negative bzw. positive Gefühle in der Geschwisterbeziehung an.
- Für Geringbelastete ist die emotionale Beziehung zu den Geschwistern beim 2. Untersuchungszeitpunkt von großer Bedeutung.

Die Autoren ziehen folgendes weitreichende Resümee: „Die elterliche Trennung führt zu einer Intensivierung der Geschwisterbeziehung. Diese zeigt sich sowohl im positiven als auch im negativen Gefühlsbereich. Einerseits wirken Geschwister unterstützend: Das Geschwister-Subsystem bleibt in der Regel trotz der Trennung/Scheidung erhalten und bildet somit einen Faktor der Stabilität. Außerdem sind Geschwister den Belastungen nicht allein ausgesetzt. Sie verfügen über einen Gesprächspartner und ggf. Verbündeten gegenüber den Eltern. Andererseits werden Geschwister zu Konkurrenten: Sie rivalisieren insbesondere um die Zuwendung ihrer Eltern, deren zeitliche und emotionale Ressourcen trennungsbedingt durch zahlreiche Stressoren verringert werden.

In der vorliegenden Forschungsliteratur werden beide Effekte in der Regel alternativ diskutiert. Die eigenen Befunde deuten darauf hin, daß sie sich nicht ausschließen. Lediglich in ihrem Gewicht scheinen sie phasenspezifisch ausgeprägt zu sein. So nehmen die aversiven Auseinandersetzungen gegen Ende des Untersuchungszeitraums zu, während die positiven Bindungen in der früheren Trennungszeit stärker empfunden werden. Vielleicht ist aber auch die negativ erlebte Seite der Geschwisterbeziehung als funktional anzusehen, indem sie einen sozialen Rahmen für offene Auseinandersetzungen bildet, die in der innerfamiliären Interaktion ansonsten Abwehrtendenzen unterliegen" (*Schmidt-Denter & Beelmann*, 1995, S. 351). In der Zusammenfassung schreiben die Autoren, es kommt „zu einer Intensivierung der Geschwisterbeziehung. Die Geschwister wirken in dieser Situation einerseits unterstützend, andererseits gibt es auch vermehrt Auseinandersetzungen sowie Rivalität um die Zuwendung der Eltern" (S. 361).

Dieser – nicht repräsentativen – Längsschnittuntersuchung sei eine repräsentative Querschnittsuntersuchung von *Simons* et al. (1996) gegenübergestellt. Es handelt sich dabei um die gemeinsame Auswertung zweier großer Erhebungen in Iowa, dem Iowa-Youth-and-Families-Project (IYFP) und dem Iowa-Single-Parent-Project (ISPP).

In dem erstgenannten Projekt wurden 328 Familien ausgewählt. Kriterium war, daß in diesen Familien ein Jugendlicher in der Adoleszenz lebte (Zielkind); zusätzlich erforderlich war ein Geschwisterkind mit einem Altersabstand von maximal 4 Jahren.

In der ISPP-Studie wurden 207 Mütter untersucht, deren Scheidung maximal 2 Jahre zurücklag. Kriterium war auch hier ein Jugendlicher mit einem Geschwisterkind (Altersabstand maximal 3 Jahre).

Alter der Jugendlichen, Geschlechtsverteilung und Anzahl der Geschwister waren in beiden Studien vergleichbar. Auch die übrigen Parameter wie z.b. Wohnort, Schicht, Bildungsstand, Berufstätigkeit und Einkommen etc. waren in beiden Stichproben nicht signifikant voneinander unterschieden.

Die Untersuchungsinstrumente waren parallelisiert: Im Rahmen von zwei Hausbesuchen wurden Interviews geführt, verschiedene Fragebogen eingesetzt und schließlich Interaktionsbeobachtungen mit Videoaufzeichnung gemacht.

Die Auswertung dieses Projekts im Hinblick auf Geschwisterbeziehungen wurden von *Conger & Conger* (1996) durchgeführt. Aufgrund von Voruntersuchungen gingen sie davon aus, daß die Qualität der Geschwisterbeziehungen primär bestimmt wird durch den Einfluß von im Rahmen der Trennung/Scheidung entstehenden Stressoren auf das elterliche Verhalten.

Die Hypothese von *Conger* und *Conger* war, daß die Abnahme adäquaten elterlichen Erziehungsverhaltens den zentralen Mechanismus darstellt, der die Qualität der Geschwisterbeziehung beeinflußt (vgl. Abb. 5).

Conger und *Conger* (1996) teilten die Familien in drei Gruppen ein: Geschiedene, Familien mit Schwierigkeiten („distressed Marriage") und glücklich Verheiratete („happily married"). Sie differenzierten die Beziehungen hinsichtlich Feindseligkeit und Zwang („hostility and coercion") und Wärme und Unterstützung („warmth and support").

Die Ergebnisse der statistischen Analyse zeigten zunächst, daß die Interaktionen von Geschwistern aus Scheidungsfamilien häufiger negativ und weniger positiv waren. Dabei finden sich geringe geschlechtsspezifische Unterschiede; die emotionale Zuwendung und Unterstützung ist höher, wenn sich eine Schwester unter den Geschwistern befindet.

Im übrigen wurden die Hypothesen durch die Daten voll bestätigt. So erwies sich der Status „geschieden" als ein Prädiktor für finanzielle Schwie-

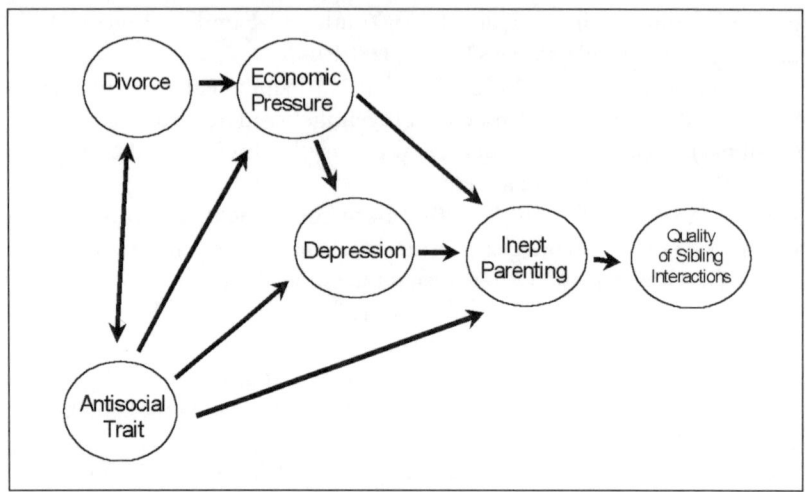

Abb. 5: Einfluß der Scheidung auf die Geschwisterbeziehung
(Simons and Associates 1996)

rigkeiten bei alleinerziehenden Müttern und war seinerseits Grund für
depressive Verstimmungen der Mütter und Einschränkung ihrer Erzie-
hungsfähigkeit. Die depressive Verstimmung selbst trug einen Teil zu dem
eingeschränkten Erziehungsverhalten bei. Schließlich bestätigte es sich,
daß letzteres das Verbindungsglied zwischen der familiären Struktur und
der Qualität der Geschwisterbeziehung war.

Auch der Effekt der zweiten Variablen in dem theoretischen Modell, d.h.
der dissozialen Verhaltenstendenzen bei Müttern wurde bestätigt. *Conger
& Conger* (1996) machen deutlich, daß weder die durch die Scheidung bedingte Änderung der Familienstruktur noch die dissozialen Tendenzen der
Mütter einen direkten Einfluß auf die Geschwisterbeziehung haben. Aufgrund ihrer Daten sei davon auszugehen, daß durch die Trennung / Scheidung ein Prozeß in Gang gesetzt wird, der über weitere Faktoren / interve-
nierende Variablen einen Einfluß auf die Qualität der Geschwisterbeziehung hat (vgl. Abb. 6).

Betrachtet man nur die Ergebnisse beider Untersuchungen, so zeigen
sich Unterschiede und auch Widersprüche. So könnte – verkürzt betrachtet – die Untersuchung von *Schmidt-Denter & Beelmann* (1995) als Bestätigung der Hypothese angesehen werden, daß sich Geschwister im Falle
einer Trennung als stabilisierender Faktor erweisen („Sibling compensa-

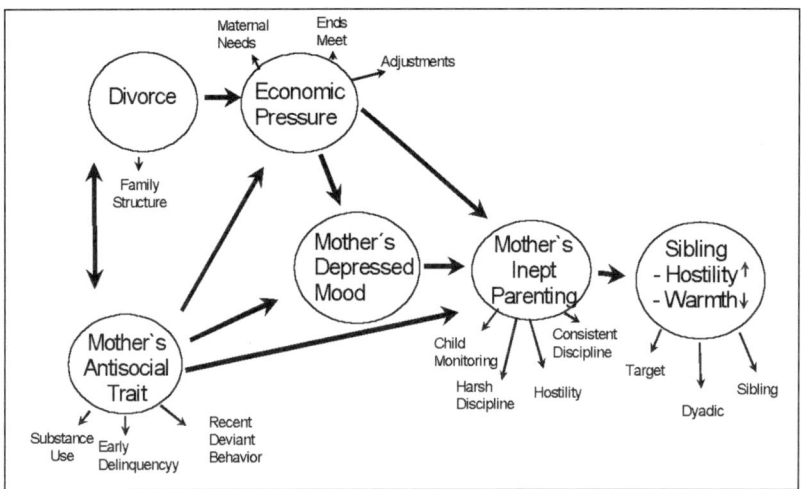

Abb. 6: Einfluß der Scheidung auf die Geschwisterbeziehung
(Simons and Associates 1996)

tion approach"); die Studie von *Conger & Conger* (1996) könnte im Sinne
der „Family pathology hypothesis" gewertet werden. Tatsächlich jedoch
ist zu berücksichtigen, daß beide Studien sich in bezug auf die Stichprobe
(Repräsentativität, Alter der Kinder, Anzahl der Kinder) und der angewandten Methoden bzw. Untersuchungsinstrumente (Längsschnittstudie,
bei der die mit Hilfe der MVL registrierten kindlichen Verhaltensauffälligkeiten einer Cluster-Analyse unterworfen wurden, versus Pfadanalyse über
die aus Verhaltens- und Interaktionsbeobachtungen sowie durch Fragebogen ermittelten Daten im Rahmen einer Querschnittsuntersuchung) deutlich unterscheiden.

Faßt man die Ergebnisse beider Studien zusammen, so könnten folgende
Hypothesen formuliert werden:

1. Es besteht ein Zusammenhang zwischen mütterlichem Erziehungsverhalten und Geschwisterbeziehung:. Dieser von *Conger & Conger* (1996)
   beschriebene Zusammenhang findet sich auch bei differenzierter Betrachtung der verschiedenen Cluster.
2. Es besteht eine Altersabhängigkeit. Mit Beginn der Pubertät werden
   Aspekte der Individuation und damit Loslösung von den Geschwistern
   wichtiger als geschwisterlicher Zusammenhalt.

3. Es besteht eine Abhänigkeit vom Altersabstand; je geringer dieser ist, desto häufiger finden sich Rivalitäten.
4. Die Geschwisterbeziehung kann nicht unabhängig von den Verhaltensauffälligkeiten der Kinder gesehen werden; es ist zu erwarten, daß sich insbesondere expansive Störungen auch unter Geschwistern zeigen.

Momentan steht man insofern vor einem Dilemma, als es Beobachtungen bzw. Untersuchungen an kleinen Stichproben gibt, die bestimmte theoriegeleitete Hypothesen bestätigen, die aber nicht repräsentativ sind. Auf der anderen Seite gibt es zwar Ergebnisse von Untersuchungen mit großen Populationen, die aber zu wenig differenzieren bzw. deren theoretische Vorannahmen nur in eine bestimmte Richtung gehen.

Ausblick

Zusammenfassend bleibt festzuhalten, daß die empirische Erforschung der Geschwisterbeziehung noch in den Kinderschuhen steckt.
    Es mangelt bereits an geeigneten standardisierten Verfahren bzw. Meßinstrumenten, um die Geschwisterbeziehung adäquat erfassen zu können. Informationen über die Beziehung von Geschwistern kann man von Eltern gewinnen, von den Kindern selbst oder durch direkte Beobachtung der Interaktionen. Welche Informationen hier valide sind ist ebenso ungeklärt wie die Frage was man mit sich widersprechenden Informationen macht.
    Es fehlt weiter ein in sich schlüssiges, konsistentes Kategorien- oder Klassifikationssystem für die verschiedenen möglichen Formen von Geschwisterbeziehungen.
    Dabei muß stets mitbedacht werden, daß Geschwister individuelle Eigenschaften haben und daß ihre Beziehungen eingebettet sind in ein Netz sozialer Beziehungen. *Brody* (1998) hat vor kurzem ein heuristisches Modell vorgelegt mit Hypothesen über den Zusammenhang zwischen familiären Prozessen, individuellen Besonderheiten und Veränderungen in der Qualität der Geschwisterbeziehung

LITERATUR

Abramovitch, R., Corter, C.M. & Lando, B. (1979): Sibling interaction in the home. Child Development, 50, 997–1003

Adams, B.N. (1986): The family: A sociological interpretation (4th) ed.). Toronto: Harcourt Brace Jovanovich

Adams, V. (1982): Geschwister: Die lebenslange Bindung Psychologie heute; 9 (3); 23–29

Adler, A. (1920): Praxis und Theorie der Individualpsychologie; München/Wiesbaden

Adler, A. (1928): Characteristics of the first, second, third child; Children 3

Bank, S.P.; Kahn, M.D. (1975): Sisterhood-brotherhood is powerfull: Sibling subsystems and family therapy. Family Process, 14 (3), 311–337

Bank, S.P.; Kahn, M.D. (1982): Intense sibling loyalties. In: Lamb, M.E. and Sutton-Smith, B. (Hrsg.): Sibling relationships: Their nature and significance across the life span. Hillsdale, New York: Erlbaum

Bank, S.P.; Kahn, M.D. (1989): Geschwister-Bindung; Paderborn: Junfermann

Bedford, V.H. (1993): Geschwisterbeziehungen im Erwachsenenalter; 119–141; In: Auhagen, A.E.; v. Salisch, M.: Zwischenmenschliche Beziehungen; Göttingen: Hogrefe

Berkowitz, L. (1983): Aversively stimulated aggression: Some parallels and differences in research with animals and humans; American Psychologist; 38; 1135–1144

Brody, G.H. (1998): Sibling relationship quality: Its causes and consequences; Annual Review of Psychology; 49; 1–24

Cicirelli, V.G. (1973): Effects of sibling structure and interaction an children's categorization style. Developmental Psychology, 9, 132–139

Cicirelli, V.G. (1985): Sibling relationships thoughout the life-cycle; 177–214; In: L'Abate, L.: Handbook of family psychology and therapy; Vol 1; Homewood: Dorsey Press

Cicirelli, V.G. (1989): Feelings of attachment to siblings and well-being in later life. Psychology and Aging 4, 211–216

Cicirelli, V.G. (1994): The longest bond: The sibling life cycle; 44–59. In: L'Abate, L.: Handbook of Developmental family psychology and psychopathology; New York: Wiley

Combrinck-Graham, L. (1988): When parents seperate or divorce: The sibling system; 190–208. In: Kahn, M.D.; Lewis, K.G.: Siblings in therapy: Life span and clinical issues; New York: Norton& Co

Conger, R.D.; Conger, K.J. (1996): Sibling relationships; 104–121; In: Simons, R.L. et al.: Understanding differences between divorced and intact families: Stress, interaction, and child outcome; Understanding families; Thousand Oaks: Sage Publication

Dunn, J. (1983): Sibling relationships in early childhood; Child development; 54; 787–811

Dunn, J. (1984): Sisters and brothers; London: Fontana

Dunn, J. & Kendricks, S. (1981): Siblings: love envy and understanding. Cambridge, MA: Harvard University Press

Engstler, H. (1997): Die Familie im Spiegel der amtlichen Statistik. Bundesministerium für Familie, Senioren, Frauen und Jugend. Bonn

Eno, M.M. (1985): Sibling relationships in families of divorce; Journal of Psychotherapy and the Family; 1(3); 139–156

Filipp, S.-H. (1990): Kritische Lebensereignisse; 2.Aufl.; München: PVU

Fthenakis; W.E; LBS-Initiative Junge Familie (1996): Trennung, Scheidung und Wiederheirat: Wer hilft dem Kind?; Weinheim und Basel: Beltz

Furman, W.; Buhrmester, D. (1985): Children's perceptions of the quality of sibling relationships; Child development; 56; 448–461

Gold, D.T. (1989): Sibling relationships: A typlogy. Internation Journal of Aging and Human Development, 28, 37–51

Hetherington, E.M. (1988): Parents, children, and siblings: six years after divorce; 311–331; In: Hinde, R.A.; Stevenson-Hinde, J.: Relationships within families: Mutual influences; Oxford: Claredon Pr.

Hetherington, E.M., Cox, M. & Cox, R. (1979): Play and Social Integration in Children Following Divorce; Journal of Social Issues, Vol. 35, No. 4; 26–49

Hetherington, E.M., Cox, M. & Cox, R. (1982): Effects or divorce on parents and children. In: Lamb, M.E. (Hrsg.): Nontraditional families: Parenting and child development. Hillsdale, New York: Erlbaum

Kaslow, F.W.; Schwartz, L.L. (1987): The dynamics of divorce: A life cycle perspective; New York: Brunner/Mazel

Kasten, H. (1993): Geschwisterbeziehung; Band I; Göttingen: Hogrefe

Kier, Ch.; Lewis, Ch. (1998): Preschool sibling interaction in seperated and married families: Are same-sex pairs or older sisters more sociable; Journal of Child Psychology and Psychiatry; 39(2); 191–201

Lamb, M.E. & Sutton-Smith, B. (1982): Sibling relationships: Their nature and significance across the life span. Hillsdale, New York: Erlbaum

Papastefanou, C. (1992): Das zweite Kind und die Erweiterung der familialen Beziehungen; 152–170; In: Hofer, M.: Familienbeziehungen- Eltern und Kinder in der Entwicklung; Göttingen: Hogrefe

Parens, H. (1988) Siblings in early childhood: Some direct observational findings; Psychoanalytic Inquiry 8; 31–50

Schäfer, E.; Edgerton, M. (1981): The Sibling Inventory of Behavior; Chapel Hill: University of North Carolina

Schmidt-Denter, U. (1993): Eltern-Kind- und Geschwister-Beziehungen; 337–352; In: Markefka, M.; Nauck, B.: Handbuch der Kindheitsforschung; Neuwied; Kriftel; Berlin: Luchterhand

Schmidt-Denter; U.; Beelmann, W. (1995): Familiäre Beziehungen nach Trennung und Scheidung: Veränderungsprozesse bei Müttern, Vätern und Kindern; Universität; Psychologisches Institut; Köln

Schmidt-Denter, U.; Beelmann, W.; Trappen, I. (1991): Empirische Forschungsergebnisse als Grundlage für die Beratung von Scheidungsfamilien: Das Kölner Längsschnittprojekt; Zeitschrift für Familienforschung; 3; 40–51

Schneewind, K.A. (1995): Familienentwicklung; 128–166; In: Oerter, R.; Montada, L.: Entwicklungspsychologie – Ein Lehrbuch; 3. Auflage; Weinheim: PVU

Schneewind, K.A.; Vierzigmann, G.; Backmund, V. (1995): Scheidung; 1101–1109; In: Oerter, R.; Montada, L.: Entwicklungspsychologie – Ein Lehrbuch; 3. Auflage; Weinheim: PVU

Scott, J.P. (1990): Sibling interaction in later life. In: Brubaker, T.H. (Hrsg.): Family relationships in later life (Kap. 3, 86–99). Newbury Park, CA: Sage

Seiffge-Krenke, I.; Boeger, A.; Schmidt, C.; Kollmar, F.; Floss, A.; Roth, M. (1996): Chronisch kranke Jugendliche und ihre Familien- Belastung, Bewältigung und psychosoziale Folgen; Stuttgart; Berlin; Köln: Kohlhammer

Simons, R.L. et al. (1996): Understanding differences between divorced and intact families: Stress, interaction, and child outcome; Understanding families; Thousand Oaks: Sage Publication

Sutton-Smith, B. & Rosenberg, B.G. (1970): The sibling. New York: Holt, Rinehart & Winston

Timberlake, E.M.; Hamlin, E.R. (1982): The sibling group: A neglected dimension of placement; Child Welfare; 61; 545–545

Toman, W. (1987): Familienkonstellationen; 4.Auflage; München: Beck

Treffers, P.D.A.; Goedhart, A.W.; Waltz, J.; Kouldijs, P. (1990): The systematic collection of patient data in a centre for child and adolescent psychiatry; British Journal of Psychiatry; 157; 744–748

Wallerstein, J.S. (1984): Die Bedeutung der Scheidung für Kinder; 107–122; In: Steinhausen, H.C.: Risikokinder: Ergebnisse der Kinderpsychiatrie und -psychologie; Stuttgart; Berlin; Köln: Kohlhammer

Wallerstein, J.S.; Kelly, J.B. (1980): Surviving the breakup: How children and parents cope with divorce; New York: Basic

Waters, B. (1987): The importance of sibling relationships in separated families; Australien and New Zealand Journal of Family Therapy; 8; 13–17

Winnicott, D.W. (1951): Transitional objects and transitional phenomena – Through paediatries to Psychoanalysis; New York: Basic Books

Geschwister chronisch kranker Jugendlicher: Zwischen Parentifizierung und Vernachlässigung

von Inge Seiffge-Krenke

Geschwisterbeziehungen gehören zweifellos nicht nur zu den intensivsten, sondern auch zu den am längsten fortdauernden zwischenmenschlichen Beziehungen. Sie bleiben von der Geburt bis zum Tod eines Geschwisters bestehen (Cicirelli, 1982), und aufgrund des geringeren Altersabstandes und des früheren Bestehens der Beziehung währen sie länger als andere enge Beziehungen, wie etwa Eltern-Kind- oder Partnerbeziehungen.

Geschwisterbeziehungen in der Psychologie: Hinweise auf ein Forschungsdefizit

Trotz dieser offenkundigen Bedeutung sind Geschwisterbeziehungen nicht sehr häufig Gegenstand wissenschaftlicher Untersuchungen in der Psychologie gewesen. Die Entwicklungspsychologie ist zwar über 100 Jahre alt, doch gibt es erst seit etwa zwei Dekaden Untersuchungen zu Geschwisterbeziehungen. Betrachten wir den Zeitraum von 1977 bis 1998, so ist die Zahl von 189 Studien an Geschwistern doch recht gering und geht in der Gesamtanzahl von 17399 Publikationen, die im gleichen Zeitraum über Kinder und Jugendliche erschienen, regelrecht unter.

Auffällig ist auch der Akzent. Geschwister behinderter Kinder und Jugendlicher standen im Fokus, so daß wir heute mehr darüber wissen, wie Behinderte und ihre Geschwister interagieren, als darüber, wie gesunde Geschwister miteinander umgehen. Dennoch hat diese Forschungsrichtung sehr viele interessante Einsichten erbracht, da so einiges deutlich und überzeichnet wird, was unter gesunden Geschwistern nicht in dieser Schärfe zu sehen ist. Ein gutes Beispiel dafür gibt Josef Roth (1974) in seiner Erzählung „Hiob":

> Sie schleppten Menuchim wie ein Unglück durch die Stadt, sie ließen ihn liegen, sie ließen ihn fallen. Sie ertrugen den Hohn der Altersgenossen schwer, die hinter ihnen her liefen, wenn sie Menuchim spazierenführten. Der Kleine mußte zwischen zweien gehalten werden. Er setzte nicht einen Fuß vor den andern

wie ein Mensch. Er wackelte mit seinen Beinen wie mit zwei zerbrochenen Reifen, er blieb stehen, er knickte ein.

Schließlich ließen ihn Jonas und Schemarjah liegen. Sie legten ihn in eine Ecke, in einen Sack. Dort spielte er mit Hundekot, Pferdeäpfeln, Kieselsteinen. Er fraß alles. Er kratzte den Kalk von den Wänden und stopfte sich den Mund voll, hustete dann und wurde blau im Angesicht. Ein Stück Dreck, lagerte er im Winkel. Manchmal fing er an zu weinen. Die Knaben schickten Mirjam zu ihm, damit sie ihn tröste. (...)

Eines Tages, im Sommer, es regnete, schleppten die Kinder Menuchim aus dem Haus und steckten ihn in den Bottich, in dem sich Regenwasser seit einem halben Jahr gesammelt hatte, Würmer herumschwammen, Obstreste und verschimmelte Brotrinden. Sie hielten ihn an den krummen Beinen und stießen seinen grauen breiten Kopf ein dutzendmal ins Wasser, in der freudigen und grausigen Erwartung, einen Toten zu halten.

Aber Menuchim lebte. Er röchelte, spuckte das Wasser aus, die Würmer, das verschimmelte Brot, die Obstreste und lebte. Nichts geschah ihm.

Da trugen ihn die Kinder schweigsam und voller Angst ins Haus zurück.

In dieser Geschichte werden einige wesentliche Eigentümlichkeiten der Geschwisterbeziehung beschrieben, die wir im folgenden – aus der Sicht der Forschung – genauer betrachten wollen.

Einige historische Vorbemerkungen

Mit Geschwistern aufzuwachsen ist eine Erfahrung, die heute in der Bundesrepublik nicht mehr alle Kinder machen. Wuchsen 1975 schon 24 % aller Kinder ohne Geschwister auf (Bundesminister für Jugend, Familie und Gesundheit, 1975), gab es 1993 bereits 31 % Einzelkinder (Bundesminister für Familie und Senioren, 1994). Verschiedene Autoren vertreten die Ansicht, daß es sich bei Geschwisterbeziehungen um eine fundamentale Erfahrung handelt, die die Persönlichkeitsentwicklung maßgeblich beeinflußt; von politischer Seite wird das Heranwachsen ohne Geschwister vielfach als nachteilig für die sozialen Fähigkeiten von Kindern, Jugendlichen und jungen Erwachsenen angesehen (vgl. Minister für Arbeit, Gesundheit und Soziales, NRW, 1980).

Damit hat sich die Situation – historisch gesehen – grundlegend geändert. Während wir heute durchschnittlich 1,4 Kinder pro Haushalt haben, waren noch bis zum Ende des Jahrhunderts sehr große Familien die Regel. Viele Geschwister wurden erlebt, aber auch der Tod dieser Geschwister. Ein Blick auf die Familie Zimmer, die Hölderlin pflegte, macht dies deutlich:

Von den zehn Kindern Zimmers starben sieben noch im ersten Lebensjahr, einige unmittelbar nach der Geburt. Das Leben mit Geschwistern, der Tod von Geschwistern, war etwas Alltägliches. Wie Badinter (1980) schreibt, bekamen mancherorts Kinder erst einen Namen um das 10. Lebensjahr, wenn ihr Überleben als gesichert galt. Die Aufmerksamkeit des Vaters war selektiv, und zwar in Abhängigkeit vom Geschlecht des Kindes und seiner Position in der Geschwisterreihe. Erstgeborene Söhne konnten der vorbildlichen Pflege, Fürsorge, Ernährung und Erziehung sicher sein. Allerdings ist zu bedenken, daß diese selektive Aufmerksamkeit von der körperlichen Unversehrtheit des Kindes abhängig war. So berichtet Talleyrand im Jahre 1763, daß er sein Erstgeburtsrecht verlor. Sein Vater hatte es auf den nächstjüngeren Bruder übertragen, nachdem Talleyrand durch einen Unfall zu einem Krüppel geworden war. Welche (wenigen) Rechte die Schwestern dieser Brüder besaßen, ist bekannt, ebenso, daß die jüngste Schwester im besonderen die Pflicht hatte, die alternden Eltern pflegerisch zu versorgen, weshalb sie häufig unverheiratet im Hause der Eltern wohnen blieb.

Die Bedeutung und Funktion von Geschwistern im Familienverband: Einige Ergebnisse

Lange Zeit dominierten in der psychologischen Forschung über Geschwisterbeziehungen Untersuchungen der Auswirkungen der Geschwisterfolge (z.B. Kammeyer, 1967; Adams, 1972), ausgelöst durch Alfred Adlers (1926) These von der „Entthronung" des Erstgeborenen als Trauma und Ursache für die Geschwisterrivalität. Auch die empirische Psychologie hat sich mit der Rivalität zwischen Geschwistern beschäftigt. So belegte Schmidt-Denter (1988) in seiner Literaturübersicht, daß das erstgeborene Kind in der *dyadischen* Interaktion mit der Mutter zunächst ein höheres Ausmaß an Zuwendung und Hilfe erfährt, daß aber in der *Triade* Mutter – zwei Geschwister generell das jüngste Kind bevorzugt wird, also eine „Entthronung" des Erstgeborenen erfolgt. Kreppner (1990) hat dies in seinen Studien nachgewiesen. Er hat die Ankunft des zweiten Geschwisters längsschnittlich untersucht und folgendes festgestellt: Unmittelbar nach der Geburt des zweiten Kindes ist die Mutter sehr stark mit dem Baby beschäftigt und hat „kaum Augen" für ihr Erstgeborenes. Das so „freigesetzte" Kind wendet sich dem Vater zu, ja klammert sich regelrecht an diesen. Etwa ein Jahr nach der Ankunft des zweiten Kindes ist die

Aufmerksamkeitsverteilung der Mutter wieder ausgeglichen: Sie beachtet beide Kinder etwa gleich. Im zweiten Jahr nach der Ankunft des zweiten Kindes schließlich finden wir eine Differenzierung in die Subsysteme „Eltern" und „Kinder".

Offensichtlich ist das Auftreten von Rivalität und Ambivalenz besonders stark ausgeprägt, wenn der Altersabstand zwischen den Geschwistern gering ist und beide weiblich sind (Schmidt-Denter, 1988). In vielen Studien zum Geschwisterverhalten wurden geschlechtsspezifische Unterschiede gefunden: Jüngere Geschwister wenden sich eher mit Bitten um Trost, Hilfe oder Zuwendung an ältere Geschwister, wenn es sich bei diesen um Mädchen handelt, und ältere Schwestern kümmern sich auch insgesamt fürsorglicher und freundlicher um jüngere, als dies ältere Brüder tun (Kasten, 1993). Schmidt-Denter (1988) beschreibt neben der Rivalität als weitere Dimensionen der Geschwisterinteraktion Macht und Abhängigkeit. Die Machtzuschreibung hängt wiederum ganz wesentlich von den Variablen Alter und Geschlecht ab. Ältere Schwestern und jüngere Geschwister werden mit Attributen geringerer Macht beschrieben. Auch beim Abhängigkeitsverhältnis, das jüngere Kinder oft zu ihren älteren Geschwistern aufbauen, spielt der Faktor Geschlecht eine Rolle: Jüngere Mädchen ordnen sich ihren älteren Geschwistern eher unter, während jüngere Jungen eher selbstbehauptendes Verhalten zeigen.

Die geschlechtsspezifischen Befunde, welche die größere Beziehungsfähigkeit der Mädchen im Sinne größerer Fürsorglichkeit, Verantwortung und Hilfeleistung im Vergleich zu dem größeren Macht- und Rivalitätsstreben der Jungen deutlich machen, bleiben auch im Alter erhalten, wie die Lifespan-Forschung über Geschwisterbeziehungen belegt (Bedford, 1993). Im Erwachsenenalter und Alter haben Schwesternpaare die höchsten Verbundenheitswerte und fühlen sich emotional einander noch näher als in der Kindheit, während Brüderpaare die niedrigste Verbundenheit aufweisen. Hier bleibt die Rivalität und Ambivalenz bis ins Alter erhalten. Auch die Relation ältere Schwester/jüngerer Bruder oder älterer Bruder/jüngere Schwester wird im Alter eher markanter. So ist mein 80jähriger Vater immer noch der „kleinere Bruder" seiner „großen Schwester", und diese behandelt ihn auch immer noch so.

Welche Funktionen erfüllen nun die Geschwisterbeziehungen für den einzelnen? Parens (1988), ein psychoanalytisch orientierter Autor, nennt verschiedene Funktionen, die Geschwister füreinander übernehmen können, so u. a. die Möglichkeit der wechselseitigen libidinösen Besetzung, die Funktion des Geschwisters als Babyersatz, als Rivale, Objekt von Feindseligkeiten und Aggression sowie die Funktion des Geschwisters als Helfer bei der Bewältigung von Sozialisationsschritten. Die von Parens genannten Funktionen erinnern an die von Richter (1963) beschriebenen familiären Rollenmuster und decken sich zum Teil mit den Ergebnissen der Entwicklungspsychologie. Schmidt-Denter (1988) nennt als weitere Funktionen das Verhandeln mit den Eltern und die Bildung von Koalitionen: Die Geschwister können ein Gegengewicht aufbauen und sind gemeinsam stärker als einzeln. Ein weiterer Teil der Forschung bezieht sich auf die Betreuungs- und Lehrfunktionen, die Geschwister füreinander einnehmen können. In einer Untersuchung von Schmidt-Denter (1984) erwies sich diese Funktion in besonderem Maße als schichtabhängig: Während allgemein 15 % der 1- bis 5jährigen von ihren Geschwistern gehütet wurden, betrug der Anteil in der unteren Sozialschicht 30 %. Hier zeigten sich wieder Geschlechtseinflüsse: Jüngere Geschwister akzeptieren eine ältere Schwester als Lehrerin eher als einen älteren Bruder und lernen auch mehr von einer Schwester (Cicirelli, 1975). Zieht man die Ergebnisse anderer Untersuchungen heran, dann lassen sich als Gründe hierfür die größere Bereitschaft der Mädchen, sich um jüngere Geschwister zu kümmern, aber auch die stärkere Wettbewerbsorientierung von Jungen, die Lernsituationen eher abträglich ist, ins Felde führen.

Geschwisterbeziehungen im Jugendalter: Zwischen „Ablösung" und „Verführung"

Jugendliche verbringen etwa 13 % ihrer Zeit mit ihren Geschwistern (Csikszentmihalyi & Larson, 1984), und die Beziehung zueinander ist durch bedeutsame emotionale und instrumentelle Unterstützung gekennzeichnet. Positive affektive Beziehungen zwischen Geschwistern nehmen Rangplatz 2 in der Studie von Dunn und Kendrick (1981) ein und stehen direkt hinter der sozialen Unterstützung durch die Eltern. Allerdings nimmt im Verlauf der Adoleszenz die Bedeutung der Geschwister ab – insbesondere wenn es sich um jüngere Geschwister handelt – und wird zunehmend durch einen engeren Kontakt zu den gleichaltrigen Freunden ersetzt. Dies wird besonders deutlich in der Studie von Pulakos (1989), die Geschwisterbeziehungen von 17- bis 25jährigen mit deren Beziehung zu Freunden verglich. Die Mehrheit der Probanden hatte eine engere emotionale Beziehung zu ihren Freunden als zu ihren Geschwistern. Mit den Freunden wurde häufiger über alltägliche und intime Dinge gesprochen, während mit den Geschwistern lediglich das Thema „Eltern/Geschwister" häufiger gewählt wurde. Auch die Freizeitaktivitäten fanden häufiger gemeinsam mit den Freunden statt, ausgenommen die Ferien, die eher mit den Geschwistern verbracht wurden. Junge Frauen erlebten sowohl ihre Freundschafts- als auch ihre Geschwisterbeziehungen emotional enger und durch mehr Reziprozität gekennzeichnet als junge Männer. Pulakos interpretiert dieses Ergebnis im Rahmen des Entwicklungsaufgaben-Konzepts, das die zunehmende Ablösung des Jugendlichen von den Eltern und auch Geschwistern, die mit einer Intensivierung der Gleichaltrigenbeziehungen einhergeht, betont. Tatsächlich zeigt die Selbstenthüllungsforschung (vgl. Seiffge-Krenke, 1994), daß die Enthüllungswerte gegenüber den Geschwistern einen zweigipfligen Verlauf aufweisen: Die Selbstenthüllung gegenüber Geschwistern ist in der Kindheit bis zur frühen Adoleszenz (d.h. bis zum 12. Lebensjahr) relativ hoch, sinkt dann ab und steigt erst wieder in der späten Adoleszenz ab dem 16. bis 17. Lebensjahr an. Die Geschwister sind nun – im Gegensatz zu den Eltern – wieder vertrauenswürdige Enthüllungspartner für Privates, sie liegen in ihren Werten aber deutlich unter den Enthüllungswerten gegenüber gleichaltrigen Freunden.

Im Zusammenhang mit dem neu entdeckten Interesse an dem Einfluß familiärer Beziehungen auf die Adaptation des Jugendlichen sind Geschwisterbeziehungen aus dem Blickwinkel einer „Verführungstheorie" betrachtet worden. So ist deviantes Verhalten ein wichtiges Forschungsgebiet bei Geschwisterbeziehungen im Jugendalter. Verschiedene Untersuchungen fanden bedeutsame Zusammenhänge zwischen dem Drogenkonsum der Befragten und dem Drogenkonsum älterer Geschwister. So stellten Needle, McCubbin, Wilson und Reineck (1986) in ihrer Studie den gemeinsamen Drogengebrauch von älteren und jüngeren Geschwistern als effizientesten Faktor beim Aufbau von Konsumgewohnheiten heraus. Zu einem ähnlichen Ergebnis, nämlich daß dem Einfluß älterer Geschwister größeres Gewicht beim Drogenkonsum zukommt als den gleichaltrigen Freunden und den Eltern, kommen auch Brook, Whiteman, Gordon und Brook (1990) in ihrer Literaturübersicht.

Zu den wenigen Studien, die Geschwisterbeziehungen im Jugendalter analysieren, zählen familientherapeutische Arbeiten. Vom systemischen Standpunkt wird dem Symptom eines Jugendlichen eine bestimmte Funktion in einem unbalancierten, problematischen Familiensystem beigemessen. Diese Funktionszuweisung erschwert die normale adoleszente Ablösung. Lewis (1987) hat aufgrund einer Analyse klinischen Fallmaterials fünf Botschaften gefunden, die Bulimiepatientinnen ihren Geschwistern übermitteln wollen:

1. Verknüpfungsbotschaft: Ich will uns durch meine Krankheit näher zusammenbringen.
2. Gleichmachungsbotschaft: Wir sind gar nicht so verschieden.
3. Ablenkungsbotschaft: Ich will von Dir ablenken und Dich dadurch schützen.
4. Friedensschlußbotschaft: Ich will Dir Bedeutung und eine Position innerhalb der Familie verschaffen.
5. Schmutziger-Kampf-Botschaft: Ich will mit Dir konkurrieren.

Geschwisterbeziehungen bei chronisch kranken Kindern und Jugendlichen

Geschwisterbeziehungen bei chronisch kranken Kindern und Jugendlichen wurden vergleichsweise selten untersucht, während es seit geraumer Zeit eine umfangreiche Forschung zu Geschwisterbeziehungen bei behinderten Kindern und Jugendlichen gibt (vgl. zusammenfassend Kasten, 1993). Auffällig sind Veränderungen in der Statushierarchie (so nimmt etwa das behinderte Kind in aller Regel den Rangplatz des erstgeborenen Kindes ein) und ein Privilegienentzug auf der Seite der gesunden Geschwister. Andere Autoren wie Simmeonsson und McHale (1981) weisen auf die widersprüchlichen Einflußfaktoren und Lernmöglichkeiten hin, denen gesunde Geschwister von behinderten Kindern ausgesetzt sind, und nennen

a) Identitätsprobleme: das gesunde Kind vermeidet eine Identifizierung mit dem behinderten Geschwister,
b) physische Anforderungen: Übernahme von Haushaltspflichten durch das gesunde Kind,
c) Überkompensation: das gesunde Kind versucht, den „Mangel" des behinderten Geschwisters auszugleichen und die Erwartungen der Eltern zu erfüllen,
d) Möglichkeiten zu sozialer Reife: Geschwister von behinderten Kindern sind sozial reifer.

Verschiedene Autoren weisen ferner darauf hin, daß die Schichtzugehörigkeit sehr entscheidend ist. Während in Unterschicht-Familien das behinderte Kind eine organisatorische Krise auslöst und häufig ältere Geschwister, insbesondere Mädchen, eine zentrale Rolle bei der Versorgung des behinderten Kindes zugewiesen wird – vgl. Mirjam in unserem Beispiel „Hiob" – stellt das behinderte Kind in höheren sozialen Schichten eine narzißtische Kränkung der Eltern dar, indem es alle Erwartungen verletzt. Geschwisterkonflikte können daraus resultieren, daß die gesunden Geschwister die Einstellung der Eltern übernehmen und das behinderte Kind ebenfalls nicht akzeptieren.

In den empirischen Untersuchungen über die Geschwisterbeziehung in Familien mit chronisch kranken Kindern und Jugendlichen lassen sich drei Forschungsschwerpunkte erkennen: die Analyse des Einflusses demographischer Variablen, der Beitrag gesunder Geschwister zur Adaptation von chronisch kranken Kindern und Jugendlichen sowie die Beeinträchtigungen, die gesunde Kinder und Jugendliche möglicherweise durch das Aufwachsen mit einem chronisch kranken Geschwister erleben. Eine Reihe von Untersuchungen, die sich mit den Auswirkungen auf das gesunde Geschwister beschäftigen, richten ihr Augenmerk auf Einzelvariablen wie Altersabstand und Geschlechtszugehörigkeit der Geschwister in ihrer Bedeutung für die Anpassung. So verglich Breslau (1982) in einer der umfangreichsten Studien 237 Geschwister behinderter bzw. chronisch kranker Kinder und Jugendlicher (sie litten an zystischer Fibrose, zerebraler Lähmung, Myelodysplasie und verschiedenen körperlichen Gebrechen) und 248 Geschwister Gesunder im Alter zwischen 3 und 18 Jahren. Die Einschätzung der psychosozialen Anpassung fand durch die Mütter statt. Es zeigte sich, daß jüngere Brüder und ältere Schwestern von behinderten oder kranken Kindern auffällige psychische Beeinträchtigungen und Aggressionen aufwiesen. Für die Brüder war jedoch zusätzlich der Altersabstand von Bedeutung; betrug dieser zu dem kranken, älteren Kind weniger als zwei Jahre, kam es zu negativen Auswirkungen. Auch Lavigne und Ryan (1979) stellten bei männlichen Geschwistern von hämatologisch erkrankten Kindern die höchsten Werte in psychopathologischer Auffälligkeit fest. Sie verglichen die Geschwister von Kindern dreier verschiedener Krankheitsgruppen (hämatologisch erkrankte, kardiologisch erkrankte und Kinder nach plastischer Chirurgie) mit Geschwistern gesunder Kinder; Maßstab war wieder die Fremdbeurteilung durch die Mütter. Die psychopathologische Auffälligkeit war besonders ausgeprägt bei den Geschwistern operierter Kinder. Die Autoren erklären dieses Ergebnis mit der sozial stigmatisierenden Wirkung der Sichtbarkeit der Erkrankung. Überraschenderweise stand die Schwere der Erkrankung in keiner Beziehung zu dem Ausmaß psychopathologischer Symptome bei gesunden Geschwistern. An dieser Stelle sei angemerkt, daß ein Drittel der von Evans, Stevens, Cushway und Houghton (1992) untersuchten Geschwister von Krebspatienten die Krankheit ihrer Mitwelt völlig verschwiegen. Dieser besorgniserregend hohe Prozentsatz deutet auf eine große innerpsychische Belastung hin. Einen besonderen Leidensdruck der gesunden männlichen Geschwister stellten Lobato, Barbour, Hall und Miller (1987) fest.

Viele Studien betonen die große Bedeutung der Mütter, hier speziell als Unterstützungspersonen bei der Krankheitsbewältigung der gesunden Geschwister (Drotar & Crawford, 1985; Brody, Stoneman & Burkey, 1987). Überhaupt sei es sehr schwer auszumachen, wie groß der unabhängige Beitrag der Geschwister ist und wieviel gemeinsame Varianz – etwa durch Variablen wie familiäre Kohäsion, familiäre Konflikte und die Qualität der ehelichen Beziehung der Eltern – besteht.

In den meisten Studien waren die globalen Unterschiede zwischen den Krankheitsgruppen eher gering, es gab aber auch krankheitsspezifische Effekte. So klagten die Geschwister diabetischer Kinder und Jugendlicher besonders häufig über körperliche Beschwerden und spielten den Eltern auch häufiger eine Krankheit vor, indem sie das Verhalten des diabetischen Geschwisters bei einem Insulinschock imitierten. Anders verhielten sich Geschwister der körperbehinderten Kinder und Jugendlichen in der Studie von Ferrari (1984): Sie vermieden es strikt, deren Verhalten nachzuahmen. Die Geschwister der diabetischen Kinder hatten im übrigen die höchsten Werte in prosozialem Verhalten. Dieser Befund, daß nämlich offensichtlich das Zusammenleben mit einem kranken Kind auch positive Effekte auf die Entwicklung des gesunden Kindes haben kann, indem es interpersonelle Fähigkeiten fördert, ist ein bemerkenswertes Ergebnis. Neuere Studien zeichnen sich insbesondere durch die Aufgabe der ausschließlichen Defizitorientierung und die Betonung der Chancen und Lernmöglichkeiten für die gesunden Geschwister aus (vgl. Hackenberg, 1992). Soziale Entwicklung und Verantwortungsbewußtsein werden bei den gesunden Geschwistern gefördert, das Miterleben der familiären Bewältigung stärkt das Selbstwertgefühl und das Vertrauen in die eigene Kompetenz zur Meisterung schwieriger Situationen.

Eine weitere Untersuchung, die sich mit den Geschwistern diabetischer Kinder und Jugendlicher beschäftigt, stammt von Lavigne, Traisman, Marr und Chasnoff (1982). Sie verglichen die Geschwister von Diabetikern mit einer Kontrollgruppe anhand der Child Behavior Checklist und einer Ehezufriedenheitsskala durch eine Befragung der Mütter. Es ergaben sich keine

Unterschiede zwischen beiden Gruppen. Fehlende Unterschiede hatten bereits verschiedene Autoren wie etwa Lobato et al. (1987), Ferrari (1984), Lavigne und Ryan (1979) und Breslau (1982) festgestellt. Auch Gallo, Breitmayer, Knafl und Zoeller (1992) stellten keine vermehrten Verhaltensauffälligkeiten bei Geschwistern chronisch Kranker fest, sondern betonten vielmehr das Familienklima als spezifische Mediatorvariable. Auch die große epidemiologische Studie von Cadman, Rosenbaum, Boyle und Offord (1991) an 3294 Kindern und Jugendlichen zwischen 4 und 16 Jahren fand keine Unterschiede im Familienklima zwischen den Familien mit einem kranken Kind und der Kontrollgruppe, aber eine leicht erhöhte Nervosität bzw. psychische Angegriffenheit der Eltern chronisch Kranker. Auch bei Fielding, Moore, Dewey, Ashley, McKendrick und Kinkerton (1985) ergaben sich bei den Eltern chronisch kranker Kinder (sie litten an Niereninsuffizienz im Endstadium) erhöhte Werte in Angst, Depression und psychosomatischen Beschwerden, aber keine Unterschiede zwischen den Geschwistern dieser Patienten und einer gesunden Kontrollgruppe bezüglich Verhaltensauffälligkeiten. Eine ganze Anzahl von Studien spricht demnach für eine relative „Unauffälligkeit" der Geschwister chronisch kranker Kinder und Jugendlicher.

Die Studie von Hanson, De Guire, Schinkel, Henggeler und Burghen (1992) beleuchtet einen neuen Aspekt. In dieser Untersuchung wurde im Gegensatz zu den bisher zitierten Untersuchungen, welche ihr Augenmerk ausschließlich auf die psychosoziale Anpassung des gesunden Geschwisters richteten, die Beziehung zwischen gesundem und krankem Geschwister untersucht und nicht der unidirektionale Einfluß des kranken auf das gesunde Kind. Die Häufigkeit von Geschwisterkonflikten erwies sich als wichtigster Prädiktor für das Problemverhalten und die allgemeine Anpassung bei den Diabetikern; er war sogar bedeutsamer als der Faktor Ehezufriedenheit. Allerdings beeinflußte die Beziehung zwischen den Eltern die Geschwisterbeziehung in der Weise, daß geringe eheliche Zufriedenheit eine hohe Geschwisterkonfliktrate vorhersagte. Es zeigt sich demnach auch hier wieder die Bedeutung der Eltern als vermittelnder Faktor bei der Geschwisterbeziehung und der Krankheitsanpassung.

Die stärkere Bindung chronisch kranker Jugendlicher an ihre Geschwister

In einer Längsschnittstudie versuchten wir, Aufschluß über die Geschwisterbeziehung zu bekommen, indem wir – anders als in der bisher zitierten Literatur – nicht nur die gesunden Geschwister, sondern auch die erkrankten befragten (vgl. Seiffge-Krenke et al., 1996). Außerdem wurde die elterliche Einschätzung der Geschwisterbeziehung im Interview mit beiden Eltern ermittelt. Mit dem Network of Relationship Inventory (NRI) von Furman und Buhrmester (1985) erfaßten wir 11 wesentliche Dimensionen der Geschwisterbeziehung:

- Begleitung bei alltäglichen Aktionen,
- Häufigkeit von Konflikten,
- instrumentelle Hilfe,
- Zufriedenheit in der Geschwisterbeziehung,
- Intimität der Beziehung,
- wechselseitige Umsorgung,
- Zuneigung,
- Bestrafung,
- Bewunderung,
- ausgeglichene Machtstrukturen und
- zuverlässiges Bündnis.

Diese 11 Skalen lassen sich zu zwei übergeordneten Dimensionen, nämlich „soziale Unterstützung" und „negative Interaktion", zusammenfassen. Wir baten chronisch kranke und gesunde Jugendliche über einen Zeitraum von vier Jahren, beginnend mit dem Alter von 13 Jahren, ihre Geschwisterbeziehung auf diesen 11 Skalen einzuschätzen. Es zeigten sich bedeutsame Unterschiede zwischen den Gruppen über die Zeit.

Während bei den an Diabetes erkrankten Jugendlichen die Werte in den Einzelskalen „Zufriedenheit", „zuverlässiges Bündnis" sowie der übergeordneten Dimension „soziale Unterstützung" im Laufe der vier Meßzeitpunkte anstiegen und die Werte in der übergeordneten Dimension „negative Interaktion" mit Geschwistern abnahmen, war bei den gesunden Jugendlichen eine gegenläufige Entwicklung festzustellen. Bei ihnen nahm das Streitverhalten zwischen Geschwistern im Verlauf der Adoleszenz zu, während die positiven Aspekte der Beziehung (wie Zuneigung, zuverlässiges Bündnis und soziale Unterstützung) abnahmen. Auch die Werte aller Einzelskalen gingen tendenziell in Richtung der zunehmend engeren Bin-

dung der Diabetiker an ihre Geschwister und der zunehmend distanzier-
teren und konfliktreicheren Beziehung der Gesunden zu ihren Geschwistern. Am Ende der Längsschnittuntersuchung, als die Jugendlichen
durchschnittlich 17 Jahre alt waren, hatten sich also die Geschwisterbeziehungen diametral entgegengesetzt entwickelt.

Diese Entwicklung der zunehmenden Bindung an die Geschwister bei
den Diabetikern läßt sich im Rahmen der anderen Befunde, die im Rahmen dieser Längsschnittstudie gewonnen wurden, als verzögerte alters-
gerechte Entwicklung interpretieren. Wir fanden nämlich in dieser Gruppe
eine zögerliche Abnabelung von den Eltern und eine ausgeprägte Vor-
sichtshaltung in Freundschaftsbeziehungen und heterosexuellen Beziehungen. Während – wie zu Beginn beschrieben – in der Adoleszenz nicht nur
die Eltern an Bedeutung verlieren, sondern auch die Geschwister zugunsten der Bedeutung gleichaltriger Freunde in den Hintergrund treten und
diese Entwicklung auch bei unserer gesunden Kontrollgruppe eingetreten
ist, gelang es unseren diabetischen Jugendlichen nicht, sich aus den familiären Bindungen zu lösen. Ob nun diese Wahrnehmung einer zunehmenden engeren Beziehung durch den diabetischen Jugendlichen auch von
den gesunden Geschwistern geteilt wird, darüber können Aussagen der
Eltern nur wenig Aufschluß geben, denn diese stellten die Beziehung als
völlig unauffällig dar.

In ausführlichen Explorationen befragten wir die Eltern darüber, wie sie
das Verhalten des gesunden Geschwisters in bezug auf den Diabetes ein-
schätzen. Es stellte sich heraus, daß aus der Sicht der Eltern die Reaktionen
des gesunden Kindes auf den Diabetes seines Geschwisters sehr positiv
waren. Zum Zeitpunkt der ersten Befragung verhielten sich die gesunden
Geschwister nach der Einschätzung der Eltern überwiegend fürsorglich,
unterstützend und empathisch. Dieses positive, zugewandte Verhalten
nahm im Verlauf der folgenden Jahre sogar noch deutlich zu. Negative
Reaktionen wie etwa das Gefühl der Benachteiligung traten nach Beobachtung der Eltern in nur 2,8 % der Fälle auf. Auch Gefühle der Rivalität
(0,9 %) und des Neides (1,9 %) waren von untergeordneter Bedeutung.
Hier muß man allerdings vermuten, daß den Eltern aufgrund ihrer Fo-
kussierung auf das erkrankte Kind doch einiges „verborgen" blieb – wie
wir am Schluß noch zeigen werden.

Im Rahmen einer allgemeinen, nicht diabetesspezifischen Exploration,
baten wir die Eltern aller, d. h. gesunder wie kranker Jugendlichen um eine
Einschätzung der Qualität der Geschwisterbeziehung. Hierbei interessierten uns Inhalt und Ausmaß der Geschwisterstreitereien. Bei dem Ver-

gleich der Einschätzung durch Eltern diabetischer Jugendlicher und Eltern gesunder Jugendlicher stellten wir eine recht ähnliche Einschätzung
der Geschwisterbeziehung durch beide Elterngruppen fest. Das Ausmaß
von Konflikten und Streitereien im alltäglichen Tagesablauf scheint also in
hohem Maße ähnlich zu sein, gleichgültig, ob ein Geschwister nun chronisch krank ist oder nicht.

Festzuhalten bleibt also, daß sich – zumindest aus der Sicht der Eltern –
die Geschwisterbeziehung zwischen einem gesunden und einem diabetischen Kind nicht von der Geschwisterbeziehung gesunder Kinder unterscheidet, sondern sogar als in hohem Maße ähnlich beurteilt wird. In bezug auf die chronische Krankheit ihres Geschwisters präsentierten sich die
gesunden Kinder als überwiegend empathisch und fürsorglich. Auch in
anderen Merkmalen (durchschnittliche Anzahl der Geschwister, Geschwisterfolge, Geschlecht, Alter, Schicht) unterschieden sich die Familien mit
gesunden und chronisch kranken Jugendlichen nicht. Auffällig ist jedoch
die gegenläufige Entwicklung in der Beurteilung der Geschwisterbeziehung
durch die chronisch Kranken selbst – etwa im Verglich zur Kontrollgruppe,
– die auf eine verzögerte Ablösung hinweist. Allerdings bieten die gesunden Geschwister der Erkrankten durch ihre große Fürsorglichkeit und ihr
Verständnis auch sehr viel Positives, das die längere Nutzung dieser Ressourcen erklären könnte.

Krankheit des Geschwisters als familiärer Risikofaktor?

Zusammenfassend kann festgehalten werden, daß in der empirischen Forschung zu Geschwisterbeziehungen mit einem chronisch kranken bzw.
behinderten Kind zu Beginn eine Forschungsrichtung vorherrschte, die
einzelne Faktoren wie Altersabstand, Geschwisterfolge und Geschlechtszugehörigkeit in ihren Auswirkungen auf die Anpassung des gesunden
Geschwisters an das kranke untersuchte. Diese Variablen erwiesen sich
aber als von geringerer prädiktiver Kraft für die Psychopathologie als all-
gemeinere familiäre Einflüsse wie etwa mütterliche Unterstützung, Ehezufriedenheit und elterliche Reaktion auf die Krankheit. Die Geschwisterbeziehung kann als ein Subsystem betrachtet werden, das in enger Wechselwirkung zu familiären Prozessen steht, in die es eingebettet ist. Damit
hängt auch zusammen, daß – wie Lobato, Faust und Spirito (1988) resümie-
ren – die Forschung die Vermutung, daß Geschwister chronisch Kranker
generell und global gesehen mehr Probleme haben, nicht bestätigen konnte.

Nach Lobato und Mitarbeitern kann die Krankheit eines Geschwisters aber auch als Risikofaktor konzeptualisiert werden, dessen Bedeutung von verschiedenen individuellen und familiären Kennzeichen und Ressourcen beeinflußt wird. Die Autoren arbeiteten die familiären Charakteristika heraus, die die Geschwisterbeziehung beeinträchtigen können (z.b. problematische familiäre Bewältigungsstile, zu starke Rollendifferenzierung in der Familie), wiesen aber auch auf krankheitsspezifische Faktoren (wie Ursache, Verlauf und Prognose) hin, die hinzukommen.

Damit ist bereits angedeutet, daß eine Vielzahl von Variablen den Effekt des möglichen Stressors „chronische Krankheit" moderieren kann, ganz abgesehen davon, daß dieser für Kinder und Jugendliche auch eine entwicklungsstimulierende Funktion haben kann. Allerdings sollte nicht ganz vergessen werden, daß im Einzelfall die Manifestation einer chronischen Erkrankung für ein Geschwister abrupte und sehr belastende Veränderungen mit sich bringt, die es zu bewältigen gilt. Dies sollen anschließend zwei Fallvignetten anhand der Reaktionen von jeweils einer älteren Schwester auf die Diabeteserkrankung des Bruders darstellen. Im ersten Fall handelt es sich um eine intensive, aber temporäre Anpassungsproblematik, die sich durch die verständnisvolle Hilfestellung der Eltern rasch auflöst. Im zweiten Fall ist die massive Rivalität zwischen den Geschwistern Ausdruck einer chronischen familiären Fehlentwicklung: Die zu enge, die Generationsschranke mißachtende Mutter-Sohn-Beziehung schließt die Tochter aus. Der Vater hat eine Randposition inne und „flüchtet" in den Beruf.

Fallbeispiel: Tim

Es handelt sich um eine vierköpfige Familie. Tim, der Patient, ist zum Zeitpunkt der ersten Erhebung 14 Jahre alt. Er ist im Alter von 9 Jahren im Jahre 1986 an Diabetes erkrankt. Seine Schwester ist zum Zeitpunkt der ersten Erhebung 17 Jahre alt. Die Mutter litt in den Jahren 1984 bis 1986 an einer endogenen Depression, in deren Rahmen viele stationäre, psychiatrische Krankenhausaufenthalte nötig wurden. Diese Zeit wird von der Mutter als für die Familie sehr belastend geschildert: Die damals erst 9jährige Tochter habe viele mütterliche Funktionen für den jüngeren Bruder übernommen und sei wahrscheinlich damit überfordert gewesen. Als der Diabetes bei Tim ausgebrochen sei, habe die Tochter zunächst sehr ruhig reagiert: Die Eltern hätten ihr keinerlei Belastung angemerkt. Dann habe sich die Tochter aber immer mehr in sich selbst zurückgezogen. Sie habe sich nicht mehr mit ihren Freundinnen getroffen, sondern habe sich ganze Nachmittage lang alleine in ihrem Zimmer aufgehalten und passiv auf ihrem Bett gelegen. Die Eltern schildern, daß sie dieses Verhalten nicht weiter als ungewöhnlich registriert hätten, da sie mit dem frischerkrankten Sohn sehr beschäftigt gewesen seien und das Krankheitsregime erlernen mußten. Die Mutter nahm an Diätkochkursen teil, beide Eltern erlernten das Spritzen usw. Besonders die Mutter fühlte sich anfänglich durch die Krankheit des Sohnes sehr überfordert, da sie gleichzeitig nach ihrer zweijährigen Krankheitsphase, in der sie sich fast ausschließlich in Krankenhäusern aufgehalten hatte, doch sehr massive Anpassungsprobleme hatte und sich nur schwer wieder an die vielen familiären Pflichten gewöhnen konnte. Nach eigenen Schilderungen hatte sie für die Tochter überhaupt keine Zeit.

Mit Schrecken aufgerüttelt wurden die Eltern erst, als sie einen zweiseitigen Brief von ihrer Tochter erhielten, in dem sie sich bitter über ihre Vernachlässigung beklagte und der damit endete, daß sie in ihrem Leben keinen Sinn mehr sehen würde und am liebsten aus diesem Leben scheiden würde. Die Eltern nahmen erst jetzt, durch dieses Signal, die Notlage ihrer Tochter wahr. Die Eltern führten daraufhin mehrere lange Gespräche mit ihrer Tochter, in denen diese sich bitterlich über die Vernachlässigung ihrer Person beschwerte, die Eltern dies aber auch akzeptierten und Besserung gelobten. Tim selbst lernte sehr schnell einen völlig selbständigen Umgang mit der Erkrankung, so daß zumindest die äußere massive Belastung nur eine relativ kurze Zeit währte. Im ganzen paßte sich die Familie schnell an die Krankheit an, es fand zwischen den Ehepartnern eine Arbeitsteilung statt; auch der Vater spritzte Tim, beide Eltern teilten sich wochenweise den „Dienst" auf, da Tim auch nachts gespritzt werden mußte.

Nachdem die Eltern die schwer depressive Stimmung ihrer Tochter zur Kenntnis genommen hatten bzw. die Tochter in der Lage gewesen war, diese ihren Eltern zu vermitteln, hob sich ihre Stimmung rasch und wurde abgelöst von einem fürsorglichen Verhalten ihrem jüngeren Bruder gegenüber, ein Verhalten, das sie auch schon vor der Krankheit des Bruders an den Tag gelegt hatte. Heute, vier Jahre später, ist das Verhältnis zwischen den Geschwistern völlig unbelastet durch die Krankheit, und die Schwester schildert ihr Verhältnis als ein ganz normales geschwisterliches Verhältnis mit den üblichen Streitereien. Sie empfindet, daß Tim gleich behandelt wird und daß sie durch die Krankheit Positives gelernt hat, nämlich ein größeres Gesundheitsbewußtsein, das sich auf gesellschaftliche Aspekte ausgedehnt habe.

Bei dieser Geschwisterbeziehung handelt es sich um eine akute und massiv auftretende Krise bei Krankheitsbeginn, die sich aufgrund der von der Schwester erlebten Benachteiligung ihrer Person entwickelt. Das Mädchen ist aber in der Lage, ihren Eltern den Gefühlszustand mitzuteilen. Die Eltern gehen hiermit in einer konstruktiven Weise um, so daß es auch der Schwester gelingt, sich an die Krankheit ihres Bruders anzupassen; langfristig gesehen ist das Verhältnis der Geschwister nicht belastet.

Fallbeispiel: Viktor

Auch in diesem Fall handelt es sich um eine Eifersuchts- und Rivalitätsproblematik zwischen einer älteren, gesunden Schwester und einem jüngeren, an Diabetes erkrankten Bruder. Viktor ist zum Zeitpunkt der ersten Erhebung 14 Jahre alt und seit seinem fünften Lebensjahr an Diabetes erkrankt. Seine

Schwester ist zum Zeitpunkt der ersten Erhebung 17 Jahre alt. Viktor wird durch seine Erkrankung zum Mittelpunkt im Leben der Mutter. Er zog ab Erkrankungsbeginn in das Ehebett der Mutter ein, während der Vater im Kinderzimmer übernachtete; dieses Arrangement wird über Jahre beibehalten und bestand noch, als wir die Familie kennenlernten. Es entwickelt sich ein intensives Abhängigkeitsverhältnis zwischen Mutter und Sohn, das so aussieht, daß der Sohn sämtliche Eigenbeteiligung am Krankheitsregime ablehnt und sich in passiver Weise von der Mutter vollständig versorgen läßt. Die Mutter weiß, daß Viktor sich nicht selber spritzt, wenn sie verhindert und außer Haus ist. Dies bedeutet, daß sie nur wenige Stunden das Haus verlassen kann und auch jegliche Einladungen und dergleichen unterbricht, um nach Hause zu fahren und ihren Sohn zu spritzen. In unseren Interviews drehte sich alles um den erkrankten Sohn. Auch in anderer Hinsicht ist er schwierig: In der Schule, einem anspruchsvollen Gymnasium, zeigt er mangelhafte Leistungen und wird durch mehrere Nachhilfelehrer nachmittags unterstützt. Freunde hat er keine, für gegengeschlechtliche Beziehungen interessiert er sich nicht; lediglich ein einziges, einsames Hobby pflegt er sehr: das Angeln. Hierzu fährt die Familie oft Hunderte von Kilometern ins Wochenende, um ihn zu einem bestimmten See oder Fluß zu bringen, wo sie ihn dann nach einigen Stunden wieder abholt.

Die Schwester dagegen zeigt gute Schulleistungen, ist in eine Peergruppe integriert und hat auch einen festen Freund. Diese unproblematische und positive Entwicklung wird jedoch von der Mutter nur in einem Nebensatz erwähnt. Im Gespräch mit der Tochter selbst drückt diese dann ihre massive Kränkung über die offenkundige Benachteiligung ihrer Person aus. Sie fühlt sich in der Familie einsam und überhaupt nicht gut aufgehoben, sie fiebert ihrem Abitur entgegen, weil sie danach die Familie augenblicklich verlassen will. Gegen ihren Bruder hegt sei einen starken Groll, weil er ihr den Zugang zu der Mutter verwehre. Ihre Mutter habe seit seiner Krankheit, und das ist fast schon solange sie sich erinnern kann, keine Zeit mehr für sie gehabt. Mit ihrem Vater könne sie sich auch kaum unterhalten, da dieser spät nach Hause komme und dann völlig erschöpft sei und seine Ruhe brauche. Streitigkeiten zwischen den Kindern entzünden sich an der Passivität von Viktor, der es nicht einsieht, im Haushalt zu helfen, da er ja krank sei. Dies wird von der Mutter auch nicht richtiggestellt. So entstehen ständig Streitereien zwischen den Geschwistern, die die Basis für familiäre Streitigkeiten, in die auch die Eltern verwickelt werden, bilden. Bei den Streitereien zwischen den Geschwistern ergreift die Mutter häufig, wie sie selbst zugibt, Partei für den Sohn, „da er ja krank sei", was die Tochter um so mehr erbittert. Diese Rivalitätskämpfe und erbitterten Streitereien der Kinder stehen derart im Mittelpunkt des familiären Geschehens, daß die Eltern sagen: „Wenn sich unsere Kinder nicht streiten würden, hätten wir kein Thema, über das wir uns unterhalten könnten". In diesem Arrangement lassen sich die geschwisterlichen Streitereien sicherlich auch als stabilisierenden Faktor ansehen, der eine typische psychosomatisch strukturierte Familie zusammenhält.

LITERATUR

Adams, B. N. (1972). Birth order: A critical review. *Sociometry*, 34, 411–439.

Adler, A. (1926). *Menschenkenntnis*. Kap. VIII: Geschwister (s. 117–124). Leipzig: Hirzel.

Badinter, E. (1980). *Die Mutterliebe*. München: Piper.

Bedford, V.H. (1993). Geschwisterbeziehungen im Erwachsenenalter. In A.E. Auhagen & M. v. Salisch (Hrsg.). *Zwischenmenschliche Beziehungen*. (S. 119–142). Göttingen: Hogrefe.

Breslau, N. (1982). Siblings of disabled children: Birth order and age-spacing effects. *Journal of Abnormal Child Psychology*, 10, 85–96.

Brody, G. H., Stoneman, Z. & Burke, M. (1987). Child temperaments, maternal differential behavior, and sibling relationships. *Developmental Psychology*, 23, 254, 362.

Brook, J. S., Whiteman, M., Gordon, A. S. & Brook, D. W. (1990). The role of older brothers in younger brothers' drug use viewed in the context of parent and peer influences. *Journal of Genetic Psychology*, 151, 59–75.

Bundesminister für Familien und Senioren (1994). Datensammlung zu Formen und Strukturen des familiären Zusammenlebens und zur Geburtenentwicklung.

Bundesminister für Jugend, Familie und Gesundheit (Hrsg.) (1975). Zweiter Familienbericht. Hagenbach: Offsetdruck Heitzer.

Cadman, D., Rosenbaum, P., Boyle, m. & Offord, D. R. (1991). Children with chronic illness: Family and parent demographic characteristics and psychosocial adjustment. *Pediatrics*, 87, 884–889.

Cicirelli, V. G. (1975). Effects of mother and older sibling on the problem on child's categorization style. *Developmental Psychology*, 11, 749–756.

Cicirelli, V. G. (1982). Sibling influence throughout the life span. In M. E. Sutton Smith (Ed.), *Sibling relationships: Their nature and significance across the lifespan*. Hillsdale, NJ: Lawrence Erlbaum Associates.

Csikszentmihalyi, M & Larson, R. (1984). *Being adolescent: Conflict and growth in the teenage years*. New York: Basic Books.

Drotar, D. & Crawford, P. (1985). Psychosocial adaptation of siblings of chronically ill children. Research and practice implications. *Developmental and Behavioral Pediatrics*, 6, 355–361.

Dunn, J. & Kendrick, C. (1981). Social behavior of young siblings in the family context. Differences between same-sex and different-sex dyads. *Child Development*, 52, 1265–1273.

Evans, C. A., Stevens, M., Cushway, D. & Houghton, J. (1992). Sibling response to childhood cancer: A new approach. *Child: Health Care and Behavior*, 18, 229–244.

Ferrari, M. (1984). Chronic illness: Psychosocial effects on siblings – I. Chronically ill boys. *Journal of Child Psychology and Psychiatry*, 25, 459–476.

Fielding, D., Moore, B., Dewey, M., Ashley, P., McKendrick, T. & Pinkerton, P. (1985). Children with end-stage renal failure: Psychological effects on patients, siblings, and parents. *Journal of Psychosomatic Research*, 29, 457–465.

Furman, W. & Buhrmester, D. (1985). Children's perceptions of the personal relationships in their social networks. *Developmental Psychology, 21,* 1016–1024.

Gallo, A. M., Breitmeyer, B. J., Knafl, K. A. & Zoeller, L. H. (1992). Well siblings
of children with chronic illness: Parents' report of their psychological adjustment. *Pediatric Nursing,* 18, 23–27.

Hackenberg, W. (1992). *Geschwister behinderter Kinder im Jugendalter – Probleme
und Verarbeitungsformen.* Berlin: Edition Marhold im Wiss.-Verlag Spiess.

Hanson, C. L., De Guire, M. J., Schinkel, A. M., Henggeler, S. W. & Burghen, G.
A. (1992). Comparing social learning and family systems correlates of adaptation in youths with IDDM. *Journal of Pediatric Psychology, 17,* 33–47.

Kammeyer, U. (1967). Birth order as a research variable. *Social Forces, 46,* 71–80.

Kasten, H. (1993). *Die Geschwisterbeziehung, Bd. 1–2.* Göttingen: Hogrefe-Verlag.

Kreppner, K. (1990). *Differences in parents' cooperation patterns after the arrival
of a second child.* Paper presented at the International Conference Baby XXI,
Lisbon, Portugal.

Lavigne, J. V. & Ryan, M. (1979).Psychologic adjustment of siblings of children
with chronic illness. *Pediatrics, 63,* 616–627.

Lavigne, J. V., Traisman, H. S., Marr, T. J. & Chasnof, I. J. (1982). Parental perceptions of the psychosocial adjustment of children with diabetes and their siblings. *Diabetes Care, 5,* 420–426.

Lewis, K. G. (1987). Bulimia as a communication to siblings. Special issue: Psychotherapy with families. *Psychotherapy, 24,* 640–645.

Lobato, D., Barbour, L., Hall, L. J. & Miller, C. T. (1987). Psychosocial characteristics of preschool siblings of handicapped and non-handicapped children. *Journal of Abnormal Child Psychology, 15,* 329–338.

Lobato, D., Faust, D. & Spirito, A. (1988). Examining the effects of chronic dis-
ease and disability in children's siblings relationships. *Journal of Pediatric Psychology,13,* 389–407.

Minister für Arbeit, Gesundheit und Soziales des Landes NRW (Hrsg.) (1980).
Kinder in Nordrhein-Westfalen. Bericht über die Situation des Kindes in Nordrhein-Westfalen. Köln.

Needle, R., McCubbin, H., Wilson, M. & Reineck, R. (1986). Interpersonal influences in adolescent drug use: The Role of older siblings, parents and peers.
International Journal of the Addictions, 21, 739–766.

Parens, H. (1988). Siblings in early childhood: Some direct observational findings.
Psychoanalytic Inquiry, 8, 31–50.

Pulakos, J. (1989). Young adult relationships: Siblings and friends. *Journal of Psychology, 123,* 237–244.

Richter, H. E. (1963). *Eltern, Kind, Neurose.* Reinbek: Rowohlt.

Roth, J. (1974). *HIOB – Roman eines einfachen Mannes.* Albert de Lange: Am-
sterdam.

Schmidt-Denter, U. (1984). *Die soziale Umwelt des Kindes. Eine ökopsycholo-
gische Analyse.* Berlin: Springer.

Schmidt-Denter, U. (1988). *Soziale Entwicklung.* München-Weinheim: Psychologie Verlags Union.

Seiffge-Krenke, I. (1994). *Gesundheitspsychologie des Jugendalters.* Göttingen: Hogrefe.

Seiffge-Krenke, I. et al. (1996). *Chronisch kranke Jugendliche und ihre Familien: Belastung, Bewältigung und psychosoziale Folgen.* Stuttgart: Kohlhammer.

Simmeonsson, R. J. & McHale, S. M. (1987). Review: Research on handicapped children. Sibling relationships. *Child Care, Health and Development, 7,* 153–171.

Geschwisterbeziehungen bei Adoptivkindern

von Joachim Jungmann

Mein Thema ist ein Thema mit Fragen. Wieviele Geschwister hat ein Adoptivkind? Welchen Status haben die Geschwister zu ihm? Welche Beziehung hat ein Adoptivkind zu seinen leiblichen Geschwistern? Welche Beziehung hat es zu den sozialen Geschwistern in der Adoptivfamilie? Besteht ein Unterschied im Erleben der Geschwisterbeziehung, wenn Bruder und Schwester leibliche oder wenn sie auch adoptierte Kinder der Adoptiveltern sind?

Schon die Formulierung dieser Fragen macht deutlich, dass das Thema nur mit dem Blick auf das besondere Identitätserleben des Adoptivkindes diskutiert werden kann.

Nach den hierzu vorhandenen Untersuchungsergebnissen und auch aus der therapeutischen Praxis wissen wir, dass Adoptivkinder heute bis zum Eintritt in die Pubertät in der Regel über ihren Adoptionsstatus Bescheid wissen.

Die Einstellung zu der Frage, wann ein Adoptivkind über seine Adoption, seine biologische und familiäre Herkunft aufgeklärt werden soll, was ihm über seine leiblichen Eltern und Geschwister mitgeteilt werden soll, ist verschieden. Sie unterscheidet sich je nach psychologischem Standpunkt. In der früheren Adoptionspraxis wurden im allgemeinen Vorbehalte gegenüber einer frühen Aufklärung vertreten. In einer 1976 veröffentlichten Studie wurde mitgeteilt, dass im Alter von 5 Jahren nur 8 von 100 Kindern von ihrer tatsächlichen Herkunft wussten. Psychoanalytisch orientierte Autoren halten es meist für angezeigt, dem Kind die Adoption erst nach der Lösung des „ödipalen Konfliktes" aufzudecken. Seine psychosexuelle Entwicklung könnte sonst gestört werden. In dieser Entwicklungsphase beginnen Kinder, sich bewusster mit grenzsetzenden Erfahrungen im Erziehungsprozess auseinanderzusetzen. Kinder machen in diesem Entwicklungsalter häufiger als zuvor die Erfahrung, dass Eltern nicht mehr nur zuwendungsbereit auf ihrer Wünsche eingehen, sondern dass sie diese auch zurückweisen. Eltern erwarten von ihrem Kind, dass es zunehmend lernt, seine eigenen Bedürfnisse auf die Belange der mit ihm zusammenlebenden

Personen auszurichten und gegebenenfalls zu korrigieren. Damit sind Gefühle der Zurückweisung, auch des mangelnden Angenommenseins, der Kränkung und Ablehnung verbunden. Um das nicht akzeptable Gefühl elterlicher Ablehnung zu bearbeiten, bietet sich für das Kind unter Umständen die eigene Rollenzuschreibung einer Aschenputtelexistenz an. Das Kind könnte auf erzieherische Zurückweisung und Grenzsetzung ähnlich wie auf tatsächlich erfahrene Ablehnung und mangelnde elterliche Anteilnahme mit der Vorstellung reagieren, dass es in Wirklichkeit das Kind ganz anderer, liebevollerer Eltern sei, von denen es aus irgendeinem Grund getrennt worden ist. Während für ein leibliches Kind, das anfängt, zwischen guten und schlechten Anteilen seiner Eltern zu unterscheiden, nur in der Phantasie der Ausweg besteht, sich andere, bessere Eltern zu wählen, stellt die doppelte Elternschaft für das Adoptivkind eine Realität dar.

Gegenüber der These, dass eine zu frühe Aufklärung zur Überforderung des jungen Kindes führen könnte, wird heute überwiegend die Auffassung vertreten, dass ein Adoptivkind möglichst frühzeitig, auf jeden Fall aber noch vor Schulbeginn, von seinen Eltern über die Adoption informiert werden soll. In den deutschen „Richtlinien zur Adoptionsvermittlung" wird es als eine ausdrückliche Aufgabenstellung der fallführenden Sozialarbeiterinnen formuliert, die zukünftigen Adoptiveltern auf eine frühzeitige und adäquate Aufklärung des Adoptivkindes zu verpflichten. Man ist sich darin einig, dass Geheimhaltung und mangelnde Information das Risiko eines Schockerlebnisses erhöhen können, das einem Kind droht, wenn es zu einem späteren Lebenszeitpunkt zufällig oder durch Dritte von seinem Adoptionsstatus erfährt. Die Richtlinien zur Adoptionsvermittlung formulieren: „Den Annehmenden ist darzulegen, dass das angenommene Kind rechtzeitig von der Annahme wissen muss". Die Adoptiveltern sind darauf hinzuweisen, dass eine zu späte und ungeschickte oder Dritten überlassene Aufklärung zu schweren psychischen Schäden führen kann. Die Ergebnisse einiger größerer Untersuchungsstichproben zeigen, dass heute 65 bis 90 % der Adoptiveltern ihre Kinder vor Schulbeginn über ihre Herkunft unterrichtet haben.

Meist haben Adoptivkinder auch eine Vorstellung darüber, ob sie außer den neben ihnen in der Adoptivfamilie aufwachsenden Geschwistern noch weitere leibliche Geschwister haben. In einer eigenen Untersuchung zum Entwicklungsverlauf von 92 Adoptivkindern war das adoptierte Kind in einem Drittel der Fälle von der leiblichen Mutter als 1. und damit noch ohne leibliche Geschwister zur Adoption gegeben worden. In weiteren 29 % war das adoptierte Kind das 2. Kind der leiblichen Mutter. 17 %

entfielen auf die 3. und weitere 10 % auf die 4. Geschwisterposition. In 8 bzw. 7 % der Fälle war das adoptierte Kind bereits das 5. bzw. 6. Kind seiner leiblichen Mutter. Zwei Drittel aller adoptierten Kinder hatten damit zum Zeitpunkt ihrer Adoption leibliche Geschwister. Über später in der Herkunftsfamilie geborene Geschwister lagen Angaben nicht vor.

In der Untersuchung der 92 Adoptivkinder, die vor Beendigung des 1. Lebensjahres in die Adoptivfamilien gekommen waren, vertraten nur 4 % der Adoptiveltern die Ansicht, dass ihr Kind auch später nicht über seine Herkunft aufgeklärt werden sollte. Die überwiegende Zahl der Eltern hatte ihren Kindern, die zum Untersuchungszeitpunkt 9 bis 13 Jahre alt waren, vor dem 4. Lebensjahr die Adoption offengelegt.

Vor dem Hintergrund dieser Befunde ergibt sich, dass das Geschwisterthema für ein Adoptivkind grundsätzlich mit dem Problem seiner doppelten Elternschaft und mit seiner Zugehörigkeit zu zwei Familiensystemen verbunden ist. In der Mehrzahl der Fälle hat es weitere, ihm im Fall der incognito-Adoption, und nur um die geht es hier, unbekannte leibliche Geschwister.

Bei der Bearbeitung der dem adoptierten Kind bewusst werdenden oder verborgen bleibenden Beziehungsgefühle zu den leiblichen Geschwistern können die Adoptiveltern ihrem Kind wenig helfen. Die Existenz leiblicher Geschwister und ihre Bedeutung für das Adoptivkind sind verwoben mit dem Thema der Adoptionsgeschichte des Kindes.

Vielen Adoptiveltern fällt es schwer, mit ihrem Adoptivkind offen und verständlich über die Adoption, über seine Herkunft und vor allem über die Frage zu sprechen, warum die Angehörigen der leiblichen Familie ihr Kind weggegeben haben. Adoptiveltern befinden sich in einem mehrfachen Dilemma, wenn sie vor ihrem Kind zum Adoptionsverhältnis Stellung nehmen sollen. Durch das Aufklärungsgespräch müssen sie entweder das Anderssein der Adoptivelternschaft gegenüber einer leiblichen Elternschaft betonen, oder sie verdecken diese Rollendifferenz, womit sie das Risiko einer späteren schweren Beziehungs- und Identitätsstörung des Kindes eingehen.

Das Adoptivkind wird mit den Problemen der familiären Identität der Adoptivfamilie konfrontiert. Einerseits soll es sich als vollständig zur Familie gehörend erleben, andererseits soll ihm im Aufklärungsgespräch gerade die Besonderheit seiner außerfamiliären Herkunft verdeutlicht werden. Die Adoptiveltern müssen entscheiden, was sie mit der ihnen gegebenen Information über die biologische und soziale Herkunft des Kindes tun. Sollen sie sich möglichst viele Einzelheiten im Bewusstsein behalten, um auf entsprechende Fragen eingehen zu können, oder sollen sie versuchen, die Angaben aus ihrem Gedächtnis zu streichen, um sich mehr mit der gemeinsam erlebten Lebensgeschichte ihres Adoptivkindes zu identifizieren?

Nicht geringer ist die Problematik der notwendigen Diskussion der meist unehelichen Herkunft des Kindes. Einerseits müssen Adoptiveltern darum bemüht sein, das Verhalten der biologischen Eltern in den Augen des Kindes nicht zu verurteilen, andererseits sollen sie es zu einem verantwortungsbewussten Umgang mit Fragen der Partnerschaft und des Sexualverhaltens hinführen. In der Literatur wird immer wieder darauf hingewiesen, dass eine positive Schilderung der leiblichen Eltern von großer Wichtigkeit ist, weil Einstellungen und Bewertungen der Adoptiveltern wesentlichen Einfluss darauf nehmen, wie das Kind die Aufklärung über seine Herkunft verarbeitet.

Die Offenlegung der vorhandenen Informationen muss in einem jahrelangen Prozess erfolgen, der sich an der jeweiligen Verständnisfähigkeit des Kindes orientiert und der Vorstellungen und Erzählungen vermeidet, die später nicht mehr aufrecht zu erhalten sind.

In unserer eigenen Untersuchung gaben 55 % der befragten Adoptiveltern an, dass sie ihrem Kind alle ihnen bekannten Fakten weitergegeben hätten, die ihnen zu dessen Herkunft bekannt waren. 45 % der Eltern klärten das Kind lediglich in begrenztem Umfang auf. Auffallenderweise war der Anteil der Jungen mit 66 % gegenüber 47 % der Mädchen deutlich größer, denen die Eltern alle ihnen verfügbaren Informationen mitgeteilt hatten. Bei 72 % der Familien war der Adoptionsstatus zum Befragungszeitpunkt der 9 bis 13 Jahre alten Kinder auch Freunden und Nachbarn generell bekannt. Nur 2 der 92 Adoptivelternpaare hatten die Adoption auch nahen Freunden gegenüber bislang geheim gehalten. Im Hinblick auf die Geschlechterdifferenz fand sich auch hier ein deutlicher Unterschied. Mit 79 % war der Adoptionsstatus der Jungen um 13 % häufiger als bei den Mädchen (66 %) generell bekannt. Die Ergebnisse der Untersuchung sprachen nicht dafür, dass es günstiger für den Entwicklungsprozess gewesen wäre, wenn die Adoptiveltern ihrem Kind alle ihnen bekannten Informationen über seine Herkunftsverhältnisse mitteilten, als wenn sie dies in einem nur begrenzten Umfang taten. Die vollständig informierten Kinder schnitten in der elterlichen Beurteilung ihrer bisherigen sozialen und emotionalen Entwicklung sogar relativ schlecht ab. In der als Vergleichsgruppenstudie durchgeführten Untersuchung hatten wir der Stichprobe der Adoptivkinder eine Kontrollgruppe gleichaltriger und im gleichen großstädtischen Lebensbereich aufwachsender Kinder gegenübergestellt. Wir baten die Eltern um Einschätzung zur emotionalen, sozialen und körperlichen Entwicklung ihrer Kinder und um die Mitteilung von Entwicklungsbesonderheiten.

Insgesamt beschrieben die Adoptiveltern weniger Probleme im Umgang mit ihren Kindern als die Eltern unserer Kontrollgruppe. Bei der genauen Analyse einzelner Verhaltensbereiche fiel die Betonung von Störungen des Sozialverhaltens mit Aggressivität und Disziplinschwierigkeiten bei adoptierten Kindern auf, die vor allem in der Schule zu Schwierigkeiten geführt hatten. Diese Zusammenhänge waren bei den adoptierten Jungen wesentlich stärker ausgeprägt als bei den Mädchen. Leistungsprobleme infolge mangelnder Aufmerksamkeit oder infolge von Konzentrationsschwäche, die den Adoptiveltern schon in der Vorschulzeit aufgefallen waren, waren in der Untersuchungsgruppe häufiger als bei den nicht adoptierten Kindern.

Die Befunde legen die Vermutung nahe, dass die Tendenz der Adoptiveltern, das Adoptionsverfahren uneingeschränkt öffentlich zu machen, bei Schwierigkeiten der sozialen und emotionalen Entwicklung des Kindes, und hierbei also bei den Jungen, zunimmt.

Die Ergebnisse unserer Studie standen im übrigen in bemerkenswerter Übereinstimmung mit Befunden anderer größerer Kontrollgruppenstudien. Weder das Alter bei Aufnahme des Kindes in die Adoptivfamilie während des 1. Lebensjahres, noch die Dauer eines etwaigen vorherigen Heimaufenthaltes korrelierten mit der späteren Entwicklungsbeurteilung. Zusammenhänge mit Problemen der sozialen und emotionalen Entwicklung ergaben sich lediglich bei solchen Kindern, die deutliche Zeichen der Frühgeburtlichkeit aufgewiesen hatten. Die Eltern beider Stichproben verzeichneten gleichermaßen mehr Auffälligkeiten bei ihren Kindern, besonders im Bereich der schulischen Leistung, wenn es zu somatischen oder psychosomatischen Krankheiten oder Störungen gekommen war.

Das Ausmaß, in welchem die Eltern in einer Gesamteinschätzung mit der bisherigen Entwicklung ihres Kindes zufrieden waren, entsprach ebenfalls den Befunden anderer Adoptionsstudien. 70 % der Adoptiveltern beantworteten die Frage nach dem Grad ihrer Zufriedenheit mit der Adoption mit „sehr zufrieden", weitere 22 % mit „zufrieden". Lediglich in 8 % der Fälle wurden starke Einschränkungen mitgeteilt. Demgegenüber gaben nur 42 % der Eltern der nicht adoptierten Kinder der Kontrollstichprobe, denen wir dieselbe Frage bezüglich ihrer Kinder gestellt hatten, das Urteil „sehr zufrieden" ab. Eine schlechtere Bewertung als „zufrieden" nahmen die Eltern ihrer leiblichen Kinder immerhin in 13 % vor.

Die Ergebnisse lassen zumindestens zwei unterschiedliche Erklärungsversuche zu. Zum einen könnte in den geschilderten Zusammenhängen eine größere Belastbarkeit von Adoptiveltern zum Ausdruck kommen. Bohman (Bohman, 1980) registrierte einen ähnlichen Befund und bezog ihn auf die höhere ökonomische Sozialstruktur der Adoptivfamilien. Die Verteilung der sozioökonomischen Merkmale der Adoptivfamilien unserer Untersuchungsstichprobe entsprach den Ergebnissen von Untersuchungen zur Praxis der Adoptionsvermittlung in Deutschland. Die Adoptiveltern waren in der Relation zum Kind um 5 bis 8 Jahre älter als leibliche Eltern der Vergleichspopulation. Die Adoptivfamilien gehörten in der Mehrzahl sozial gehobenen Schichten an. Sie erwiesen sich hinsichtlich ihrer gesundheitlichen Situation als stabiler.

Gegenüber der Hypothese, dass Adoptiveltern eher dazu bereit sein könnten, Probleme und Störungen ihres Kindes zu tolerieren, kann der festgestellte Unterschied aber auch dafür sprechen, dass Adoptiveltern Schwierigkeiten in der Entwicklung ihres Kindes herunterspielen, um sich nicht mit der Frage mangelnder eigener erzieherischer oder elterlicher Kompetenz auseinandersetzen zu müssen. Ein Zusammenhang dieser Beurteilung mit dem Vorhandensein leiblicher Geschwister oder der Geschwisterposition des Adoptivkindes in seiner Herkunftsfamilie ergab sich indess nicht.

Nun zu den Geschwistern, die das Adoptivkind durch seine Zugehörigkeit zur Adoptivfamilie erhält. In 33 Familien unserer Untersuchung befanden sich zum Zeitpunkt der Adoption 1 weiteres Adoptivkind, in einer Familie 2 weitere Adoptivkinder. 14 Elternpaare hatten bereits 1 leibliches Kind, 1 Elternpaar 2 leibliche Kinder. In einem Fall lebte als Geschwister 1 Pflegekind in der Adoptivfamilie. Die Schulkinder unserer Kontrollgruppe hatten mehr Geschwister als die Adoptivkinder, die in über 50 % der Fälle Einzelkinder geblieben sind. Nur 1 / 3 der Kinder der Kontrollgruppe waren Einzelkinder. In beiden Stichproben dominierten die 2-Kind-Familien. Gegenüber 28 % in der Vergleichsgruppe lebten nur bei 5 % der untersuchten Adoptivverhältnisse mehr als 2 Kinder in der Familie.

Die Position des Adoptivkindes in der Geschwisterreihe der Adoptivfamilie schien für die Entwicklung der von uns nachuntersuchten Kinder von Bedeutung zu sein. Besonders, wenn das Kind ältestes Geschwister, aber auch wenn es Einzelkind war, verzeichneten die Eltern mehr Probleme als bei einem mittleren oder jüngsten Kind. In der Kontrollgruppe der Familien der nicht adoptierten Kinder erlebten demgegenüber die Eltern ihr ältestes Kind selten als problematisch.

Das Zusammenleben mit Geschwistern hat stets Auswirkungen auf das Identitätsgefühl eines Kindes. Die Einbindung in den Kreis seiner Geschwister stellt für das Kind eine Garantie der familiären Zugehörigkeit dar. Gleichzeitig entwickelt es soziale Kompetenz und Selbstgewissheit, wenn es lernt, seine Interessen mit Geschwistern abzustimmen, sich mit ihnen auseinanderzusetzen und die mit der Geschwisterrolle verbundene Konkurrenzproblematik zu bearbeiten.

Für das Adoptivkind haben die genannten Aspekte der Geschwisterbeziehung eine zusätzliche Bedeutung. Die familiäre Identität erwirbt das Adoptivkind mit der Aufnahme in die zunächst fremde Adoptivfamilie. Gleichzeitig verliert es die Zugehörigkeit zu seiner biologischen Herkunftsfamilie. In dem Maß, in dem einem Kind die Adoptionstatsache bewusst wird, muss es sich mit eigenen Herkunftsphantasien auseinandersetzen, die gegenüber den biologischen und lebensgeschichtlichen Besonderheiten Bewertung und Stellungnahme, immer wohl auch Entscheidung, verlangen. Ein leibliches Geschwister, das vielleicht in der Geborgenheit der leiblichen Mutter verblieben ist, kann in der Vorstellung des Adoptivkindes zum Konkurrenten werden. Die nicht zu klärende Frage, warum hat die Mutter mich und nicht das Geschwisterkind zur Adoption gegeben, kann das Selbstwertgefühl des adoptierten Kindes belasten. Andererseits macht ein leibliches Kind der Adoptiveltern schon durch seine bloße Existenz dem Adoptivkind deutlich, dass es seine biologische Familienbeziehung verloren hat. Fühlt es sich in belastenden Situationen, wie etwa bei Auseinandersetzungen um elterliche oder pädagogische Forderungen, im Vergleich zu dem in der Adoptivfamilie geborenen Geschwisterkind zurückgewiesen oder fühlt es seine Interessen nicht ausreichend beachtet, besteht für das Adoptivkind die Gefahr, dass es die vermeintliche oder tatsächliche unterschiedliche Zuwendungsbereitschaft seiner Eltern als Beweis der Zurückweisung und der Absicht der Adoptiveltern missdeutet, ihr leibliches Kind dem Adoptivkind vorzuziehen.

Das Empfinden eines Adoptivkindes, letztlich weniger endgültig zur Familie zu gehören, kann genauso durch eine gegenteilige elterliche Haltung ausgelöst werden. Wenn Adoptiveltern eigene nicht hinreichend geklärte Versagensgefühle dadurch zu bearbeiten versuchen, dass sie dem Adoptivkind im Vergleich zu ihrem leiblichen Kind verstärkte Aufmerksamkeit zukommen lassen, unterstützen sie unter Umständen gerade dadurch den von ihnen schmerzlich empfundenen Beziehungsunterschied.

Die Adoption wird vorwiegend von solchen Elternpaaren vollzogen, für die aus medizinischen und gleichzeitig häufig auch aus psychologischen Gründen die Geburt eines leiblichen Kindes problematisch oder unmöglich ist. Wenn auch in einem gewissen Umfang humanitäre oder soziale Motivationen für die Adoptionsentscheidung feststellbar sind, so kommt doch dem Problem der biologischen Unfruchtbarkeit vorrangige Bedeutung zu. In unserer eigenen Nachuntersuchung fand sich in 96 % der Fälle die Angabe einer bislang unfruchtbaren Ehe als Grund der Antragstellung, für eine Adoption vorgesehen zu werden. Die Vermittlungsstelle hatte die Adoptionsbewerber regelmäßig danach befragt, ob sie ein ärztliches Attest über ihre Unfruchtbarkeit beibringen könnten. Dass mit der Aufnahme eines Kindes die Komplettierung der Familie angezielt wird, belegt auch der Befund, dass 82 % der Adoptionsbewerber explizit den Wunsch äußerten, ein Kind aufzunehmen, das nicht älter als 1 Jahr war. Die Bestrebungen der Vermittlungsstellen, Kinder möglichst früh in Adoptionspflege zu geben, kommen solchen Wünschen der Bewerber durchaus entgegen. Hier dürfte die in der öffentlichen Diskussion auch heute noch häufig geäußerte Befürchtung wirksam sein, dass Deprivationserlebnisse in der frühen Kindheit die Entwicklung des Kindes irreversibel schädigen könnten. Obwohl in Untersuchungen und Veröffentlichungen zunehmend erkannt wird, wie sehr sich fördernde Umwelteinflüsse auch dann für ein Kind auswirken, wenn es ernste soziale und kognitive Deprivationserfahrungen in seiner Entwicklung machte, treffen die Sozialarbeiter bei der Vermittlung älterer Kinder weiterhin auf größere Probleme, wenn sie Kinder mit sozialen Belastungen in ihrer Vorgeschichte oder in ihrer Herkunftsfamilie vermitteln wollen. Über die Hälfte der Adoptiveltern unserer Untersuchung gaben bei der Antragstellung eine ausdrückliche Geschlechterpräferenz an. Fast 40 % äußerten den Wunsch nach einem Mädchen, was im Kontrast zum sonstigen Kinderwunsch steht. Mit einem wesentlich höheren Prozentsatz trugen 42 % der Bewerber allgemeine Befürchtungen vor Auswirkungen eventueller negativer Erbeinflüsse vor. Eine Adoption kam für 15 % nicht in Frage, wenn sich aus der Vorgeschichte der leiblichen Eltern konkrete Hinweise auf eine „negative erbliche Belastung" wie psychische Erkrankungen oder Alkoholismus ergeben würden. 30 % der Adoptiveltern wollten kein Kind adoptieren, bei dessen leiblichen Eltern Vorstrafen bekannt sind. Vorbehalte gegenüber einer ungünstigen sozialen Herkunft des Kindes fanden sich bei 20 %, wobei hier regelmäßig die Befürchtung einer schlechteren Intelligenzausstattung genannt wurde. Genauso groß war der Anteil der Adoptionsbewerber, die die Aufnahme eines Kindes mit südeuropäischer Herkunft ablehnten. Hier spielte vermutlich auch das erwartete andersartige Aussehen des Kindes eine Rolle, was für eine Reihe der Adoptiveltern als zusätzliche Belastung ausdrücklich nicht akzeptabel war.

Die untersuchte Adoptionsvermittlungsstelle einer Großstadt nahm die vorgetragenen Bedenken, Vorbehalte und Wünsche der Bewerber durchaus ernst. Einerseits bemühten sich die Sozialarbeiterinnen darum, Vorurteile zu differenzieren und zu bearbeiten. Andererseits ließen sie die genannten Auswahlkriterien in ihre konkrete Vermittlungspraxis einfließen. Sie entsprachen fast immer dem geäußerten Geschlechterwunsch der Adoptionsbewerber. Die Adoptionsstelle war um eine relative Anpassung des sozioökonomischen Status der biologischen Eltern und der Adoptiveltern bemüht. Zudem wirkten sich die Wünsche und Vorbehalte der Adoptionsbewerber bezüglich der sozioökonomischen Herkunft des Kindes auf die Vermittlung aus. Wenn die Adoptiveltern es ausdrücklich ablehnten, ein Kind zu adoptieren, dessen natürliche Eltern der untersten sozioökonomischen Schicht zuzuordnen waren, wurde ihnen ein Kind einer höheren sozialen Schicht vermittelt. Die gleichen Zusammenhänge ließen sich aufzeigen, wenn man die Schulausbildung der Eltern berücksichtigte. Nur 3 Kinder, deren leibliche Mütter keinen Schulabschluss erreichten, wurden an Adoptiveltern gegeben, die explizit die Forderung nach einer besseren Herkunft gestellt hatten.

Die bewusste Wahl des Kindes stellt nach diesen Erkenntnissen bei vielen Adoptivfamilien einen Teil der Adoptionsgeschichte dar, über die das Kind von seiner Herkunft erfährt. Bei positivem Verlauf der Adoption wird die Besonderheit dieser Wahl positiv in die Identitätsbildung des Adoptivkindes integriert werden können. Demgegenüber wächst bei einem problematischen Verlauf das Risiko der Abspaltung. Wenn das Adoptivkind die Familie mit erheblichen Umgangsproblemen konfrontiert, kann sich die Abstammung aus der anderen, familienfremden biologischen Herkunft als Begründung für das Fehlverhalten des Kindes anbieten. Nicht akzeptable Auffälligkeiten oder Verhaltensbesonderheiten werden einem anderen biologischen Ursprung zugeordnet. Korrigierende und strukturierende Erziehungsbemühungen der Adoptiveltern können mit Gefühlen von Angst und Unsicherheit gegenüber der ihnen fremd bleibenden Herkunftsidentität des Kindes in Konkurrenz geraten.

In einer eigenen Untersuchung von 28 adoptierten Kindern und Jugendlichen, die in einer kinder- und jugendpsychiatrischen Ambulanz vorgestellt wurden, fanden wir eine verminderte Toleranz der Eltern gegenüber ihrem Kind, wenn dieses im Vergleich zu Geschwistern der Adoptivfamilie erhebliche Störungen seiner Entwicklung zeigte.

In der internationalen Literatur zur Adoptionsforschung wird immer wieder davon berichtet, dass Adoptiveltern ihre Kinder in psychologischen und psychiatrischen Fachdiensten häufiger vorstellen, als es ihrem prozentualen Anteil an der Gesamtbevölkerung entspricht. Die Befunde der auf unterschiedlichen Stichprobengrößen basierenden Untersuchungen lassen eine übereinstimmende Kennzeichnung der Störungsbilder nicht zu, die zur psychiatrischen oder psychologischen Vorstellung führen. Dennoch fällt ein insgesamt überdurchschnittlicher Anteil von aggressiven und dissozialen Verhaltensabweichungen sowie von pädagogischen Steuerungsproblemen bei Adoptivkindern auf. Dies fand sich auch in dem genannten kinderpsychiatrischen Patientenkollektiv. Gegenüber einem Prozentsatz von 40 % nicht adoptierter Kinder und Jugendlicher waren 70 % der Adoptivkinder wegen Störungen im Sozialverhalten von ihren Eltern in der Fachabteilung vorgestellt worden.

Auch in der psychiatrischen und psychotherapeutischen Alltagspraxis beobachtet man einen höheren Anteil von Störungen des Sozialverhaltens bei adoptierten Kindern, die die Eltern dazu veranlassen, fachliche Hilfe zu suchen. Wir beobachten, dass die ratsuchenden Adoptiveltern auffallend schnell dazu bereit zu sein scheinen, ihre elterliche Verantwortung für das Fehlverhalten des Kindes einzuschränken, aufzugeben oder sie an eine andere Institution zu delegieren. Die unterschiedliche Bereitschaft, Eigenverantwortung für die Problematik zuzulassen, wird besonders dann deutlich, wenn noch weitere leibliche Kinder in der Adoptionsfamilie leben.

Fallbeispiel: Dennis

So z.B. die Adoptiveltern eines 6 Jahre alten Jungen, der wegen erheblicher sozialer Integrationsstörungen in unserer Ambulanz vorgestellt wurde. Dennis zeige starke körperliche Unruhe, sei gegen andere Kinder häufig aggressiv, tendiere auch im Spiel zu zerstörerischen Handlungen. Er habe wenig positiven sozialen Kontakt und sei in eine Außenseiterrolle geraten. Er versuche, durch Unfolgsamkeit und provozierende Verweigerung Aufmerksamkeit zu erhalten. Man könne ihn praktisch nicht unbeobachtet lassen. Zur Vorgeschichte des Jungen, der mit 14 Monaten adoptiert worden war, ist den Eltern lediglich die Tatsache einer Frühgeburtlichkeit mit danach unkomplizierter Weiterentwicklung bekannt. Die Adoptiveltern hatten aufgrund genetischer Bedenken nach dem Tod eines leiblichen Kindes, das mit 1 1/2 Jahren an den Folgen einer Missbildung gestorben war, eine neue Schwangerschaft zunächst nicht zulassen wollen. Es sei ihnen unter Berücksichtigung sozialer Gründe nicht schwergefallen, auch ein Mischlingskind zu adoptieren. Das Kind, das bei Beginn der Adoption im sprachlichen und motorischen Verhalten deutlich entwicklungsgestört gewesen sei, habe sich schnell und gut fördern lassen. Andererseits habe Dennis bereits als Kleinkind oft den von den Eltern angebotenen Körperkontakt abgelehnt, was vor allem die Mutter mit Enttäuschung registrierte. Mit 2 1/2 Jahren wurde Dennis in den Kindergarten aufgenommen, den er gerne besucht habe. Ein halbes Jahr später kam das leibliche Kind der Eltern, eine Schwester, zur Welt. Dennis sei eigentlich sehr rücksichtsvoll mit der Schwester umgegangen. Er habe aber streng auf die Gleichbehandlung beider Kinder geachtet. Bei dem geringsten Verdacht, dass die Schwester ihm vorgezogen würde, reagiere er auch gegenwärtig mit energischem Protest und Aggressionen. Die Eltern erleben die Schwester als sehr viel leichter führbar. Sie nimmt ihre erzieherische Lenkung viel bereitwilliger auf als Dennis. Mit 5 Jahren wird der Junge erstmalig in einer Familienberatungsstelle vorgestellt. Man bescheinigte ein hyperaktives, ungestümes Verhalten des Kindes, das insgesamt aber als kooperativ und gut motivierbar eingeschätzt wurde. Während die Kindergärtnerin die gelegentlichen Schwierigkeiten im Sozialverhalten des Jungen als nicht gravierend einschätzt, nimmt der Druck für die Eltern zu. Es fällt ihnen schwer zu verstehen, warum Dennis ihre erzieherischen Hilfen nicht aufzunehmen vermag. Außerdem fällt auf, dass Dennis im Vergleich zur Schwester die eher abstrakt wirkenden Äußerungen der Eltern kaum versteht. Als die Adoptiveltern den Adoptivsohn in unserer Ambulanz vorstellen, geht es um die Befürchtung der Eltern bezüglich der bevorstehenden Schulkarriere. In der kinderpsychiatrischen und testpsychologischen Untersuchung erweist sich Dennis als ein intellektuell und emotional altersgemäß entwickeltes, zugewandtes und kooperatives Kind. In der äußeren Erscheinung weisen die leicht bräunliche Pigmentierung der Haut sowie die flache Nasenwurzel erst bei genauer Betrachtung auf die mischfarbige Abstammung des Jungen hin. Die familiäre Zugehörigkeit scheint für das Kind, das seit längerem von seinem Adoptivstatus weiß, letztlich nicht in Frage zu stehen. Andererseits ist wahrzunehmen, dass es die innerfamiliäre Spannung und Sorge der Eltern bemerkt und mit seinen Verhaltensproblemen in Verbindung bringt. In einem Bild, das die Familie in Tieren darstellen soll, zeichnet Dennis die Familienmitglieder und sich selbst als Schweinchen, die in einem Stall eng miteinander zusammenleben. Nachdem er die Zeichnungen für alle anderen Personen rosafarben ausgemalt hat, benutzt er für sein eigenes Tierbild einen schwarzen Stift. Während die Schwester sehr nahe bei den Eltern postiert wird, malt er sich selber in eine Ecke des Bildes. Die Untersuchung ergibt neben der Hypermotorik des Kindes eine erhebliche Ablenkbarkeit. Im Elterngespräch thematisieren wir das beobachtete Umgangsverhalten der Eltern mit ihren Kindern. Während sie in ihrem Erziehungsverhalten die noch eingeschränkten kindlichen Verständnismöglichkeiten der jüngeren Schwester gut beachten können, scheinen ihre Erwartungen an das kognitive Leistungsvermögen des Adoptivsohnes deutlich über dessen Fähigkeiten zu liegen. Im weiteren Verlauf wird die anklagende Haltung der Adoptiveltern gegenüber den Schwierigkeiten des Jungen deutlicher. Die immer wieder auftretenden aggressiven Durchbrüche stellen für die Eltern eine erhebliche Belastung dar, die sie auch mit moralischer Bewertung und Zurückweisung beantworten. Sie betonen ihren dringenden Verdacht, dass die Verhaltensauffälligkeiten auf einer entsprechenden genetischen Veranlagung beruhen müssten. Dennis besucht unterdessen die Vorschulklasse, wobei ihn vor allem die Adoptivmutter voller Sorge nahezu ständig beobachtet. Sie teilt der Lehrerin bereits bei den ersten Schwierigkeiten, die durch die Unruhe des Kindes entstehen, den Adoptivstatus des Jungen mit. Sie habe sich dadurch mehr Verständnis für die spezielle Situation des Kindes erhofft. Insbesondere ist es die Mutter, die an der intellektualisierenden Reflexion über alle angesprochenen Fragen festhält, wodurch sie augenscheinlich ihre emotionale Unsicherheit zu verdecken versucht. Wir beobachten, dass sich der Adoptivvater, der eine stärkere gefühlsmäßige Beziehung zu Dennis erkennen läßt, zunehmend mit dem Problem der Loyalität zu seiner Ehefrau konfrontiert sieht. Die Eltern bestreiten nicht, dass ihr Erziehungsverhalten gegenüber Dennis im Vergleich zur Schwester deutlich einengendere Züge aufweist. Sie scheinen es jedoch als moralische Herausforderung zu erleben, dass ihre pädagogischen Steuerungsbemühungen nicht ausreichend greifen. In der Therapie suchen sie eher die Zustimmung ihrer moralischen Ablehnung der Fehlverhaltensweisen des Kindes als unterstützende Hilfestellung. Sie haben große Schwierigkeiten, das Adoptivkind gleichberechtigt neben der jüngeren Schwester innerhalb der Familie zu akzeptieren. So beschäftigte die Eltern beispielsweise eine als sehr verantwortungslos erlebte Handlung des Jungen, die darin bestanden hatte, dass der 6-jährige Dennis trotz eines ausdrücklichen Verbotes die Wachskerzen des Weihnachtsbaumes ohne das Beisein der Eltern angezündet hatte, derart, dass die Mutter in einem dringenden Telefonanruf um Rat für nun erforderliche Sanktionen und pädagogische Konsequenzen nachsuchte.

Wie in diesem Beispiel wird bei der Vorstellung von Adoptivkindern nicht selten die große Belastung von Adoptiveltern deutlich, wenn sie gravierende soziale Verhaltensauffälligkeiten ihrer Adoptivkinder erleben. Steht das Fehlverhalten des Adoptivkindes einer die Eltern zufriedenstellenden Entwicklung eigener leiblicher Kinder gegenüber, wächst die Gefahr einer Ausstoßungsreaktion. Die leiblichen Kinder der Adoptivfamilie können in einen solchen Vorgang einbezogen werden. Sie geraten dann nicht selten selbst in einen Beziehungskonflikt gegenüber Eltern und Geschwisterkind. Je mehr die Unruhe der Eltern wegen des nicht akzeptablen Fehlverhaltens zunimmt, desto mehr übernehmen auch die anderen Kinder der Familie die Befürchtung, das adoptierte Kind bedrohe aufgrund seiner fremden Abstammung und Persönlichkeitsausstattung die familiäre Identität der Adoptivfamilie.

Andererseits deutet sich in der Fallgeschichte wohl auch die psychische Last des Adoptivkindes an, das nicht weiß, woher es ist, was es in sich trägt, was, als Mitgabe seiner Abstammung, vielleicht Bedrohliches in ihm steckt. Das Adoptivkind Ödipus weiß nichts von seiner Adoption, als es seinen eigenen Vater tötet und als es das Verbrechen des Inzestes mit seiner Mutter begeht. Ist die Selbstzuschreibung der schwarzen Tierfigur des kleinen Dennis neben dem Ausdruck seines Gefühles, anders zu sein, vielleicht auch ein Abbild der Befürchtung, mit einem Anteil des eigenen Seins, ohne es zu wissen, ohne es verstehen oder ändern zu können, das familiäre Glück, die familiäre Identität, vor allem die soziale Integrität der Familie zu gefährden?

Im Fortgang der Therapie dieser Familie gelang es, die Eltern bei der Annahme des Unterschiedes ihrer beiden Kinder zu unterstützen. Einen wichtigen Beitrag hierzu leistete die jüngere Schwester, die die Führungsrolle des älteren Bruders nicht in Frage stellte, sondern diese in ihrem täglichen Umgangsverhalten und beim Spiel sogar einzufordern schien. Unter einer flankierenden Medikation, die zu einer Verbesserung der Aufmerksamkeit und Erreichbarkeit des Kindes für die pädagogischen Steuerungsbemühungen der Eltern führte, erlebte die Familie eine Abnahme der emotionalen Anspannung. Die von ihnen letztlich auch gewollte Anerkennung ihrer beiden Kinder als gleichberechtigte Familienangehörige schien den Eltern wieder möglich. Die Adoptiveltern berichteten später, dass die spontane geschwisterliche Beziehung zwischen der leiblichen jüngeren Schwester und dem Adoptivsohn wesentlich zum Gelingen der therapeutisch flankierten Bemühungen beigetragen hatte.

Geschwister sind für Adoptivkinder in unterschiedlicher Weise von Bedeutung. Entscheidend für die Beziehung zu ihren in der Adoptionsfamilie aufwachsenden Geschwistern ist aber genauso wie für nicht adoptierte Kinder das Maß der erreichten familiären Identität. Das Adoptivgeschwister kann kein biologisches Faustpfand in die geschwisterliche Konkurrenz um elterliche Zuwendung einbringen. Wenn dies aber als Selbstverständlichkeit mit Verständnis und Achtung vor der schicksalhaften Besonderheit des adoptierten Geschwisterkindes beachtet wird, müssen sich Geschwisterbeziehungen von Adoptivkindern nicht von Beziehungen anderer Geschwister unterscheiden. Die hauptsächliche Einflussgröße für die Entwicklung eines Adoptivkindes in seiner Familie und zu seinen Geschwistern liegt, dafür sprechen auch die eigenen Untersuchungsbefunde, in den Einstellungen und Haltungen der Adoptiveltern gegenüber ihrem speziellen Rollenproblem und ihrer Definition der Adoptivelternschaft. Die Befürchtung, elterlichen Rollenerwartungen nicht entsprechen zu können, könnte bei ihnen einen höheren Anspruch an sich selbst und oft auch an das Adoptivkind hervorrufen, als dies in Familien mit leiblichen Kindern oder bei Adoptiveltern gegenüber weiteren leiblichen Kindern der Fall ist. Mit der erfolgreichen Bearbeitung des Andersseins ihrer familiären Identität tragen die Adoptiveltern wesentlich dazu bei, dass das Adoptivkind von seinen Geschwistern anerkannt wird.

Die Qualität des geschwisterlichen Beziehungsverhältnisses dürfte somit wesentlich mit der Achtung zusammenhängen, die die Familie der Besonderheit der Herkunftsgeschichte des Adoptivkindes entgegenbringt.

LITERATUR

Bohman, M.: Adoptivkinder und ihre Familien. Aus d. Schwed. übers. von B. MRAL, Beiheft zur Prax. Kinderpsych. u. Kinderpsychiat. 22, Vandenhoeck u. Ruprecht, 1990.

Jungmann, J.: Aufwachsen in der Adoptivfamilie. DJI Forschungsbericht. Juventa, Weinheim 1987.

Jungmann, J.: Das Spannungsverhältnis des Adoptionsdreiecks. Dokumentation des Landeswohlfahrtsverbandes Baden, Landesjugendamt, Karlsruhe 1996.

Geschwisterbeziehungen in Sorgerechtsverfahren

von Michael Karle, Tobias Müller, Hartmut Kleefeld und Gunther Klosinski

Einleitung

Trennen sich Eltern, die mehrere eigene Kinder haben, erhebt sich konkret die Frage, was mit den Geschwistern passiert bzw. was mit ihnen geschehen soll. Mit dieser Frage sehen wir uns insbesondere auch als Sachverständige bei der Erstellung von Sorgerechts-Gutachten konfrontiert.

Herr Professor *Lempp*, dem dieses Symposion zum 75. Geburtstag gewidmet ist, hat schon vor 15 Jahren in seinem bis heute gültigen Standardwerk „Gerichtliche Kinder- und Jugendpsychiatrie" folgendes festgehalten: „Sind von der Ehescheidung der Eltern mehrere Geschwister betroffen, so kann sich die Frage stellen, ob die Geschwister beieinander bleiben oder getrennt werden sollen. In der tradierten familienrechtlichen ... Praxis galt immer die Regel, daß Geschwister nicht getrennt werden sollen. Als sehr allgemeine Regel kann diese Forderung auch bestehen bleiben ..." (*Lempp* 1983, S. 125).

Nun könnte man die Ansicht vertreten, daß in einer Zeit des Rückgangs der Geburtenraten und bei dem (vermeintlichen) Trend zur Ein-Kind-Familie diesem Problem gar keine so große Bedeutung mehr zukommt. Ich möchte Ihnen daher zunächst einige Zahlen präsentieren:

Epidemiologische Daten

Am 30.09.98 veröffentlichte das Statistische Bundesamt in Wiesbaden u.a. die aktuellen Scheidungszahlen. 1997 waren 187 802 Ehen geschieden worden, davon 105 000 Ehen mit Kindern. Die Scheidungsrate war 7 % höher als im Vorjahr.

Diese Veröffentlichung führte in der Presse zu alarmierenden Meldungen mit Schlagzeilen wie „Ehe – kein Bund fürs Leben" oder „Scheidungen wie nie zuvor" (Schwäbisches Tagblatt vom 01.10.98) und ähnlichen mehr.

Tatsächlich findet sich aber nur eine Fortsetzung zweier bekannter Trends (vgl. *Engstler*, 1997): Die Scheidungshäufigkeit nimmt seit Mitte der sechziger Jahre zu, steigt seit ein paar Jahren nur noch wenig an und stabilisiert sich auf einem Niveau von etwa 30 %. Der Anteil der geschiedenen Ehen mit Kindern steigt seit 1992 wieder leicht an, lag 1997 bei 55,9 %. 1970 waren es zum Vergleich 63,7 %.

Dabei sind zwei Dinge zu berücksichtigen: zum einen ist der Anteil von Ehepaaren mit Kindern bundesweit (53,8 %) höher als der Anteil von Ehepaaren ohne Kinder; zum anderen zeigen sich erhebliche Unterschiede zwischen den alten und den neuen Bundesländern. Differenziert man beispielsweise die für1997 berichtete Zunahme von Scheidungen, so findet sich in den alten Bundesländern eine Steigerung von 5,5 %, in den neuen Bundesländern aber eine Zunahme von 16,6 %. Auch der Anteil der geschiedenen Ehen mit Kindern differiert erheblich: 1995 betrug dieser für die alten Bundesländer 52,4 %, für die neuen Bundesländer 70,7 %

Eine weitere Alarmmeldung in diesem Zusammenhang besagt, daß mehr als 30 % der Kinder zu Scheidungswaisen würden. Auch diese Angabe bedarf der Korrektur.

Ich beziehe mich dabei auf die bereits vollständig differenziert vorliegenden Daten aus dem Jahr 1995 (vgl. *Engstler*, 1997).

Ermittelt man den Anteil der von elterlicher Scheidung betroffenen minderjährigen Kinder nach Heiratsjahr und Ehedauer der Eltern, so kommt man bis zu einer Ehedauer von 19 Jahren auf 14 %. Das gleiche Ergebnis erhält man, wenn man die Lebensformen der Kinder zugrunde legt:

1995 lebten in Deutschland (vgl. Abb. 1) 22,0 Millionen ledige Kinder in Familien; davon waren 15,7 Millionen (ca. 71 %) unter 18 Jahre alt. 84,8 % lebten bei zusammenlebenden Ehepaaren, die zu etwa 90 % auch die leiblichen Eltern der Kinder waren. Bei alleinstehenden Müttern lebten 13,1 %, bei alleinstehenden Vätern 2,1 % der Kinder. Somit sind ungefähr ein Siebtel und nicht ein Drittel der Kinder vor dem Erreichen der Volljährigkeit von der Scheidung ihrer Eltern betroffen. Nicht berücksichtigt sind bei diesen Zahlen diejenigen Trennungswaisen, deren Eltern die Trennung nicht mitgeteilt haben.

Dabei verringert sich das Scheidungsrisiko, wie aus Abb. 2 ersichtlich wird, mit der Anzahl der Kinder. In 57,2 % der 1995 geschiedenen Familien lebte 1 Kind, in 34,3 % 2 Kinder und in 8,5 % der Familien lebten 3 oder mehr Kinder.

In absoluten Zahlen ausgedrückt bedeutet dies, daß im Jahre 1995 142.300 Kinder von der Scheidung ihrer Eltern betroffen waren. 53.000

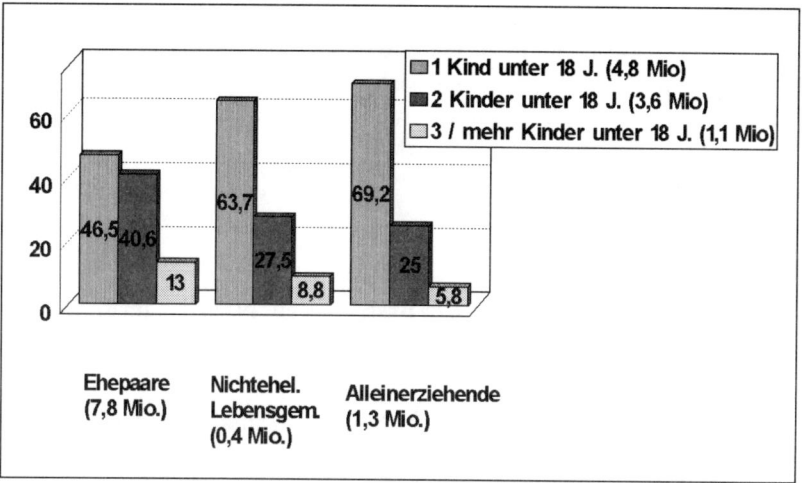

Abb. 1: Familien mit Kindern unter 18 Jahren nach Familientyp und Zahl der Kinder, 1995 (in %) (nach Engstler 1997)

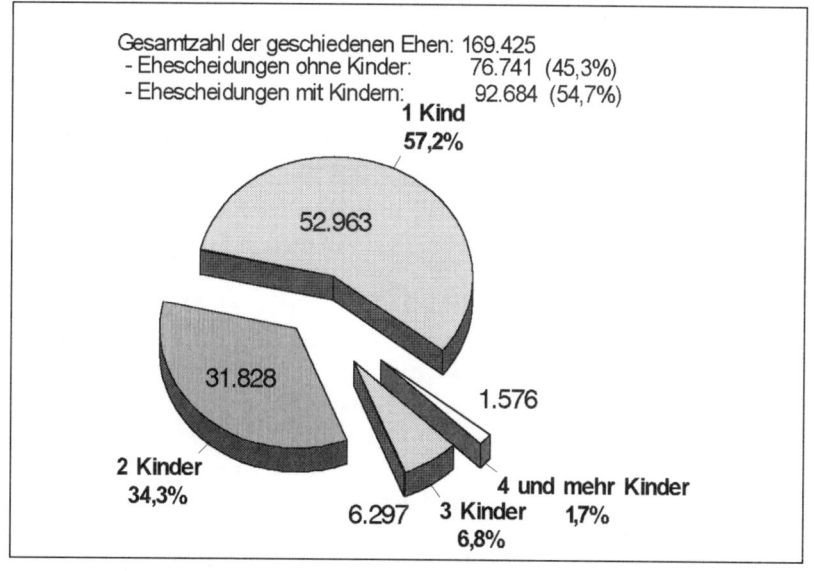

Abb. 2: Ehescheidungen 1995 (n. Engstler 1997)

davon waren Einzelkinder; 32.000 Kinder hatten ein Geschwister; 8.000 Kinder hatten zwei oder mehr Geschwister.

Für knapp 90.000 Kinder stellt sich somit jährlich die Frage, ob und wenn ja wie sich ihre Beziehung verändert und was mit ihnen und ihren Geschwistern geschieht oder geschehen soll.

Gesetzliche Vorgaben

Die elterliche Sorge wird im § 1671 BGB geregelt. Nach der am 01.07.1998 in Kraft getretenen Kindschaftsrechtsreform lautet dieser folgendermaßen:

(1) Leben Eltern, denen die elterliche Sorge gemeinsam zusteht, nicht nur vorübergehend getrennt, so kann jeder Elternteil beantragen, daß ihm das Familiengericht die elterliche Sorge oder einen Teil der elterlichen Sorge allein überträgt.

(2) Dem Antrag ist stattzugeben, soweit
  1. der andere Elternteil zustimmt, es sei denn, daß das Kind das 14. Lebensjahr vollendet hat und der Übertragung widerspricht, oder
  2. zu erwarten ist, daß die Aufhebung der gemeinsamen Sorge und Übertragung auf den Antragsteller dem Wohl des Kindes am besten entspricht.

(3) Dem Antrag ist nicht stattzugeben, soweit die elterliche Sorge aufgrund anderer Vorschriften abweichend geregelt werden muß.

Die wesentliche Änderung besteht darin, daß ein Fortbestehen der gemeinsamen elterlichen Sorge als Regelfall angesehen wird. Zentraler Begriff ist der des Kindeswohls. *Coester* (1983) sieht in diesem Begriff „kein durchnormiertes, in sich geschlossenes Wertprinzip" (S. 173), sondern betrachtet ihn als „einen wertausfüllungsbedürftigen Rechtsbegriff" (S. 173).

In dem Zusammenhang ist darauf hinzuweisen, daß die ausgewerteten Gutachten vor dem 01.07.1998 in Auftrag gegeben worden sind, d.h. zu einem Zeitpunkt, als die Kindschaftsrechtsreform noch nicht in Kraft getreten war. In dem entsprechenden Gesetz (§ 1671, Abs. 2 heißt es: Das Gericht trifft die Regelung, die dem Wohle des Kindes am besten entspricht; hierbei sind die Bindungen des Kindes, insbesondere an seine Eltern und Geschwister, zu berücksichtigen.

Obwohl in dem neuen Gesetz die Bindung des Kindes nicht mehr, wie in der bisherigen Fassung, expressis verbis angeführt wird, wird dies doch ein wesentliches Kriterium des letztlich unbestimmten Begriffes „Kindeswohl" bleiben.

Lempp (1983) führt in seinem bereits erwähnten Buch folgende Entscheidungskriterien an:

– Die Bedeutung des Willens des Kindes
– Die Bedeutung der primären Bezugsperson, d.h. Aspekte der Bindung des Kindes an die Eltern, aber auch an die Geschwister
– Die Bedeutung der Kontinuität
– Der Faktor Zeit
– Entscheidungskriterien, die in den Eltern begründet sind.

Forschungsergebnisse

Lempp (1983, S. 125) geht von der Regel aus, daß Geschwister nicht getrennt werden sollen". Dieser Standpunkt wird von Gutachtern allgemein geteilt. So schreibt beispielsweise *Arntzen* (1994) unter Bezugnahme auf *Schmidt-Denter et al.* (1991) u.a.: „Im allgemeinen wird man die Geschwistertrennung zu vermeiden suchen, weil es offensichtlich erzieherisch vorteilhaft ist, wenn ein Kind in täglicher Gemeinschaft mit anderen Kindern aufwächst ... Geschwister können auch über die Abwesenheit eines Elternteils hinwegtrösten".

In der Literatur finden sich nur wenige Zahlen bezüglich der geübten Praxis. Immer wieder wird in diesem Zusammenhang *Haffter* zitiert. In seinem 1948 erschienenen Buch „Kinder aus geschiedenen Ehen" entwirft er „insofern ein ernstes Bild, als nahezu ein Drittel aller Geschwisterschaften, die von der Scheidung der Eltern betroffen werden, nicht beieinander bleiben können" (a.a.O., S. 130); konkret war dies in 17 von 56 Familien der Fall.

Zu einem ähnlichen Ergebnis kommt *Hagemann* (1983) in seiner Dissertation „Sorgerecht und Scheidungskinder in der Kinder- und Jugendpsychiatrie", wenn er berichtet, daß für 20 von 60 Familien (33 %) von den Gutachtern empfohlen worden ist, die Geschwister zu trennen.

Arntzen (1994) erwähnt eine Untersuchung aus den Jahren 1983/84, in denen bei 439 „Geschwisterfällen" 151 Trennungsempfehlungen (34 %) ergingen (vgl. S. 27). Er erwähnt eine weitere statistische Analyse aus dem Jahr 1992. Hier wurden in 23 % der Fälle eine Geschwistertrennung empfohlen (94 von 364 Familien mit mehr als einem Kind).

Waters (1987) kommt nach Durchsicht der Literatur und einer kasuisti-
schen Darstellung von zwei Familien zu dem Ergebnis, daß Geschwisterbeziehungen bei Scheidungen der Eltern von wesentlicher Bedeutung seien;
sie sollten bei der Regelung der elterlichen Sorge weitaus mehr beachtet
werden.

Eigene Untersuchungsergebnisse

Einer der Autoren (Müller, 1999) hat im Rahmen seiner Dissertation die
Frage untersucht, welche Bedeutung das Kriterium „Geschwisterbeziehung für die Empfehlungen der Gutachter hat.

 Die Daten sind noch nicht vollständig erfaßt und ausgewertet, so daß
nur vorläufige Ergebnisse, die sich im wesentlichen auf die Familien beziehen, präsentiert werden können. Dabei sei darauf hingewiesen, daß es sich
um eine hochselektive Stichprobe handelt. Allgemein geht man davon aus,
daß sich ca. 85 % der Eltern bezüglich des Sorgerechts einigen. Bei den
15 % strittigen Fällen wird nach *Balloff & Walter* (1990) in 3 bis maximal
10 % aller Fälle ein Gutachten in Auftrag gegeben.

 Ausgewertet wurden bislang 124 Sorgerechtsgutachten (vgl. Abb. 3); in
41 Familien war ein Kind, in 60 Familien waren zwei Kinder, in 19 Familien drei Kinder und in 4 Familien lebten vier Kinder.

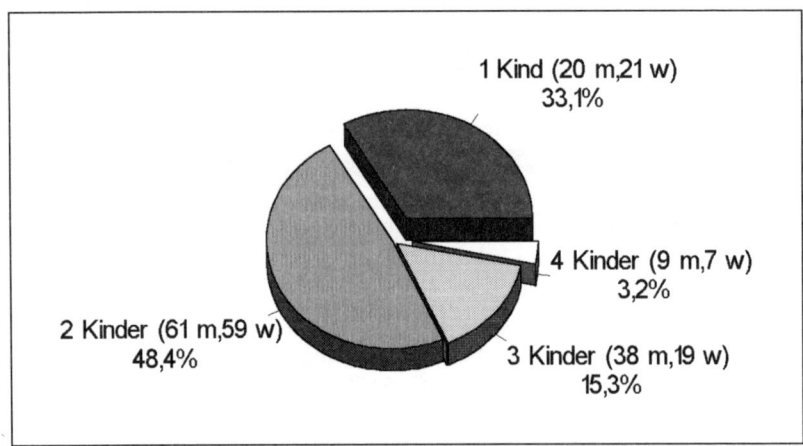

Abb. 3: Zahl aller Sorgerechts-Gutachten 1995–1997 (n = 124)

	1 Kind (n=41)		2 oder mehr Kinder (n=83)	
	n	%	n	%
Wille des Kindes	17	41,5	63	75,9
Bindung an die Eltern	12	29,3	41	49,4
Kontinuität der Erziehung	21	51,2	28	33,7
Kontinuität des Umfelds	18	43,9	38	45,8
Erziehungsfähigkeit der Eltern	11	26,8	23	27,7
Betreuungsmöglichkeit	13	31,7	35	42,2
Geschwisterbeziehung	0	0	45	54,2

Abb. 4: Häufigkeit der Kindeswohl-Kriterien
(Mehrfachnennungen möglich)

In einem ersten Schritt wurde überprüft, welche Kindeswohl-Kriterien für die Empfehlungen der Gutachter entscheidungsrelevant waren (vgl. Abb. 4).

Zunächst zeigte es sich, daß der Wille der Kinder in beiden Gruppen eine zentrale Rolle spielte. In den Familien mit Einzelkindern ist er nach dem Aspekt der Kontinuität der zweithäufigst genannte Grund; bei den Familien mit zwei oder mehr Kindern steht er an erster Stelle, gefolgt von dem Kriterium der Geschwisterbeziehung.

Es mag vielleicht überraschen, daß die Bindung der Kinder an die Eltern mit knapp 50 bzw. 30 % relativ niedrig ausfällt. Dies liegt daran, daß dieses Kriterium nur dann aufgenommen worden ist, wenn es entscheidungsrelevant war.

Die Gutachter empfahlen bei 16 von den 83 Familien, d.h. in 19,3 %, die Geschwister zu trennen.

Leider ist es retrospektiv nicht möglich gewesen die Art bzw. Qualität der Geschwisterbeziehungen näher zu erfassen. Anzumerken ist aber, daß es keine Gleichsetzung von wenig positiver oder konflikthafter Geschwisterbeziehung und Trennung einerseits und positiver Geschwisterbeziehung und Zusammenbleiben andererseits gegeben hat. Die Geschwisterbeziehungen sind im Gegenteil durchaus positiv, wenn auch nicht immer als konfliktfrei von den Eltern beschrieben worden.

Ausgehend von der bereits erwähnten allgemeinen Annahme, daß es sinnvoll sei, Geschwister zusammen zu lassen, haben *Kaplan* et al. (1991) eine Liste von Gründen zusammengestellt, deren Vorliegen eine Aufteilung der Kinder naheliegen würde. Für unser Kollektiv ergeben sich die folgenden Zahlen (vgl. Abb. 5).

Der klar geäußerte, unterschiedliche Wille der Kinder war bei 40 % der Fälle entscheidend. Eine wesentliche Rolle spielte auch die Ablehnung von Kindern durch einen Elternteil bzw. Hinweise darauf, daß das Zusammenleben der Kinder mit einem Elternteil mit Gefahren verbunden sein könnte.

Die weiteren, von *Kaplan* (1991) angeführten Kriterien, wie z.B. Übereinstimmung des Geschlechtes von Kind und Elternteil, der Abstand zwischen den Geschwistern bzw. die Tatsache, daß die Kinder unterschiedliche primäre Bezugspersonen hatten, spielt in unserem Kollektiv keine Rolle. Es fanden sich auch keine schädlichen, von Geschwistern ausgehenden Einflüsse.

Hingegen haben unsere bisherigen Auswertungsergebnisse weitere, im Einzelfall entscheidungsrelevante Konstellationen ergeben. Beispielhaft seien genannt:

– Eine bewußte Stützung eines Elternteils mit Entlastung von Schuldgefühlen.
– Überforderung eines Elternteils bei Betreuung von 2 oder mehr Kindern.
– Ein „Gerechtigkeitsdenken" bei Kindern.

	%
Wille des Kindes	40
Ermöglichung von Besuchskontakten	20
„Lagerbildung" in der Familie	12
Ablehnung von Kindern durch einen Elternteil	16
Bessere Betreuungsmöglichkeit	8
Geschwister schon lange getrennt	4

Abb. 5: Gründe für die Empfehlung, Geschwister zu trennen (mod. n. Kaplan 1991) (n = 25)

Erwähnenswert ist die Tatsache, daß die Qualität der Geschwisterbeziehung selbst keinen Einfluß auf die Empfehlung, Geschwister aufzuteilen gehabt hat. Hingegen ist in 1/5 der bislang ausgewerteten Gutachten eine positive Geschwisterbeziehung für die Empfehlung, die Geschwister zusammen zu lassen, wegweisend gewesen.

Kasuistik

Die folgende kasuistische Darstellung soll u.a. verdeutlichen, daß die bislang aufgezeigten Konstellationen zwar in einer gewissen Häufigkeit vorkommen und daher auch Regeln aus ihnen abgeleitet werden können, daß diese Regeln aber im Einzelfall immer wieder daraufhin überprüft werden müssen, ob sie stimmig sind oder nicht.

Fallbeispiel

Franz und Timo sind zwei Brüder im Alter von 9 und 11 Jahren. Ihre Eltern haben sich vor 12 Jahren über eine Annonce kennengelernt und geheiratet, nachdem die Mutter schwanger geworden ist. Beide Eltern beschreiben, daß sie eigentlich von Anfang an nicht zueinander gepaßt hätten, daß sie aber gehofft hätten, daß sich das im Laufe der Zeit ändern würde.

Der Vater ist auf dem Land aufgewachsen und hat den elterlichen Hof übernommen. Die Mutter beschreibt sich als „Stadtkind" und berichtet, sie habe sich auf dem Land noch nie Wohlgefühl. Es falle ihr schwer, mit der dörflichen Mentalität zurechtzukommen, sie fühle sich nie richtig akzeptiert, habe sich wiederholt wegen depressiver Verstimmungen mehrfach in nervenärztlicher Behandlung befunden.

Es kommt zu finanzielle Schwierigkeiten. Die Landwirtschaft wirft nicht mehr soviel ab, der Vater geht nebenbei arbeiten, die Mutter muß sich neben dem Haushalt immer mehr um den Hof kümmern.

Beide Kinder entwickeln sich unproblematisch. Die Eltern berichten, sie hätten als Kleinkinder viel miteinander gespielt, seien auch in den gleichen Kindergarten und dann in die gleiche Schule gegangen. Jeder der beiden Söhne hätte sein eigenes Zimmer; früher habe der jüngere Sohn allerdings öfter beim großen Bruder geschlafen. Zwischenzeitlich hätte auch jeder der Söhne einen eigenen Freundeskreis; dies besonders seit der Zeit, da der Größere aufs Gymnasium gehe. Die Söhne hätten auch etwas unterschiedliche Interessen; der Ältere interessiere sich mehr für die Landwirtschaft und die Tiere; der Jüngere sitze viel lieber vor dem Computer. Natürlich hätte es auch Auseinandersetzungen zwischen den Söhnen gegeben; wenn es aber darauf angekommen sei, hätten sie immer zusammengehalten.

Die Mutter zieht nach einem Kuraufenthalt – für den Vater überraschend – mit beiden Söhnen zurück in die Stadt zu ihren Eltern. Wenige Wochen später wechselt der ältere Sohn zum Vater. Der Vater organisiert es so, daß der Sohn von einer Nachbarin mit betreut werden kann. Die Mutter nimmt eine Berufstätigkeit auf. Da ihre eigenen Eltern die Versorgung des jüngeren Sohnes nicht gewährleisten können, kommt dieser in eine Tagesgruppe.

Per Gerichtsbeschluß wird dann verfügt, daß der ältere Sohn zurück zur Mutter kommt; begründet wird dieser Gerichtsbeschluß, der im übrigen einer Empfehlung des Jugendamtes folgt, mit gelegentlichen Mängeln in der Betreuung des älteren Sohnes durch den Vater.

Im Rahmen der Begutachtung wurde deutlich, daß sich der ältere Sohn stärker am Vater orientiert, und daß sein verbal vorgetragener Wunsch, bei diesem zu leben, mit den Ergebnissen der psychodiagnostischen Verfahren übereinstimmt. Der jüngere Sohn hatte sich entschieden bei der Mutter zu bleiben, wobei der Gutachter vermerkt, „es kann nicht ganz ausgeschlossen werden, daß die Kinder versuchen, Gerechtigkeit zwischen beiden Eltern herzustellen". Die Beziehung der Geschwister untereinander im Rahmen der Begutachtung wurde als überwiegend freundschaftlich, teilweise rivalisierend beschrieben.

Nachdem sich die Lebensumstände des Vaters geändert hatten, wurde vom Gutachter empfohlen, daß der ältere Sohn beim Vater, der jüngere bei der Mutter leben sollte. Um die Geschwisterbeziehung weiterhin pflegen zu können, wurden häufige Besuchskontakte und gemeinsame Ferien befürwortet.

Ausblick

Die Frage, ob Geschwister im Falle einer Trennung / Scheidung der Eltern hilfreich sind oder nicht, d.h. ob ein Kind mit Geschwistern beglückt oder bestraft ist, kann nicht einfach mit „ja" oder „nein" beantwortet werden. Die Tatsache, daß Geschwister näher zusammenrücken kann jedenfalls nicht das einzige Kriterium sein. Es könnte nämlich in diesem Fall zu einer Verbündung der Geschwister gegen einen Elternteil kommen. Langfristig wäre dies einer förderlichen Kindesentwicklung abträglich.

Umgekehrt könnten geschwisterliche Auseinandersetzungen bedeuten, daß es möglich ist sich zu streiten, ohne sich zu trennen – wie es das Vorbild der Eltern gewesen ist. Sie könnten auch, insbesondere in der Pubertät, den Beginn der Entwicklung einer eigenen Individualität markieren, die natürlicherweise mit einer Abgrenzung, auch von den Geschwistern verbunden ist.

Lempp (1983, S. 125) schreibt in seinem zu Beginn zitierten Lehrbuch: „Als sehr allgemeine Regel kann diese Forderung [daß Geschwister nicht getrennt werden sollen] auch bestehen bleiben; sie ist allerdings im Einzelfall genauer zu differenzieren".

Auch Kasten (1993) kommt zu dem Ergebnis, daß der derzeitige Kenntnisstand im Bereich der empirischen Scheidungsforschung eine differenzierte und letztlich am Einzelfall orientierte Betrachtung erfordert. Nach Durchsicht der Literatur kommt er u.a. zu folgendem Ergebnis: „Geschwisterbeziehungen können sich durch und im Verlaufe von innerfamilialen Spannungen, wie sie durch Trennung und Scheidung der Eltern ausgelöst werden, wandeln zum Negativen, teilweise aber auch zum Positiven hin. Und umgekehrt: Das in Geschwisterbeziehungen verborgene Potential läßt sich nützen nicht nur im Rahmen von therapeutischen und Familienberatungsprozessen, sondern beeinflusst als solches den Trennungs- und Scheidungsprozeß und erleichtert oder erschwert die Reorganisation und Stabilisierung der Nachscheidungsfamilie" (a.a.O., S. 112f.).

LITERATUR

Arntzen, F. (1994): Elterliche Sorge und Umgang mit Kindern; 2.Auflage; München: Beck
Balloff, R.; Walter, E. (1990): Gemeinsame elterliche Sorge als Regelfall? Einige theoretische und empirische Grundannahmen; Zeitschrift für das gesamte Familienrecht; 37. Jahrgang: Heft 5; 445–454
Coester, M. (1983): Das Kindeswohl als Rechtsbegriff: Arbeiten zur Rechtsvergleichung; Frankfurt/M.: Metzner
Engstler, H. (1997): Die Familie im Spiegel der amtlichen Statistik. Bundesministerium für Familie, Senioren, Frauen und Jugend. Bonn
Haffter, C. (1948): Kinder aus geschiedenen Ehen; Bern: Huber
Hagemann, J. (1983): Sorgerecht und Scheidungskinder in der Kinder- und Jugendpsychiatrie; unveröffentlichte Dissertation; Eberhard-Karls-Universität Tübingen
Kaplan, L.; Ade-Ridder, L.; Hennon, C.B. (1991): Issues of split custody: Siblings seperated by Divorce; Journal of Divorce and Remarriage; 16; 253–274
Kasten, H. (1993): Geschwisterbeziehung; Band I; Göttingen: Hogrefe
Lempp, R. (1983): Gerichtliche Kinder- und Jugendpsychiatrie; Bern: Huber
Müller, T. (1999): Das Kriterium der Geschwisterbindung im Rahmen von Sorgerechtsverfahren; Dissertation in Vorbereitung; Eberhard-Karls-Universität Tübingen
Schmidt-Denter, U.; Beelmann, W.; Trappen, I. (1991): Empirische Forschungsergebnisse als Grundlage für die Beratung von Scheidungsfamilien: Das Kölner Längsschnittprojekt; Zeitschrift für Familienforschung; 3; 40–51
Schwäbisches Tagblatt vom 01.10.1998
Waters, B. (1987): The Importance of Sibling Relationships in Seperated Families: Australian and New Zealand Journal of Family-Therapie; 8: 1; 13–17

Geschwisterbeziehung in der Forschung

von Reinhart Lempp

Die Kinder- und Jugendpsychiatrie kümmert sich nicht nur um das Kind oder den Jugendlichen, der ihr Patient ist, sondern auch um das Umfeld, in dem er lebt, aufwächst und das ihn prägt. Dazu gehört zunächst und vor allem seine Familie, mit der er zusammenlebt, denn sie bestimmt in der Regel von der Geburt an und auch schon vorher seine Umgebung, und zu der Familie gehören auch seine Geschwister, wenn das Kind oder der Jugendliche kein Einzelkind ist.

Das ist auch in der noch relativ jungen Wissenschaft der Kinder- und Jugendpsychiatrie nicht von vorn herein so gewesen, weil es auch in der Psychiatrie nicht immer so gewesen ist. Zunächst stand nur der Patient allein im Mittelpunkt des psychiatrischen Interesses und das ist überall dort auch so geblieben, wo die psychischen Störungen und Krankheiten nur oder vor allem als Folgen irgendwelcher biologischer, chemischer oder physikalischer Veränderungen im Gehirn und im Stoffwechsel des Betroffenen gesehen werden. Dabei wird meist übersehen, daß solche Veränderungen der Biologie beim Menschen ja immer und unvermeidlich stattfinden, wenn er psychische Aktivitäten zeigt, wenn er kognitive und emotionale Erfahrungen macht, wenn er denkt, fühlt und handelt, gleichgültig ob er gesund ist oder krank. Deshalb können auch die Menschen, die seine Umwelt mitprägen, solche Veränderungen hervorrufen, auch seine Geschwister, wenn er welche hat.

Erst am Ende des letzten Jahrhunderts rückte durch Sigmund Freud die emotionale Beziehung jedes Menschen in das Blickfeld psychiatrischer Forschung und erst nach dem zweiten Weltkrieg, auch mit der technischen Möglichkeit der Datenverarbeitung im Großen, in der Epidemiologie, erweiterte sich das Interesse der psychiatrischen Forschung auf das Milieu, auf die Familie, die Gesellschaft und ihre Bedingungen überhaupt. Das geschah vor allem durch die Familienforschung, die sich schließlich zur systemischen Betrachtungsweise erweiterte. Für die Kinderpsychiatrie war das im Grunde nichts Neues, wenngleich diese Sichtweise mehr intuitiv im klinischen Alltag prakitiziert wurde und erst später auch in die Forschung Eingang fand.

Die Frage nach den Geschwistern und der Stellung des einzelnen Patienten in der Geschwisterreihe war in der Kinderpsychiatrie selbstverständlich, schon deswegen, weil dieses frühkindliche und unmittelbare Umfeld sich bei den Kindern und Jugendlichen – im Gegensatz zur klinischen Arbeit in der Erwachsenenpsychiatrie – geradezu aufdrängte. Nicht selten kamen die Geschwister mit in die Sprechstunde oder es war sein Verhalten im Vergleich mit den Geschwistern oder gegenüber den Geschwistern Anlaß der Sorgen der Eltern.

Ende der 50er Jahre fing ich an, die Daten aller ambulanten und stationären Patienten des klinischen Jugendheimes in Tübingen, der späteren Abteilung für Kinder- und Jugendpsychiatrie zu dokumentieren, damals auf Lochkarten nach dem Hollerithsystem. Ich erstellte damit meine Habilitationsarbeit. Seither wurde die Dokumentation an der Tübinger Abteilung, dem technischen Fortschritt entsprechend, über Markierungsleser und schließlich auf dem Bildschirm fortgeführt und weiterentwickelt.

Dies ergab die Möglichkeit Anfang der 60er Jahre auch die Frage der Bedeutung der Stellung in der Geschwisterreihe bei den neurotischen und psychoreaktiv gestörten Kindern zu untersuchen. Dies übernahm als Doktorandin Frau Suse Beck, die dann die Ergebnisse 1965 zusammen mit mir veröffentlichen konnte (Beck 1965). Bei 2394 verwertbaren Krankengeschichten von Patienten des klinischen Jugendheimes im Alter zwischen 3 und 16 Jahren der Aktenjahrgänge 1959 bis 1963 konnte in 856 Fällen die Diagnose einer psychoreaktiven Störung gestellt werden. Als Ergebnisse konnten berichtet werden, daß

1. bei Einzelkindern am häufigsten Schulschwierigkeiten und Angstzustände festzustellen waren, aber wenig Bettnässer und kein Wegläufer,
2. bei den Ältesten fanden sich die meisten psychoreaktiven Störungen in mittlerer Häufigkeit, Diebstähle und Naschen am seltensten,
3. bei den mittleren Kindern fanden sich die meisten Bettnässer und Diebe, selten Stotterer und
4. bei den Jüngsten keine auffallenden Häufigkeiten.

In Übereinstimmung mit einer französischen Studie aus dem Raum Paris von Descombey und Roquebrune (1953) waren die Ältesten von zwei Kindern am meisten betroffen, auch wenn sich dies nicht statistisch signifikant nachweisen ließ. Aber es ließ sich gut interpretieren. Auch konnte man tendenziell sagen, daß je mehr Kinder in einer Familie leben, sie desto häufiger in der Kinderpsychiatrie vorgestellt werden.

Als eine Schwierigkeit bei dieser Untersuchung stellte sich schon damals der Bezug zu einer verläßlichen Vergleichsstatistik aus der Bevölkerung heraus. Wir konnten uns auf einen noch unveröffentlichten Mikrozensus des Statistischen Landesamtes Baden – Württemberg stützen. Auf die Problematik solcher Vergleichszahlen will ich später noch eingehen.

Einen entscheidenden Einschnitt in die insgesamt eher spärliche Forschung über die Stellung in der Geschwisterreihe brachte das Buch „Birth Order" von Cécile Ernst und Jules Angst aus Zürich 1983. Sie überprüften sämtliche einschlägigen Arbeiten der Weltliteratur von 1946 bis 1980 auf ihre Signifikanz. Es war dies die Hochzeit wissenschaftlich – mathematischer Exaktheit im Sinne Poppers. Was nicht statistisch signifikant nachzuweisen ist, ist zweifelhaft und kann, ja muß wissenschaftlich unberücksichtigt bleiben.

Dabei war auch festzustellen, daß nur etwa 10 % der wissenschaftlichen Arbeiten zu diesem Thema vor 1960 entstanden waren, die meisten erst 1970 bis 1980, ein Zeichen, wie sehr eine solche Art der Forschung von den technischen Möglichkeiten der Datenverarbeitung abhängt und wie letztlich auch das Interesse der Forscher und damit die Richtung der wissenschaftlichen Forschung von den gebotenen technischen Möglichkeiten abhängig ist.

Es blieb bei dieser eindrucksvollen Untersuchung von Ernst und Angst von allen Hypothesen und Feststellungen von der Bedeutung der Stellung in der Geschwisterreihe kaum etwas als wissenschaftlich gesichert übrig. Sie hielten alle einer kritischen statistisch – mathematischen Überprüfung nicht stand.

So erwies sich der vielfach vermutete und behauptete höhere IQ und die bessere Sozialisation der Erstgeborenen als unbewiesen, überhaupt bestand keine Beziehung zwischen Geburtsordnung einerseits und Intelligenz und Schulerfolg andererseits. Auch für die Entwicklung der Persönlichkeitsmerkmale erwiesen sich sämtliche als vom Vorhandensein von Geschwistern und der Stellung unter ihnen unabhängig. Dies gilt auch – und darauf will ich noch zurückkommen – für die Entwicklung von Empathie. Dasselbe gilt für das Verhältnis der Geburtsordnung zur Schizophrenie, zu Alkoholismus, Suicid und Homosexualität oder Kriminalität. Eine sehr geringe Bedeutung bleibt bei der Geschwisterzahl für den Schulerfolg übrig. Bei allen Untersuchungen sei die soziale Situation der untersuchten Familien nicht genügend oder gar nicht berücksichtigt worden, z.B. daß

– damals – die unteren sozialen Schichten meist mehr Kinder hatten als die höheren.

Zwar betonen auch Ernst und Angst zusammenfassend, daß es wichtiger sei, bei jeder Person ihre individuelle Interaktion während ihrer individuellen Entwicklung zu prüfen, aber dieses zweifelos wichtige Ergebnis versinkt hinter der pauschalen und mit Überzeugung vorgetragenen Feststellung, daß eine Bedeutung der Stellung in der Geschwisterreihe sich bisher in mehreren hundert wissenschaftlichen Untersuchungen nicht habe beweisen lassen. Für viele, die sich nicht näher mit Statistik befassen – aber auch offenbar für die Autoren –, scheint das dann zu beweisen, daß ein solcher vermuteter Zusammenhang tatsächlich auch gar nicht besteht.

Mit Recht wiesen die Autoren auf die große Bedeutung weiterer Wirkfaktoren, insbesondere auf die der sozialen Situation hin, in welcher das Kind oder der Jugendliche aufwächst. Schwieriger als deren Feststellung ist es jedoch zuverlässige Vergleichszahlen aus der Normalbevölkerung zu gewinnen. Ich habe einige Zeit benötigt, um diese Schwierigkeit zu sehen. Zunächst meint man ja, es sei doch kein Problem, dazu von den statistischen Ämtern Zahlen aus der Normalbevölkerung zu bekommen.

Die Schwierigkeit liegt darin, daß es sich dabei immer um momentane Querschnittszahlen handeln muß, die nichts darüber aussagen, wie sich in der einzelnen Familie die Geschwisterkonstellation weiterentwickeln wird. In der untersuchten Population gibt die festgestellte Position in der Geschwisterreihe zwar korrekt die Position wieder, welche möglicherweise auf die untersuchte Eigenschaft der Untersuchten einwirkt. Über die Häufigkeit dieser Position in der Vergleichsbevölkerung können aber keine sicheren Aussagen gemacht werden.

Das wäre allenfalls retrospektiv möglich. Man könnte 20–30jährige fragen, in welcher Geschwisterposition sie aufgewachsen sind. Dann dürfte man aber auch nur Gleichaltrige auf ihre fraglichen Eigenschaften hin untersuchen. Solche retrospektiven Untersuchungen gibt es jedoch offenbar kaum.

Es ist deutlich geworden, daß es hier nicht nur um psychiatrische, sondern auch um soziologische und demographische Fragen geht. Tatsächlich befassen sich einige soziologische Institute und Forschungsstellen mit diesen Fragen, insbesondere das Deutsche Jugendinstitut in München, die Forschungsgruppe um Kurt Lüscher in Konstanz und die Familienforschungsstelle der Universität Bamberg unter Herrn Vascovics.

Wie leicht man als statistischer und demographischer Laie hier zu Fehlschlüssen kommen kann, zeigt die Frage nach dem Anteil der Einzelkinder, also der Geschwisterlosen, in der Bevölkerung. Ich habe eine solche Zunahme der Einzelkinder auch als eine wesentliche Veränderung in der Situation, in der die Kinder bei uns heutzutage aufwachsen, angesehen (Lempp 1986). Im Jahre 1900 betrug die durchschnittliche Zahl lebendgeborener Kinder in jeder Familie 4, wogegen sich nach allmählichem Rückgang diese Zahl heute auf etwa 1,5 Kinder eingependelt hat. Es liegt da nahe, eine relative Zunahme der Einzelkinder anzunehmen. Schwarz vom Statistischen Bundesamt wies 1997 aber darauf hin, daß diese Annahme auf unzureichenden Informationen gründe. Außer der Gesamtentwicklung müsse man zum Beipiel auch die größere Säuglingssterblichkeit vor hundert Jahren berücksichtigen, die manches Kind mit Geschwistern später zum Einzelkind gemacht habe.

Tatsächlich übersieht man dabei manches. So ist der Rückgang der Geburtenzahl im Laufe dieses Jahrhunderts auch wesentlich durch eine Zunahme der Zahl der kinderlosen Familien – zwar ein Widerspruch in sich selbst, jedoch nicht für den Bevölkerungsstatistiker – mitbedingt, was für die Frage nach der Geschwisterkonstellation natürlich ohne Belang ist. Zum anderen ist vor allem die Zahl der Familien mit 3 und mehr Kindern stark zurückgegangen, wogegen Familien mit 2 Kindern relativ zugenommen haben.

> So haben seit dem Ende des letzten Jahrhunderts bis 1960
> die Ehen ohne Kinder von 8,7 % auf 16,2 % zugenommen,
> die Ehen mit 1 Kind von 9,0 % auf 21,0 % zugenommen,
> die Ehen mit 2 Kindern von 11,6 % auf 30,2 % zugenommen,
> die Ehen mit 3 Kindern von 12,3 % auf 17,3 % zugenommen, aber
> die Ehen mit 4 und mehr Kindern von 58,4 % auf 15,3 % abgenommen.
> (Quelle: WISTA 1962, Heft 10, S. 593)

Nach einer Untersuchung von Klein (1995) hat in der Zeit von 1963 bis 1973 die Zahl der Einkindfamilien (mit dauerhafter Geschwisterlosigkeit) in der alten Bundesrepublik zwar von etwa 25 % auf 30 % zugenommen, bezogen auf die Kinder sind das aber nur 15,7 %, denen 84,3 % Kinder mit einem und mehr Geschwister gegenüberstehen. Und nach dem Familien-survey des Deutschen Jugendinstituts von 1994 sind es durchschnittlich etwa 16 % Einzelkinder und dementsprechend 84 % Kinder mit Geschwistern.

Es geht aber im Grunde nicht nur um die Geschwisterlosigkeit, wenn wir die Veränderung der psychosozialen Bedingungen betrachten, unter denen Kinder bei uns aufwachsen. Die Zunahme der Kinder mit nur einem Geschwister stellt gegenüber der früher ganz überwiegenden Zahl der Familien mit 3 und mehr Kindern auch eine wesentliche Veränderung dar. Ich erinnere an das Ergebnis der Untersuchung von Beck 1965, wonach die ersten von zwei Kindern sich als – zumindest tendenziell – am anfälligsten gegen psychoreaktive Störungen gezeigt haben. (Das kann natürlich immer auch heißen, daß diese Eltern bei ihrem Ältesten ängstlicher sind und früher zum Arzt gehen.)

Die Zweikindersituation ist jedoch dadurch bestimmt, daß der Ältere seine „Entthronung" als einziges und jüngstes Kind nur an sich selbst durch das Zweitgeborene erlebt, und nicht mehr, wie bei größeren Familien, auch dessen Sturz aus der emotional privilegierten Situation. Außerdem sind die beiden Geschwister unausweichlich aufeinander angewiesen, ohne die Möglichkeit, mit weiteren Geschwistern wechselnde Bündnisse zu pflegen, wie das bei mehreren Geschwistern möglich und üblich ist.

Auch Kain war der Ältere von zweien und erschlug seinen Bruder Abel, das urtümlichste Zeugnis der Geschwisterrivalität um die gerechte Behandlung durch den Vater oder die Eltern. Es soll wohl – so denke ich – von vorn herein und ein für allemal klarstellen, daß Ungerechtigkeit unvermeidbar ist und ausgehalten werden muß. Deshalb schützte Gott den Brudermörder auch vor weiterer Verfolgung.

Überhaupt wird man die demographischen Veränderungen im letzten Jahrhundert in ihrer Auswirkung auf Familie und die Kinder nicht an einem einzelnen Faktor festmachen dürfen. Der Rückgang der Kinderzahl hängt beispielsweise auch damit zusammen, daß das durchschnittliche Gebäralter der Mütter in den letzten Jahrzehnten deutlich zugenommen hat. 1975 lag es in Baden-Württemberg ganz knapp über 27 Jahre und 1995 bei ziemlich gleichmäßigem Anstieg bei etwa 29,3 Jahren. (Statistisches Landesamt und Landesgesundheitsamt Baden-Württemberg 1998). Dies ist wohl darauf zurückzuführen, daß das Problem, Mutterschaft und qualifizierte Berufsausbildung – zum Nachteil der Kinder – bei uns noch lange nicht gelöst ist.

Eine interessante Studie, die scheinbar am Rande unserer Fragestellung liegt, stammt von Frau Storm van's Gravesande et al. (1998), die zeigt, daß das Risiko allergischer Sensibilisierung mit steigender Geschwisterzahl absinkt – wohl wegen der innerfamiliären stärkeren Durchimmunisierung unter den Geschwistern –, allerdings nur dann, wenn die Mütter zum Geburtszeitpunkt jünger als 30 Jahre alt sind. Dabei nimmt natürlich auch mit zunehmendem Geburtsalter der Mütter die Zahl der Kinder ab. (Übrigens sollen einer Zeitungsnotiz zufolge angeblich nach einer Studie aus

Rom die Kinder von Akademiker-Vätern mehr an Allergien leiden, vermutlich weil diese weniger mit gesundheitsförderndem Schmutz in Berührung kommen).

Dies alles macht deutlich, daß breit angelegte Forschungen zur Geschwisterposition und ihrer Bedeutung für psychische Störungen und Normabweichungen nicht ohne hinreichend gesicherte Vergleichszahlen aus der Bevölkerung auskommen können und diese wiederum nicht ohne die Hilfe der Soziologen und Bevölkerungsstatistiker zu gewinnen und zu interpretieren sind.

Eine neueste Untersuchung aus Kanada von Zucker et al. (1998) zur Geburtsordnung bei Störungen der Geschlechtsidentät verglich ihre 22 Probanden mit anderen psychisch auffälligen Kindern in gleicher Geschwistersituation und etwa gleichem Alter, Geschlecht und anderen Kriterien. Die Autoren kamen zum Ergebnis, daß die Mädchen mit sexuellen Identifikationsstörungen im Vergleich zu den Kontrollen signifikant in der Geschwisterreihe früher geboren waren als vorhandene Schwestern, nicht aber als ihre Brüder. Dies stand im Gegensatz zu einer früheren Untersuchung dieser Forschergruppe an Jungen mit einer sexuellen Identifikationsstörung, die später geboren waren als ihre Kontrollen. Die Autoren interpretieren dies durch die Erwartungshaltung der Eltern gegenüber ihren ersten Kindern, von denen sie hoffen, daß es Jungen seien.

Ich gehe davon aus, daß Ernst und Angst auch diese Untersuchung anzweifeln würden. Sicher kann die Erwartungshaltung der Eltern, die ihren erstgeborenen Töchtern keine Puppen, sondern Autos zum Spielen geben, so etwas bewirken, glaube jedoch nicht, daß man dieses Hoffen auf den Sohn so verallgemeinern kann.

Eine andere neue und orginelle Untersuchung wurde kürzlich von dem amerikanischen Psychologen Sulloway veröffentlicht (1996, deutsch 1997). Er benötigte keine Vergleichsgruppe, er ging in einer sehr sorgfältigen und differenzierten Studie der Frage nach: wie war die Stellung in der Geschwisterreihe derjenigen im Laufe der Geschichte, die sich von herkömmlichen Ideen und Vorstellungen abwandten und erfolgreich neue Theorien entwickelten und durchsetzten. Er stellte fest, daß dies ganz überwiegend nicht Erstgeborene, sondern die Nachgeborenen in ihren Familien waren. Er ging dabei weltanschaulichen und technischen Revolutionen ebenso nach wie kontroversen Innovationen im Gegensatz zu konservativenTheorien und fand die Wahrscheinlichkeit der Unterstützung dieser neuen Theorien durch Spätergeborene bei 4,8:1, wogegen diejenige der konservativen Theorien bei 0,54:1.

Sulloway sieht die unterschiedliche Geschwisterposition als eine Aneinanderreihung verschiedener Nischen mit verschiedenen Ausgangspunkten, die jeweils von einem Individuum besetzt sind. Jedes Familienmitglied erlebe die gleichen Ereignisse auf seine eigene Weise. Während nach seiner Ansicht die typische Strategie der Erstgeborenen darin bestehe, seine Interessen an denen der Eltern und deren Vorstellungen zu orientieren, sei es das Problem der Spätergeborenen eine Nische zu finden, die nicht bloß eine Kopie der des Erstgebornen ist, sondern sich auf Gebieten hervorzutun, auf welchen die älteren Geschwister noch keine überlegene Position erreicht haben. Ich denke auch, daß es für die Nachgeborenen unter dem Schutz ihrer älteren Geschwister leichter ist, sich von den Sicherheit bietenden, von den Altvorderen überkommenen Regeln und Vorstellungen frei zu machen.

Diese Ansicht ist originell und anregend und die Methode die eines Historikers. Man könnte sich nun natürlich Gedanken machen, ob in Zukunft neue Theorien noch eine Chance haben, wenn es praktisch fast nur noch Erst- und Zweitgeborene gibt.

Die Veröffentlichung von Sulloway spricht auch ein Problem der Stellung in der Geschwisterreihe an, das in der Sprechstunde und in der Klinik eine bekannte Rolle spielt, aber sonst in der Forschung kaum gewürdigt wird, die Geschwisterrivalität. Auch hierüber haben wir Untersuchungen durchgeführt (Müller 1968). 131 Patienten mit einer wesentlich oder teilweise auf Geschwisterrivalität zurückzuführenden Verhaltensstörung wurden auf ihre Stellung in der Geschwisterreihe und auf die Geburtenabstände zu ihren Geschwistern hin untersucht.

Dabei ergab sich, daß – erwartungsgemäß – die Ältesten und Mittleren überrepräsentiert waren und daß die Rivalität gegenüber den jüngeren Geschwistern bis zum Abstand von zwei Jahren seltener als erwartet festzustellen war, bei Abständen von drei und vier Jahren aber häufiger. Bei Abständen über vier Jahren war kein Unterschied zur Norm mehr festzustellen. Gegenüber älteren Geschwistern zeigten vor allem die Mittleren bis zum Abstand von vier Jahren eine größere Häufigkeit, bei den Jüngsten war dies weniger regelmäßig.

Man kann daraus – vorsichtig, aber durchaus interpretierbar – ableiten, daß bei kurzen und sehr großen Geburtenabständen weniger Rivalität entsteht, als bei mittleren von etwa drei bis vier Jahren. Aber auch eine Geschwisterrivalität ist sicher nicht allein vom Altersabstand bestimmt, sondern von einer Reihe anderer, hier nicht erfaßten Faktoren.

Insgesamt muß man feststellen, daß die Geschwister bisher weder in der psychiatrischen noch in der soziologischen Forschung eine besondere Beachtung finden. Lilian Troll, eine Psychologin für medizinische Anthropologie in San Franzisko stellte 1993 fest, daß mit der Forschung der Geschwister im Erwachsenenleben eben erst begonnen werde. Sie weist auf eine Veröffentlichung von Bedford und Gold „ Siblings in later life: A neglegted family relationship" (1989) hin und meint, jeder, der sich für die Organisation von Großfamilien interessiere, sollte sich den Geschwisterbeziehungen aufmerksam zuwenden. Die von ihr untersuchten Familien seien zu zwei Dritteln durch Geschwisterbeziehungen verbunden. Die Beziehungen zwischen den Brüdern und Schwestern seien diejenigen, die den Familienverband zusammenhalten. Wieweit sich allerdings amerikanische Verhältnisse auf uns übertragen lassen, wäre erst noch zu prüfen.

Bei diesem keineswegs vollständigen und systematischen Überblick über die psychiatrische und auch soziologische „Geschwisterforschung" wurde bewußt die Zwillingsforschung nicht berücksichtigt. Sie war ja auch mehr unter genetischen Gesichtpunkten interessant. Die Geschwistersituation bei Mehrlingen ist ja eine psychosoziale Ausnahme von der Regel, die einer gesonderten Untersuchung bedürfte. Es lassen sich aber aus den hier vorgelegten Untersuchungen zwei grundsätzliche Gesichtspunkte herauslesen:

– Der statistische Gesichtspunkt in der Psychiatrie und
– der individuelle Gesichtspunkt in der Psychiatrie.

Zunächst zur Statistik in der Psychiatrie:

Die ausgedehnten, fachlich fundierten und überaus gründlichen Untersuchungen von Ernst und Angst haben gezeigt, daß es praktisch nicht möglich ist mit Hilfe exakter statistischer Methodik nachzuweisen, was wir eigentlich alle aus unserer Lebenserfahrung heraus erwarten: eine Beziehung zwischen der Stellung in der Geschwisterreihe, in die der einzelne Mensch hineingeboren wird und in der er seine ersten emotionalen Eindrücke und sozialen Erfahrungen mit anderen Kindern erwirbt, einerseits und seiner psychischen Eigenschaften und Reaktionsweisen andererseits.

Vielleicht ist es für Erwachsenenpsychiater gar nicht so überraschend, daß diese Beziehung nicht so wichtig und daher auch nicht so prägend für Begabung und Persönlichkeit des Menschen ist, wie man allgemein annimmt, da diese Zeit der Kindheit bei ihren Patienten im allgemeinen ebenso weit zurückliegt, wie bei ihnen, den Psychiatern, selbst. Auch der Kinderpsychiater ist zwar kein Kind mehr, aber er wird bei seiner Arbeit täglich mit dem Kind und dessen Lebens- und Erfahrungsraum konfrontiert und dadurch auch gezwungen, diese Zeit wieder mitzuerleben. Auch weiß er aus entwicklungspsychologischer Forschung, wie wichtig und nachhaltig diese Erfahrungen des ersten Lebensjahrzehnts sind, und zwar schon vom ersten Lebenstage ab oder schon früher. Dieses Wissen ist noch nicht sehr alt, lange nicht so alt wie die Wissenschaft der Psychiatrie, die sich in der Ursachenforschung verhältnismäßig wenig um den Einfluß der Umwelt, des Milieus und damit auch nicht um die Kindheit kümmert (Lempp 1997). Das war nur in einer Phase Ende der 60er Jahre und in den 70er Jahren vorübergehend durch die Sozialpsychiatrie etwas anders. Diese hat aber hinsichtlich der Ursachen und der Therapie psychischer Störungen nicht so viel gebracht. Die psychische Forschung hat sich inzwischen wieder mit Schwergewicht der Biologie, der Neuronenforschung und der Genetik zugewandt, – wofür sie auch eher Forschungsgelder von der Industrie erwarten kann.

Die Sozialpsychiatrie war auch auf die Epidemiologie und die Statistik angewiesen. Die erstere hat manche neuen Erkenntnisse gebracht, die aber in der Praxis weniger hilfreich waren als für Prophylaxe und Gesundheitspolitik, und in der Statistik stieß sie, wie auch in der Geschwisterforschung, schnell an die Grenzen der strengen Signifikanz, die man aus Sorge möglicherweise zufällige Zusammenhänge für allgemeingültig zu halten, so streng festgelegt hatte. Dem Einzelfall kann die Statistik aber nicht helfen.

Dabei liegen die Grenzen statistischer Ergebnisse in der Natur der Psyche und damit auch der Psychiatrie. Wir müssen doch davon ausgehen, daß der Mensch vom Beginn seines Lebens an eine unendlich große Zahl von Eindrücken kognitiv und emotional aufnimmt, die sich zu einem sich allmählich verfestigenden und stets verfügbaren „Wissen" und damit auch zu einem individuellen Verhalten summieren. Diese Erfahrungen sind bei jedem Menschen anders und absolut individuell. Deshalb ist auch das individuelle Verhalten in unterschiedlichen Situationen nie ganz sicher vorauszusagen.

Wir erleben jeden Tag im Wetterbericht, wie schwierig es ist, das lokale Wetter sicher vorauszusagen, obwohl dieses von einer im Ganzen überschaubaren Anzahl von exakt meßbaren physikalischen Faktoren bestimmt wird. Um wieviel schwieriger, ja eigentlich unmöglich muß es daher sein, die Reaktionen und das Verhalten der Menschen vorauszusagen, bei welchen die mitwirkenden Faktoren so unfaßbar vielfältig und prinzipiell weder zähl- noch meßbar sind. Diese prinzipielle Unmöglichkeit erlaubt uns mit der Illusion einer Willensfreiheit zu leben. Jedenfalls ist es aber nicht erlaubt, wie es vielfach geschieht, eine als nicht signifikant festgestellte Beziehung zwischen unterschiedlichen Items als nicht bestehend auszuschließen.

Kehren wir mit der Erörterung der individuellen Gesichtspunkte in der Psychiatrie zu der Bedeutung der Geschwisterposition zu unserem Thema zurück.

Die Bedeutung der Stellung in der Geschwisterreihe – wenn der Patient denn überhaupt Geschwister hat – erscheint jedem Kinder- und Jugendpsychiater oder jeder -psychiaterin zumindest als möglicher Wirkfaktor evident. Er oder sie muß in jedem Einzelfall die individuelle Geschwistersituation, das familiäre Beziehungsgeflecht und die soziale Situation prüfen, so

– den Altersabstand zum älteren wie zum jüngeren Geschwister,
– das Geschlecht der Geschwister,
– die Kontakte der Familie zu Großeltern und nahen Verwandten und der räumliche Abstand zu diesen während der Kindheit des Probanden,
– eventuelle unterschiedliche Beziehungen der Eltern zu ihren Kindern,
– die ehelichen Beziehungen zwischen den Eltern mit drohender oder realisierter Trennung und Scheidung,
– frühen Verlust eines Elternteils oder Stiefelternbeziehungen,
– enge Kontakte zu Nachbarfamilien,
– die sozialen Verhältnisse der Familie während der Kindheit und die Schulsituation und viele
– ähnliche Fragen.

Bei dieser Fülle von im einzelnen unwägbaren Faktoren muß es in der psychiatrischen Praxis genügen, wenn wir von den statistischen Forschungen nur Hinweise auf mögliche Tendenzen und keine Signifikanzen erhalten. Dieser Unbestimmtheit müssen wir uns bewußt bleiben und jede Abweichung von solchen Wahrscheinlichkeiten aufmerksam festhalten und akzeptieren.

Wenn wir uns auf diese Weise jedem individuellen Einzelfall zuwenden und seine spezifische Einzelsituation zu analysieren suchen, dann wird sich mit der Zeit zunehmender Erfahrung auch eine gewisse Wahrscheinlichkeit bestimmter Eigenschaften und vorhersagbaren Verhaltens herausschälen, die dem Erfahrenen zwar keine naturwissenschaftlichen Beweise, aber doch eine gewisse Sicherheit einer Prognose zuwachsen läßt. Wenn der Psychiater sich durch diese Erfahrungswahrscheinlichkeit nicht engstirnig festlegt und für Varianten weiterhin offen bleibt, dann macht ihn das zum selbstkritischen Diagnostiker und Therapeuten, der seine Erfahrung immer in Frage stellt und sie dadurch aber auch ständig kritisch erweitert.

Dennoch ergibt sich aus der Kenntnis der frühen kindlichen Beziehungserfahrungen, das heißt vor allem der emotionalen Erfahrungen, der naheliegende Schluß, daß auch für die Art der Beziehung zu seiner menschlichen Um- und Mitwelt die Geschwisterbeziehung eine in jedem Fall unterschiedlich geartete, aber immer wichtige Bedeutung haben muß. So bin ich überzeugt, daß die Fähigkeit, sich in andere Menschen einzufühlen, die Empathie, sich nirgends früher und damit leichter erwerben läßt, als unter Geschwistern. Natürlich kann Empathie auch ohne Geschwister und auch außerhalb der Familie erfahren und erlernt werden, aber eben nicht so „ganz von alleine", nicht ohne besonderes Zutun.

Die Empathie ist ja eine Fähigkeit, die sich erst nach der Überwindung der entwicklungspsychologisch normalen Phase des Egozentrismus, also etwa im Alter von 1 1/2 bis 2 1/2 Jahren entwickeln kann. Diese Überwindung geschieht, davon darf man ausgehen, im täglichen Umgang mit Geschwistern, wenn welche im geeigneten Alter vorhanden sind und sonst ungestörte Verhältnisse gegeben sind, fast automatisch.

Die Empathie ist aber eine Voraussetzung für die sozial so wichtige Fähigkeit zur Solidarität (Kaufmann, zitiert bei Lüscher 1997), das heißt zum Bewußtsein einer Verantwortung für andere. Daß aber ein zu beobachtender Mangel in diesem sozial-emotionalen Bereich *auch* mit der Veränderung der Familiensituation zusammenhängen kann, auch wenn uns dies die Statistik nicht ohne weiteres bestätigen kann (Lempp 1996), davon bin ich jedenfalls überzeugt. Das sollte noch weiter erforscht werden.

LITERATUR

Beck, S., R. Lempp (1965). Die Bedeutung der Stellung in der Geschwisterreihe für Entstehung und Art psychoreaktiver Störungen. Z. Psychotherap. med. Psychol. 15, 145–154.

Decombey, J., C. Roquebrune (1953). L'enfant caractériel parmi ses frères et ses sœurs. Enfance 6. 329

Ernst, C., J. Angst (1983). Birth Order. Springer Berlin Heidelberg New York

Klein Th. (1995). Geschwisterlosigkeit in Ost- und Westdeutschland. In: B. Nauck, H. Betram (Hrsg.): Kinder in Deutschland. DJI: Familien-Survey 5 Leske + Budrich.

Lempp, R. (1986): Familie im Umbruch. Kösel München

Lempp, R. (1996): Die autistische Gesellschaft, Kösel München

Lempp, R. (1997): Die Kinder- und Jugendpsychiatrie – Eine Randerscheinung, ein Spezialgebiet oder die Grundlage der allgemeinen Psychiatrie? In: G.Wiedemann, G. Buchkremer (Hrsg.): Mehrdimensionale Psychiatrie. Gustav Fischer Verlag Stuttgart Jena Lübeck Ulm, S. 23–34.

Lüscher, K. (1997): Solidarische Beziehungen: das „neue" Problem der Generationen. In: K. Gabriel, A. Herlth, K.P. Strohmeier: Modernität und Solidarität. Konsequenzen gesellschaftlicher Modernisierung. (für Franz-Xaver Kaufmann) Herder Freiburg Basel Wien.

Müller, U. (1968): Besteht ein Zusammenhang zwischen Geschwisterrivalität und Geburtenabstand? Inaugur.Diss. Tübingen

Schwarz. K. (1997): Wachsen immer mehr Kinder als Einzelkinder auf? Ztschr. Bevölkerungswissenschaft 22, 131–135.

Storm van's Gravesande, K., W.Karmaus, M. Moseler, J. Kühr (1998): Kombinierte Wirkung familiärer Risikofaktoren auf die allergische Sensibilisierung, Mschr. Kinderheilkd 146; 471–475

Sulloway, F.J. (1996): Born of Rebel. Pantheon Books N.Y. Deutsch: (1997). Der Rebell der Familie. SiedlerBerlin

Troll, L.E. (1993): Strukturen und Funktionen des erweiterten Familienverbandes in Amerika. In. K. Lüscher, F. Schultheis (Hrsg.): Generationenbeziehungen in „postmodernen" Gesellschaften. S. 143 – 156. Universitätsverlag Konstanz.

Zucker, K.J., S. Lightbody, K. Pecore, S.J. Bradley, R. Blanchard (1998): Birth order in girls with gender identity disorder. European Child & Adolescent Psychiatry 7: 30–35.

Autoren

Moritz Baßler, geb. 1962, Dr. phil. Studium der Germanistik und Philosophie in Kiel, Tübingen und Berkeley. Bis 1998 Redaktor des Reallexikons der Deutschen Literaturwissenschaft, seither Assistent am Lehrstuhl für Neueste Deutsche Literatur der Universität Rostock. Publikationen zur Literatur der Klassischen Moderne (u.a. Die Entdeckung der Textur, 1994; Mitverf.: Historismus und literarische Moderne, 1996; Mithrsg.: Mystik, Mystizismus und Moderne in Deutschland um 1900) und zur Literaturtheorie (u.a. Hrsg.: New Historicism, 1995), aber auch zu Storm, Goethe (Mithrsg.: Von der Natur zur Kunst zurück. Neue Beiträge zur Goethe-Forschung, 1997) und Barocklyrik.

Dr. Moritz Baßler, Am Keltengrab 18, 72072 Tübingen

Hermann Bausinger, geb. 1926 in Aalen. Nach der Schulzeit Wehrdienst und Kriegsgefangenschaft, danach Studium (Germanistik, Volkskunde, Geschichte, Anglistik). 1952 Dr. phil. und Staatsexamen, 1959 Habilitation, 1960 Professur für Volkskunde und Leitung des Ludwig-Uhland-Instituts für empirische Kulturwissenschaft an der Universität Tübingen bis zur Emeritierung im Jahr 1993.

Prof. em. Dr. phil. Hermann Bausinger, Biesingerstraße 26, 72070 Tübingen

Reinhard Fatke, geb. 1943. Studium der Erziehungswissenschaft, Psychologie, Germanistik und Theologie in Kiel und Tübingen. Nach dem Staatsexamen fürs Höhere Lehramt (1969) zweijähriger Studien- und Forschungsaufenthalt in New York und Ann Arbor (Michigan). Promotion 1974 in Tübingen, Habilitation mit einer Untersuchung über die Phantasie beim Kinde 1984. Danach bis 1991 Professor für Sciences sociales appliquées/Travail social an der Université de Fribourg (Schweiz), seitdem Professor für Pädagogik mit besonderer Berücksichtigung der Sozialpädagogik an der Universität Zürich.

Prof. Dr. Reinhard Fatke, Universität Zürich, Pädagogisches Institut, Rämistraße 74, CH-8001 Zürich

Jochen Jungmann, geb. 1941. Abgeschlossene Studien der Philosophie, der Psychologie und der Medizin. Promotion zum Dr. med.; Facharzt für Kinder- und Jugendpsychiatrie; ärztlicher Psychotherapeut (VT). Chefarzt der Abteilung für Kinder- und Jugendpsychiatrie und Psychotherapie am Zentrum für Psychiatrie Weinsberg seit 1981. Vorsitzender der Bundesarbeitsgemeinschaft der leitenden Klinikärzte für Kinder- und Jugendpsychiatrie e.V. Wissenschaftliche Tätigkeit zu Themen der Epidemiologie, Versorgungsforschung, Kooperation und Vernetzung, frühkindlicher Risikobelastung, Adoption, Rehabilitation.

Dr. med. Jochen Jungmann, Abt. für Kinder- und Jugendpsychiatrie, PLK Weinsberg, 74189 Weinsberg

Richard Kannicht, geb. 1931, Prof. em. für Klassische Philologie an der Universität Tübingen. Nach dem Studium in Berlin und Heidelberg Schuldienst in Hamburg (1956–1959), dann wissenschaftlicher Assistent. Nach der Habilitation (1965) Dozent an der Universität Würzburg; 1969 Berufung auf den Tübinger Lehrstuhl für Griechische Philologie I. Seit 1997 emeritiert. Gastprofessuren in den USA (1979 UCLA) und in Neuseeland (1986 University of Canterbury). Mitglied der Heidelberger Akademie der Wissenschaften, der British Academy und des Deutschen Archäologischen Instituts.

Prof. em. Dr. phil. Richard Kannicht, Haldenbachstr. 15, 72074 Tübingen

Michael Karle, geb. 1952, Dr. med., Dipl.-Psych. Studium der Medizin und Psychologie in Würzburg; Weiterbildung zum Kinderarzt in Bad Mergentheim und Würzburg. Weiterbildung zum Arzt für Kinder- und Jugendpsychiatrie in Essen und Tübingen; Zusatztitel Psychotherapie. Seit 1993 Oberarzt an der Abteilung Psychiatrie und Psychotherapie im Kindes- und Jugendalter mit Poliklinik der Universität Tübingen.

Dr. med. Michael Karle, Abt. Psychiatrie und Psychotherapie im Kindes- und Jugendalter, Osianderstr. 14, 72076 Tübingen

Hartmut Kleefeld, geb. 1953, Leiter des Pflege- und Erziehungsdienstes der Abteilung Psychiatrie und Psychotherapie im Kindes- und Jugendalter der Universität Tübingen. 1971 Ausbildung zum Krankenpfleger in Tübingen, seit 1978 in der Abteilung tätig. 1993 Weiterbildung zum Pflegedienstleiter.

Hartmut Kleefeld, Abt. Psychiatrie und Psychotherapie im Kindes- und Jugendalter, Osianderstr. 14, 72076 Tübingen

Gunther Klosinski, geb. 1945 in Wüstenrot. 1967–1973 Studium der Humanmedizin in Tübingen. Promotion 1973. Facharzt für Kinder- und Jugendpsychiatrie-Psychotherapie, Facharzt für Psychiatrie und Psychotherapie, Psychodrama-Therapeut. 1984 Habilitation an der Medizinischen Fakultät der Universität Tübingen. 1986 Annahme eines Rufes auf den Lehrstuhl für Kinder- und Jugendpsychiatrie an die Universität Bern. Seit 1990 Lehrstuhl-Inhaber für Kinder- und Jugendpsychiatrie-Psychotherapie an der Universität Tübingen und Ärztlicher Direktor der Abteilung Psychiatrie und Psychotherapie im Kindes- und Jugendalter mit Poliklinik. Arbeitsschwerpunkte: Forensische Kinder- und Jugendpsychiatrie, religiöse Aspekte im Bereich Kinder- und Jugendpsychiatrie, psychotherapeutische Zugänge zum Kind und Jugendlichen, Kunsttherapie.

Prof. Dr. med. Gunther Klosinski, Abt. Psychiatrie und Psychotherapie im Kindes- und Jugendalter, Osianderstr. 14, 72076 Tübingen

Karl-Josef Kuschel, geb. 1948 in Oberhausen. 1967–1972 Studium der Katholischen Theologie und der Literaturwissenschaft (Germanistik) an den Universitäten Bochum und Tübingen. 1972 Promotion zum Doktor der Theologie, 1979 Habilitation an der Katholisch-Theologischen Fakultät der Universität Tübingen. Seit 1994 dort Professor für Theologie der Kultur und des interreligiösen Dialogs. 1997 Verleihung der Ehrendoktorwürde der Universität Lund (Schweden).

Prof. Dr. theol. Dr. h.c. Karl-Josef Kuschel, Institut für ökumenische Forschung, Liebermeisterstr. 18, 72076 Tübingen

Reinhart Lempp, geb. 1923 in Esslingen/Neckar. Abitur 1943 in Stuttgart, 1942–1945 Wehrdienst, Verwundung und Gefangenschaft. 1945–1951 Medizinstudium in Tübingen und Freiburg. Promotion 1951. Ärztliche Ausbildung in Stuttgart und Ludwigsburg, von 1953 ab an der Universitäts-Nervenklinik in Tübingen unter Ernst Kretschmer und Walter Schulte, 1963 Habilitation, von 1966 Ärztlicher Leiter, später Direktor der Abteilung für Kinder- und Jugendpsychiatrie, 1971 Ordinarius für Kinder- und Jugendpsychiatrie, seit 1989 emeritiert. Ehrendoktor (Dr. paed. h.c.). Lebt in Stuttgart.

Prof. em. Dr. med. Dr. h.c. Reinhart Lempp, Kinder- und Jugendpsychiater, Hauptmannsreute 65, 70193 Stuttgart

Ludwig Liegle, geb. 1941 in Schwäbisch Gmünd. 1967 Promotion in Pädagogik an der Freien Universität Berlin; 1969–1972 wissenschaftlicher Assistent am Institut für Pädagogik der Ruhr-Universität Bochum; 1972 Habilitation im Fach Erziehungswissenschaft an der Universität Tübingen; seit 1973 Professor am Institut für Erziehungswissenschaft der Universität Tübingen; seit 1973 Mitglied (1992–1997 Vorsitzender) des Wissenschaftlichen Beirats für Familienfragen beim Bundesfamilienministerium. Forschungsgebiete: Familie, Kindheit, Frühpädagogik, kulturvergleichende Sozialisationsforschung.

Prof. Dr. phil. Ludwig Liegle, Institut für Erziehungswissenschaft I, Abt. Allgemeine Pädagogik, Münzgasse 22–30, 72070 Tübingen

Wolfgang Marschall, geb. 1937, o. Professor für Ethnologie, Universität Bern. Studium der Ethnologie, Vor- und Frühgeschichte und Volkskunde in Köln und München. Assistent und Dozent in Tübingen. Feldforschungen und Ausgrabungen in Mexiko, Indonesien, Malta, USA und Madagaskar. Thematische Schwerpunkte: Kulturtheorie, Herrschaftslegitimation und -symbolik, soziale Organisation tropischer Landwirtschaft, lokales Wissen.

Prof. Dr. Wolfgang Marschall, Ethnologisches Institut, Unitobler, CH-3000 Bern 9

Dietmar Mieth, geb. 1940 in Berlin, aufgewachsen im Saarland. 1959–1967 Studium der Theologie, Germanistik und Philosophie in Freiburg, Trier, München und Würzburg. 1974–1981 Professor für Moraltheologie an der Universität Fribourg (Schweiz). Seit 1979 Direktor der Sektion Moraltheologie der Internationalen Zeitschrift „Concilium". Seit 1981 Professor für Theologische Ethik unter besonderer Berücksichtigung der Gesellschaftswissenschaften an der Universität Tübingen. Seit 1986 Sprecher des Zentrums „Ethik in den Wissenschaften", Universität Tübingen. Seit 1994 Mitglied der Beratergruppe der Europäischen Union, Brüssel, „Ethische Implikationen der Biotechnologie". Leiter des „Europäischen Netzwerkes für biomedizinische Ethik" (1996–1999). U.a. Herausgeber der Reihe: Ethik in den Wissenschaften, Tübingen, 1991 ff.

Prof. Dr. theol. Dietmar Mieth, Abt. für Theologische Ethik, Liebermeisterstr. 12, 72076 Tübingen

Tobias Müller, geb. 1972 in Freiburg/Br., cand. med. an der Universität Tübingen, Doktorand an der Abteilung Psychiatrie und Psychotherapie im Kindes- und Jugendalter mit Poliklinik der Universität Tübingen.

Thema der Dissertation: Das Kriterium der Geschwisterbindung im Rahmen von Sorgerechtsverfahren.

Tobias Müller, cand. med. (Doktorand), Abt. Psychiatrie und Psychotherapie im Kindes- und Jugendalter, Osianderstr. 14, 72076 Tübingen

Inge Seiffge-Krenke, geb. 1948, Professor Dr. phil., Dipl.-Psych., Psychoanalytikerin (DBV). Seit 1997 Lehrstuhlinhaberin für Entwicklungspsychologie am Psychologischen Institut der Johannes Gutenberg-Universität Mainz. Arbeitsschwerpunkte: Stress, Coping und soziale Beziehungen im Jugendalter, Bewältigung chronischer Erkrankungen, Vaterforschung.

Prof. Dr. Inge Seiffge-Krenke, Psychologisches Institut Mainz, Staudinger Weg 9, 55099 Mainz

Carlos G. Wernicke, geb. 1950, Prof. Dr., Lehrstuhl für Geistige Behinderung (1980) und für Kinder- und Jugendpsychopathologie (1982) an der Universität Des Museo Social Argentino, Buenos Aires. Leiter der Fundacion Holismo, Buenos Aires.

Prof. Dr. Carlos Wernicke, Fundacion Holismo, Veinticino de Mayo 240, 1638 Vicente Lopez, Buenos Aires – Argentina